SORTIR DU TROU, LEVER LA TÊTE

Maïa Mazaurette est une chroniqueuse, autrice et illustratrice spécialiste des questions de genre et de sexualité depuis plus de quinze ans. Après des études de lettres et de journalisme, elle commence sa carrière en 2001 comme journaliste reporter d'images sur France 3. Elle devient ensuite chroniqueuse, d'abord pour des magazines masculins (*Newlook*, *Playboy*, *GQ*) puis pour la presse généraliste (*Le Temps*, *Usbek & Rica*). Après quatorze années d'expatriation (Berlin, Copenhague, New York), la Covid l'a ramenée en France : elle est aujourd'hui la chroniqueuse genre & sexo attitrée du *Monde*, de l'émission Quotidien sur TMC, et de La Bande originale sur France Inter. En parallèle, elle a publié tout un tas de nouvelles, romans (*Dehors les chiens*, *Rien ne nous survivra*), bandes dessinées (*Péchés mignons*, *Sale Bête*) et essais (*La Revanche du clitoris*).

Paru au Livre de Poche :

LE DOUTE AU CŒUR

MAÏA MAZAURETTE

Sortir du trou,
Lever la tête

ÉDITIONS ANNE CARRIÈRE

ISBN : 978-2-253-10157-4 – 1re publication LGF

« Clear, loud, bright, forward. »

Benjamin MILLEPIED

Au commencement étaient les bons sentiments.

(On sait où ces choses-là nous mènent.)

Des hommes, des femmes, complémentaires, de l'amour, du sexe bienveillant, un brin de paternalisme, quelques infidélités. Missionnaire le mercredi soir, partouze le samedi, tarte aux pommes le dimanche. Amen. L'amour à la française et la baguette au trou.

Les bons sentiments mènent les gentilles filles en enfer. Cet enfer est le trou : nous sommes au fond, ensemble.

Au risque de briser tout suspense, cet essai défend la thèse simple qu'aux femmes on a inventé un trou : anatomique, psychologique. Et que sur ce trou, sur cette absence, nous avons construit la pyramide de nullité que constitue notre sexualité contemporaine.

Notre modèle : Casanova, la quantité de trous plutôt que la qualité.

Notre cynisme : baiser plutôt que faire l'amour.

Notre livre de chevet : le *Kamasutra* abrégé, une enfilade de pénétrations.

Notre modèle : la pornographie, par tous les trous.

Nos jouets : des vaginettes, des poupées, des dildos pour remplir, des plugs pour colmater.

Notre éducation : protéger le trou.

Notre séduction : envahir l'espace personnel.

Notre libertinage : échanger des trous contre d'autres trous.

Notre soulagement sexuel : louer des trous à la passe ou à la tranche horaire.

Notre angoisse : pour les femmes, que le trou soit non conforme et non aimable, pour les hommes, ne pas parvenir à correctement le remplir.

Notre hygiène : raser, épiler, pour tenter de faire apparaître le trou.

Notre solution : le Viagra.

Notre idéal : être comblé.

Notre fantasme : la multiplication des trous comme des petits pains.

Nos mots : prendre, fourrer, pistonner, défoncer.

Si nous étions heureux, je vous laisserais tranquilles. On continuerait à creuser les cercles de Dante, plus profond vers nulle part.

Mais je nous écoute depuis quinze ans nous plaindre d'une sexualité à se pendre d'ennui – en tant que chroniqueuse spécialisée, mes lecteurs et lectrices m'envoient des e-mails, parfois des appels à l'aide. Si nous étions réellement la nation du libertinage scintillant, de la séduction pimpante, de l'infidélité acceptée, de quoi nous plaindrions-nous ? C'est pourtant la désolation dans les médias, le concert de plaintes dans les témoignages, la mollesse dans les statistiques, les tristes confidences au café du coin.

Libidos en berne, rapports conflictuels, prostitution, marchandisation, infections, pornographie, fantasmes pauvres, hommes impuissants, sperme infertile – nous faisons tout de travers, nous violons, nous harcelons, nous blessons, nous ne croyons en rien, ni en la monogamie, ni en la polygamie, ni au polyamour, ni à l'abstinence, ni à la loi des grands nombres, ni en l'orgie, ni à l'asexualité, ni en nos partenaires, ni en nos amoureux, encore moins en nous-mêmes.

Et sinon, le déferlement de criquets et la peste bubonique, c'est pour quand ?

Lorsque ce n'est pas la tristesse ou la lassitude, c'est l'incompréhension : on s'invente carrément des planètes différentes. Les femmes sont un continent noir, continent-trou, irrationnel, opaque – nous n'avons pas éteint la lumière en partant mais en entrant, dans la cartographie du corps.

On a voulu explorer une amputation et on s'est étonné que les résultats n'aient aucun sens.

Ce qui était une métaphore est devenu notre réalité – et pourtant, même s'il prend racine dans la nuit des temps, ce trou n'existe pas. Y croire dur comme fer ne le rendra pas réel. Si les hommes ont un pénis alors les femmes doivent bien avoir un trou : notre équation fondamentale est fausse.

Tout part de là. Et rien n'en sort.

Nous ne pouvons pas habiter un espace négatif et y trouver le bonheur.

C'est une simple question de plein et de vide.

Ce qui nous arrive a un nom – et ce n'est pas l'apocalypse, ni la fin du monde, encore moins une fatalité.

Nous ne sommes ni tarés ni en dépression nerveuse.

Nous ne sommes pas « plus amoureux ».

Si nous nous sentons mal, si notre sexualité pendouille, c'est plutôt une bonne nouvelle : c'est qu'un peu de lumière nous parvient, suffisamment pour distinguer les contours de notre enfermement. Il fait étroit ici-bas, non ? Étroit dans nos corps, étroit dans nos têtes. Nous nous sommes engouffrés dans un puits, logiquement nous y sommes *épuisés*.

Encore heureux que nous râlions. Si nous nous épanouissions dans cette sexualité minuscule, si nous parvenions à oublier jusqu'à la possibilité du mieux, si nous occultions la richesse de nos chairs, leurs ressources, le lien humain, la liberté, le contentement, la puissance, et puis le soleil sur tout ça, alors oui, nous aurions des raisons d'être inquiets.

Si nous souffrons c'est qu'il nous reste une dignité. Qui peut être rétablie – des femmes et des hommes plus solides.

Nous méritons mieux que Casanova. Nos frustrations sont des invitations, nos animaux tristes des indices – si notre instinct nous fait nous sentir mal, c'est forcément qu'un mieux existe. Qu'on peut demander plus. Et l'obtenir.

Dehors.

Qu'on lève la tête.

Nous n'avons rien à perdre : nous avons touché le fond.

Le nombre de rapports sexuels décroît. L'âge de la première expérience recule. Nous consommons plus de pixels que de partenaires.

Le sexe nous déçoit.

À moins que nous ne décevions le sexe.

Nous avons essayé beaucoup de choses, mais nous n'avons jamais renoncé au paradigme du trou, qui réduit les femmes à des orifices, et la sexualité au management de ces orifices.

Sortons du trou.

SORTIR DU TROU
et échapper à notre vision étriquée du sexe

Anatomie

« Où est le trou ? » demandait un amant. Il manquait d'expérience, c'était la première nuit.

En homme bien élevé contemporain typique, il se savait attendu au tournant. Désir au bord des lèvres, corps encore inconnus, où est le trou ? Corps indéchiffrés – mais tout de même, j'ai deux bras et deux jambes, un estomac au milieu, une morphologie redoutablement conforme.

Où est le trou ?

Comme si c'était l'enjeu. Comme si c'était la *seule* information, et comme si « le trou » allait apparaître au mollet ou entre deux vertèbres.

Il devait avoir vingt-cinq ans – c'est tard pour manquer de repères. Il connaissait pourtant la marche à suivre, immuable, et son impeccable ordonnancement : localiser, stimuler, pénétrer, se retrancher. Une feuille de route militaire. Pas surprenant, dans ce système érotique, qu'on puisse proposer des recettes sexuelles, des plans d'attaque, des listes, des guides, des éclaireurs et des missionnaires.

L'amant a des choses à faire. Des objectifs à atteindre. Des médailles à collectionner.

Le trou, il est en haut ou en bas ?

Et je répondais : en haut ou en bas *de quoi* ?, sans savoir que la réponse resterait innommable : vulve, un mot déclaré laid, estampillé obscène, par on ne sait quelle juridiction du langage esthétique – vulve pourtant si proche de vive et valve, sylve, étuve, Vésuve. Un mot qui ne nous a rien fait, et à qui en retour nous ne faisons pas grand-chose. Un mot disruptif dans le panorama érotique.

La vulve appelle la viande, l'origami des chairs – la vulve dit que les femmes ne sont pas des trous, sinon, quel est cet enchevêtrement de lèvres, et de quoi d'autre encore faudrait-il se préoccuper ? On n'y voit rien, on ne comprend rien.

Contrariante, la vulve. Pas étonnant qu'on préfère l'innommer.

Les Américains utilisent le plus souvent *vagina* à la place de *vulva* : à croire que même le langage, même la pop culture sont infichus de penser le sexe féminin hors d'un gouffre.

Vade retro, femelle : retourne dans ton trou, retourne à l'intérieur – à ta place.

Le machin autour, là ?

Quel machin ?

L'amant demande où est le trou, on voudrait lui montrer son doigt.

Le simple fait qu'il pose la question, que les premiers rapports soient maladroits, dit que nos évidences n'en sont pas.

S'il y avait un trou, ça se verrait, non ?

Si les femmes avaient un trou, on n'aurait pas besoin de le trouver, et que cette quête parfois passe par la contrainte, l'amputation ou le meurtre.

Le trou, unique. Au singulier. Singulièrement.

Comme si, dans un frigo rempli de choux de Bruxelles, on disait : celui-ci, là, au milieu, deuxième rangée vers la droite, c'est LE chou.

Où est le trou ? demandent les grands garçons. Et aussi les petits, dès l'école maternelle.

Question reformulée depuis que nous sommes descendus des arbres pour entrer dans la grotte.

Les garçons cherchent à voir sous les jupes des filles.

Point de trou. Ils sont embêtés.

Cette dissonance les accompagnera toute leur vie : l'impossibilité de faire l'expérience visuelle ou charnelle de l'absence promise. Ils grandissent dans la panique. Ils se disent que ça va être vraiment compliqué, le moment venu.

On leur a promis qu'ils pourraient déverser leurs pulsions, décharger leurs « pollutions », que la complémentarité des corps était garantie, même sans facture, satisfaite donc non *remboursée* (non remise en bourse), que le machin serait organisé, simple, naturel, « même les animaux y arrivent », bref on leur vend un trou, et *blam*, le jour venu, nos adolescents font face à un agglomérat de lingeries et de poils, de chairs et de terminaisons nerveuses, de muscles et de glandes, ils entendent parler d'un clitoris, du périnée, de tubes et de trompes… Attendez, mais il est où, ce trou ?

On m'aurait menti ?

Bah, oui.

Comme pour le Père Noël.

Et on leur mentira encore.

Et ils y croiront encore.

L'Origine du monde

Je ne peux pas me souvenir du nombre de fois où on m'a traitée de trou.

Ils disent : je vais t'en donner.

Tu vas prendre.

Ils n'ont toujours rien donné, je n'ai toujours rien pris. La transsubstantiation de la femme en trou persiste à ne pas advenir. Il n'y a pas de vases communicants, parce que je ne suis pas un vase.

Les hommes vont et viennent avec plus ou moins d'énergie, et ne laissent jamais de trace.

Pourquoi en laisseraient-ils ? Chacun son corps.

Je me rappelle avoir été une petite fille à qui un jour on a parlé de trou – mais trop tard, bien après que mes parents m'eurent enseigné des noms techniques (mieux vaut le jargon que le rien), bien après avoir constaté par moi-même. Je me souviens d'observations dans les miroirs – aujourd'hui je prendrais un selfie.

Prétendre qu'on peut imposer aux petites filles un trou, et s'imaginer qu'elles ne vérifieront pas, c'est mal connaître les petites filles. C'est sous-estimer le narcissisme, l'autoexploration, la curiosité.

Quant à Freud déclarant que les petites filles n'ont pas de sensations vaginales leur permettant de penser leur sexe : peut-être aurait-il pu, par politesse sinon par honnêteté intellectuelle, prendre deux minutes pour leur poser la question.

Je me souviens d'avoir vécu ce sexe encore avant de l'avoir regardé.

Même sans miroirs, j'aurais croisé les représentations. *L'Origine du monde* au musée.

Ces jambes écartées, solidement écartées même.

Et décidément pas de trou.

Cette amplitude charnelle dans le tableau de Courbet reste une menace – sa subversion s'accroît avec le temps : voici une chatte qui ne s'excuse de rien. Il y a un ventre ne répondant pas aux normes de sécurité, des cuisses replètes, un sein, le dessous charnu des fesses, des poils à en faire défaillir votre esthéticienne de quartier. On dirait aujourd'hui que c'est dégueulasse. On dirait aujourd'hui que la modèle « ne se respecte pas ».

Ironiquement, à l'endroit où la fente des grandes lèvres s'entrouvre, on peut voir de la peau.

Ce n'est pas un trou.

Il y a de la chair sous la chair.

Freud n'a que dix ans quand le tableau est peint.

Quand on m'a parlé de cette existence d'un trou en moi, et du fait qu'il me rendait spéciale, à la fois inférieure et désirable, je n'ai pas compris (comment désire-t-on le moins, exactement ?).

Les petites filles grandissent dans cette stupeur : le discours du monde sur leur corps ne correspond pas à leur expérience.

De quoi en perdre non pas son latin mais sa langue maternelle : sa foi en ses capacités intellectuelles.

Les petites filles fouinent dans les manuels d'anatomie où certains vagins s'affichent légèrement entrouverts, d'autres grands ouverts, et d'autres fermés mais seulement à l'entrée. Les plans de coupe sont incapables de se mettre d'accord. On aurait pu croire qu'une donnée aussi fondamentale générerait un consensus graphique : pas du tout. Le vagin ressemble parfois à un tube, parfois à un triangle renversé, parfois à des parois adhérentes. Parfois partiellement hermétique et parfois ouvert à tous les vents – à toutes les infections, à tous les pénis.

Soit les adultes mentent, soit le corps ment.

La plupart du temps les fillettes décident que le corps ment.

Les parents et les professeurs réaffirment constamment le trou – elles préféreront se taire plutôt que faire face. Elles sont seules dans la salle de bains. Elles sont nues. Elles sont des filles et cet introuvable trou les prive de toute autorité – pour maintenant et peut-être pour toujours.

Les livres ont raison, non ?

C'est donc que le corps est anormal. Sale. Il faudra couvrir ces jambes et rallonger la jupe.

Ce que les fillettes cachent dans la cour de récréation, ce n'est pas leur trou mais leur absence de trou

– la terrible honte d'avoir *quelque chose* à la place du rien. Elles sont pudiques, fragiles. Pas par féminité mais par inquiétude. Et si *ça* se savait ? Seraient-elles brûlées comme des sorcières ? Certaines se diront garçons manqués. D'autres lâcheront toute velléité de résistance.

On ne peut pas avoir raison contre les grands et le passé.

Si ?

La petite fille décide que son corps ment. C'est à ce moment qu'elle perd son innocence : le premier dépucelage est mental. Tu étais fermée, on t'impose un trou. On te dessine avec un trou. On te pense avec un trou.

Si tu entres dans le moule, tu auras une bonne note.

En biologie.

La bonne note contre le miroir, et l'algèbre.

Comptabilité du trou

De haut en bas, parce qu'on oublie, parce qu'on occulte : canal lacrymal, canal auditif, narines, bouche.

Fossettes. Aisselles.

Nombril.

Urètre, anus, vagin.

Ces grands perforés que sont les hommes n'ont qu'un trou de moins que les femmes, sur une possible infinité. Pour cette raison le trou par défaut est vaginal : le trou singulier, majuscule, est forcément celui que les hommes ne possèdent pas.

Du moins pas sur leur propre corps.

Parce qu'on est bien d'accord que ce que les hommes ne possèdent pas en eux-mêmes, ils le prendront ailleurs.

Les vainqueurs n'écrivent pas que l'histoire : ils écrivent le trou.

Mais attendez. Je n'en ai pas terminé de ma liste.

Creux superficiels entre les clavicules, derrière les genoux, sous la plante des pieds. Grille abdominale sur des hommes très musclés : une rangée de fossés.

Pores de la peau.

Trous à modéliser : fente intercrurale, pénétration entre les seins, main refermée sur un diamètre de 4 centimètres en moyenne.

Trous esthétiques : piercings, scarifications rituelles.

Mais aussi : espace entre les molécules. Matière noire partout. Interstices.

À l'inverse de l'interstice nous trouvons paradoxalement le trou noir : une masse si compacte, à la gravité si intense, qu'aucune lumière et aucune matière ne peuvent s'en échapper. En relativité générale, le trou noir est une singularité gravitationnelle occultée par un *horizon des événements*. Physiciens, grands poètes – fins observateurs aussi, de la sexualité comme de la sociologie.

L'horizon des événements passe de fait volontiers par-dessus le corps des femmes.

Un rouleau compresseur, un rouleau perforateur.

Au fait.

On peut pénétrer le pénis d'un homme. Par l'urètre. Vos sex-shops vendent des instruments spéciaux pour ça. Les orgasmes obtenus par pénétration du pénis, via des tiges de métal de différents diamètres, sont supposément extraordinaires.

On appelle cette pratique le sodurètre.

Vous vouliez des trous ?

Prenez-les *tous*, alors. Prenez aussi les vôtres.

Généalogie du trou

Tu es une fille.

On t'impose contre la comptabilité, le miroir, la sensation, ce putain de trou.

(Putain parce qu'on peut l'acheter.)

La culture t'a trouée. Des millions de fois.

Le jour de tes quinze, dix-sept ou vingt ans, le jour de la première pénétration, des millénaires de représentations te sont déjà passés dessus.

Les petites filles sont déflorées dès la naissance. C'est leur péché originel, et elles n'y sont pour rien, elles n'ont pas besoin de manger le fruit, on leur a promis que le serpent atteindrait l'estomac de toute façon – par la voie basse.

Notre culture est un inceste.

Vous avez peur de la pédophilie ? Commencez par ne pas creuser de trou aux petites filles. Commencez par leur rendre leur anatomie – leur innocence.

Elles sont paumées, les petites filles. Quelque chose cloche.

Leurs poupées n'ont pas de trou non plus.

Elles ouvrent leur Larousse pour y trouver une feuille de route, un destin.

> Dépression, cavité, creux dans une surface.
> Perforation qui traverse quelque chose de part en part.
> Endroit détruit ou usé.
> Cavité anatomique : *Trou de l'oreille.*
> Plaie, déchirure d'un organe, de la peau.
> Espace libre, vide.
> Lacune, ce qui manque.
> Localité isolée des centres animés : *Un trou perdu de province.*

La petite fille erre en plein décrochage du réel. Recouvre son miroir. Rhabille sa poupée.

Plus tard elle entendra parler du chat de Schrödinger et se reconnaîtra dans cette description de sa chatte : peut-être ouverte, peut-être fermée. Elle touche mais ne sait pas. Elle regarde mais ne comprend pas.

Quand on a lu le dictionnaire, on ne veut plus comprendre.

Endroit détruit ?

Perforation ?

Plaie ?

Lacune ?

Notre culture est un inceste *et* une maltraitance. Elle ampute. Petites filles cassées en deux.

Le bêtisier d'O

Requête « femme + trou » sur Google (par charité humaine les fautes d'orthographe ont été corrigées, et le propos synthétisé).

> — Dans le vagin il y a combien de trous ? Le clitoris et l'anus ?
> — Vous avez oublié les trous des seins, d'où sort le lait alors ?
> — J'arrive pas à trouver le trou.
> — C'est un trou, la vulve ?
> — Il paraît qu'il y a le vagin et le trou pour pisser : non mais il faut une carte ou quoi là ?
> — Les meufs sont vraiment des trous sur pattes.
> — Est-ce que l'hymen est le trou du vagin ?
> — Parfois je me trompe de trou. J'ai entendu parler de vaginisme, peut-être ceci expliquerait-il cela ?
> — Dans le vagin il y a deux ou trois trous ? Parce qu'il y a la fente à bite, l'évacuation du pipi, mais le troisième ?
> — Je parle des trous du bassin.

Je parie que ça vous fait rire.

Moi aussi, mais pas forcément pour les mêmes raisons : sous l'absurdité des questions se tapit l'inévidence des réponses – comme quoi, il ne suffit pas de marteler une idée pour la rendre réelle.

Certains pseudonymes sont masculins, mais pas tous.

Où est ce maudit trou ?

Personne ne demande sur Google si les femmes ont des bras.

La jeune fille forcément tombe sur ce genre de questions – elle est ultraconnectée, sauf à elle-même.

Le tableau de Courbet continue de la perturber : cette vulve est un mur.

Et par-delà cette origine du monde obturée, des millénaires de femmes jamais représentées trouées : l'Artémis d'Éphèse à la poitrine constellée de dizaines de testicules, la Vénus de Willendorf à peine fendue, les vulves gigantesques et charnues des estampes japonaises, les poupées scellées.

Des fentes mais pas de trou, et même quand la chrétienté se met en tête de représenter l'exhibition sexuelle : des femmes écartant la fente pour laisser voir le détail de la vulve – qui n'est pas un trou.

Ne prononçons même pas le mot hymen.

Cela achèverait le trou.

La genèse contre la génétique

La petite fille grandit, fait et refait l'expérience d'un trou doté d'ubiquité sauf sous ses doigts.

Le réel de son corps résiste terriblement, tandis que le réel collectif ne résiste à rien. L'imaginaire culturel contemporain a lâché l'affaire.

Il enfonce des portes ouvertes : il enfonce des trous.

Ainsi la fille peut-elle entendre un futur maître du monde parler d'attraper les femmes par la chatte, et le monde entier s'en émouvoir, sans que jamais soit remarqué qu'*on ne peut pas* attraper une femme par la chatte. Sauf si elle se promène entièrement nue et qu'on bénéficie soi-même d'un excellent et très spécifique entraînement.

On peut en revanche attraper un homme par le pénis.

La jeune fille entend les adultes, intellectuels, experts, sachants bien éduqués, s'alarmer de la propagation des faits alternatifs, tout en réaffirmant chaque jour que les femmes ont un trou.

Elle s'inquiète de l'intransigeance collective qui compte et recompte les foules. Qui cloue au pilori les climatosceptiques. Qui demande du *fact checking*.

Cette intransigeance collective qui continue de parler du trou féminin.

Plus c'est gros, plus ça passe ?

Plus c'est creux, plus ça imprime.

La jeune fille apprend à l'école que quand un fait imaginaire sert à expliquer des traditions, on appelle ça un mythe.

Alors certainement l'origine du trou est mythique.

Voici venu l'androgyne de Platon – une belle histoire, frappante, désespérante aussi.

L'androgyne dit que Zeus a donné aux hommes et aux femmes des sexes complémentaires afin qu'ils puissent se retrouver. Leurs organes génitaux sont la modalité de leur dialogue.

C'est là que ça se corse.

Parce que si les hommes ont une excroissance, alors il faut qu'il y ait un trou.

Que cette équation *ne se traduise pas* dans les faits semble n'avoir aucun impact sur la propagation du raisonnement : c'est une simplicité tueuse, infernale, mais une simplicité à laquelle l'humanité va s'accrocher désespérément.

Parce que les hommes y ont intérêt, mais aussi parce que cette idée est compréhensible par tous.

Le trou est une invention pour débiles.

Elle nivelle par le bas.

Elle fait partie du pot commun, du discours horizontalisant.

À un détail près : ce qu'elle instaure n'est pas un dialogue mais un monologue. Le dialogue pose un échange des rôles.

Le trou par définition n'existe pas, donc ne parle pas.

Seul le pénis parle.

Et ça, quand on est du bon côté de l'androgyne, c'est génial. On peut prendre toute la place.

(Jusqu'au jour où nous payons ce monologue par la situation contemporaine – cette fameuse grande incompréhension hommes-femmes, cette communication qui ne communique rien. Le jour où nous dialoguerons dans la chambre à coucher, où les rôles ne seront plus établis, croyez-moi, le couple contemporain cessera de se plaindre de libidos dévastées.)

Le mythe de l'androgyne a tout pour plaire. Simplicité, symétrie, appel à l'harmonie – c'est une colonne grecque, un nombre d'or, beau comme un trente-trois-tonnes.

Si les hommes ont un pénis, les femmes ont un trou. L'idée est non seulement pratique mais intellectuellement pas compliquée et esthétiquement plaisante.

Un seul problème : cette maudite anatomie.

Notons que ça marche avec le reste : si les hommes ont une musculature, alors les femmes doivent être molles. S'ils ont des érections, les femmes se voient privées des leurs, dans le déni des observations médicales.

On voudrait s'opposer à l'opposition femme-homme.

On voudrait opposer la réalité du terrain. Mais non.

Les hommes ont un pénis, les femmes doivent avoir un trou.

Il le faut, il le faut, il le faut.

Alors on le décrète.

À la suite de quoi on prendra soin d'oublier qu'on l'a décrété.

Pendant des millénaires on assénera que les femmes ont un trou, comme on dira que la Terre est plate (amputée, elle aussi, d'une dimension – sale temps pour notre mère Nature).

Nous persistons avec candeur dans notre aveuglement, dans notre version alternative du réel.

Depuis cinq mille ans. Au moins.

C'est beaucoup.

La fille devient jeune femme. Elle entend parler de ce qu'on fait aux trous.

Le programme ne fait pas envie.

Le programme dit que quelqu'un l'investira, accomplira la prophétie. Elle attend avec un mélange d'impatience et de trouille : ça va faire mal (si c'était effectivement un trou, cela ne ferait pas mal), mais peut-être la rupture de l'hymen laissera-t-elle le passage ouvert pour toujours – refermant ainsi la brèche creusée entre son corps et les discours (que toutes les femmes n'aient pas d'hymen, même de naissance, lui sera rarement enseigné à l'école – cela fait partie des discours étrangement oubliés).

Passer à la casserole sera peut-être une chance.

La fille n'a pas été trouée jusqu'à présent, mais elle peut se racheter.

Il suffit d'écarter les jambes et que ça fasse mal.

Cela dit, alors que ses connaissances se complètent, elle commence à trouver louche qu'on justifie la formulation de son anatomie par un vieux machin tombé du grenier culturel. Platon est enseigné au premier cours de philosophie, à grands coups de caverne et de déférence, d'accord, mais il ne fait qu'entamer une longue histoire. Le volume pèse dans son sac à dos comme le coefficient pèse au bac. L'après-Platon fait facilement quatre cents pages dans le manuel d'introduction à la pensée occidentale – un édifice vivant, qui constamment se réactualise.

Sauf la complémentarité hommes-femmes. Jamais réactualisée – avant tout récemment.

Tiens donc.

La fille trouve louche que si les femmes ont un trou, ce soit pratique *pour les hommes*.

Elle trouve bizarre qu'on ait gardé ce mythe-là, qu'on lui confère une prime à l'ancienneté.

Elle sait qu'on a dit énormément de conneries sur le corps. En médecine, psychologie, sciences naturelles ou humanités, le passé affiche même un historique impressionnant d'erreurs et de désinvolture.

La jeune femme ne voudrait pas être paranoïaque, mais qu'un monde capable de renoncer aux héritages millénaires de l'esclavage, de la torture ou des monothéismes, qu'un monde si prompt à se débarrasser de ses idoles soit infichu de balancer l'androgyne aux orties, ça dit quelque chose.

Potentiellement, cet attachement dit que l'outil-androgyne est encore utile, quand les autres sont devenus obsolètes. Nous avons toujours besoin du trou. Qui ?

À qui profite le trou ?

Psychanalyse

Je n'ai pas été élevée en trou. Je ne me pense pas comme trou. De la science révélée aux clichés rabâchés de la grotte au bout de la forêt (pouvait-on trouver symbolique plus bateau ?) : non.

Ce n'est pas ma vérité.

Mon *savoir inconscient* (la formule est de Freud) a conscience, a toujours eu conscience, de l'existence de mon sexe, dans toute sa magnitude. Je ne suis même pas désolée.

Enfin si : je suis désolée pour ceux et celles qui croient aux trous.

Je réfute mon destin de privation, mon statut de faille humaine, ma perméabilité posée comme fait indéniable.

Je refuse que mon expérience intime soit diagnostiquée par des hommes vieux n'ayant pas la moindre idée de ce qu'est une contraction vaginale ou une mouillure ou une pulsation du clitoris. Je décline mon assignation à l'« autre absolu » : je préférerais être absolument moi, merci.

La jeune fille qui ne voulait pas être paranoïaque est devenue une femme suspicieuse.

À qui il paraît douteux, au plus haut point, que Freud soit enseigné à l'âge des premiers rapports sexuels, comme si cette théorie avait plus de validité que d'autres conceptions du corps et de l'esprit humains (nous ne manquons pas d'alternatives), et comme s'il fallait *précisément* à cet âge s'assurer que les jeunes femmes apprennent leur place – celle d'en-regard des hommes.

Me déclarer autre absolu, c'est faire de moi une île quand je voudrais participer du monde.

C'est faire de moi une minorité – que les femmes n'incarnent ni en force ni en nombre.

La psychanalyse classique pense trou : elle pense étroit, petit, sans générosité. Elle ne pense pas la lumière. La psychanalyse est une entreprise de réduction. Elle castre, et coupe des têtes.

Creuser c'est castrer deux fois.

S'il faut croire la psychanalyse sur parole, je demande qu'elle me retourne cette faveur, qu'elle m'écoute et surtout qu'elle m'entende.

Il n'y a aucune fatalité au trou.

Il n'y a aucun destin anatomique dans le trou.

Il n'y a même pas d'inclination spontanée au trou, ou au vase, ou au réceptacle, ou à toutes les métaphores qu'on mettra sur le rien – toutes ces symboliques faciles qu'on posera sur l'anéantissement et qui, au passage, comparent toujours ma chair à des objets.

Le trou est une éducation. Elle peut être désapprise et, mieux encore, jamais apprise : il y a une incapacité au trou quand on n'a pas été élevée comme trou.

Je n'ai jamais compris.

Je suis irrécupérable.

Parce que je suis irréductible.

Vous ne m'enlèverez pas mon sexe, et je ne suis pas un trou.

Père Nature

Au commencement (de notre culture) était le pénis. Évidemment.

Au commencement étaient le pénis et la nécessité de le tremper quelque part.

C'est comme ça, c'est la nature. Les scientifiques adeptes des théories évolutionnaires légitiment ainsi (encouragent ainsi) non seulement les comportements priapiques, agressifs, irresponsables des hommes, mais carrément le viol.

« Les pauvres hommes, c'est leur nature. Ils cherchent *juste* à se reproduire, d'ailleurs regardez, ils préfèrent les très jeunes filles – les plus fertiles. »

Ou bien les très jeunes filles : les plus fragiles. Les plus timides. Celles qui n'ont pas encore suffisamment d'expérience de gardiennage – celles qui n'ont pas encore intégré qu'aux femmes on demande surtout d'être gardiennes du trou (croisez les jambes, jeune demoiselle : on ignore quels orages et déferlements de rage pourraient s'y infiltrer et, pire encore, on pourrait *voir* – quoi ?).

« La nature est bien faite », disent les esthètes éduqués qui n'accouchent pas dans la douleur, ne sont pas nés handicapés, dont la famille n'a pas été ravagée par une épidémie, et dont les proches dorment à l'abri des ouragans, des scorpions ou des grizzlis.

La nature est bien faite quand on n'est pas du côté trou de l'androgyne.

Au commencement était le pénis : et à la fin, aussi.

Comme dans « finalité ».

Le pénis a un agenda, qui est de faire advenir le trou.

L'adolescente se prépare à sa première expérience sexuelle – la menstruation était censée la rendre femme, donc la rendre rien : manque de chance, le sang révèle non seulement l'existence de son sexe mais ses possibilités.

Nouvelle dissonance : la jeune femme doit faire semblant de comprendre qu'une amputation puisse créer des humains qui peut-être deviendront des fonctionnaires de catégorie B ou des caissiers de supermarché, peut-être des Ada Lovelace ou des Andy Warhol.

Quant aux éventuelles douleurs et crampes, elles rappellent que ça se tord et que ça se muscle, là-dessous.

Un trou n'aurait pas mal.

La menstruation pose des serviettes sur la grande confusion : être une femme ? Toujours pas.

Allons, ça ira mieux quand le corps sera troué. Finalement c'est ce moment que l'adolescente attend – être une femme, c'est laisser un homme déflorer. Comme dans les contes.

Premier rapport sexuel : le consensus veut qu'il ait lieu par pénétration vaginale. Le reste n'existe pas, ne correspond pas aux définitions en vigueur. La jeune femme qui voudrait sodomiser son copain consentant, ou sa copine, n'aurait pas de rapport sexuel. Bon. D'accord. Au royaume de l'absurde, on avale cinq fruits et couleuvres par jour.

Selon la culture, le premier rapport fera mal.

Selon la nature, bof, ça dépend.

Au cours d'éducation sexuelle, on n'a rien fait pour que ça se passe bien – on s'est juste assuré que personne ne s'infecte ou ne s'engrosse. On n'a parlé ni de préparation ni de désir, pour quoi faire ? Les corps sont complémentaires, « on ne va pas vous faire un dessin ».

Étant donné que les manuels d'anatomie présentent des vagins ouverts, encore heureux.

Je me passerais volontiers de dessins faux.

Quand j'ai grandi, on donnait des préservatifs mais pas de lubrifiant : on donnait aux pénis, certainement pas aux vagins. (Donner au trou ? Autant jeter de la confiture aux cochons.)

Le lubrifiant était un machin pour les gays, qui mouraient du sida.

Tout cela était très organisé.

Mise devant le *fait accompli*, ça n'aura finalement pas fait très mal. Sans doute parce que le pénis n'était pas un gourdin, une matraque, une épée à deux mains, une kalach… il n'était pas une arme, nous n'avions pas grand-chose à redouter. Nous étions bienveillants.

Ce n'était pas intéressant.

Ce n'était absolument pas un dialogue.

Je m'en souviens à peine.

Normal : il ne s'est rien passé.

Entre nous, rien.

En moi, rien.

L'appel du vide

Et si j'étais un trou.

Mon corps serait parcouru de courants d'air, de transports, de déplacements – lieu de passage et non de dépôt. Un corps en esquive constante. Un corps qu'on ne posséderait jamais, ni les autres, ni moi-même. L'idée est follement romantique et proportionnellement impraticable.

Le corps sans viande est-il un pur esprit ?

Me demande-t-on d'être faite de la matière des anges ?

Sur une enveloppe aussi légère, la chair n'existera qu'en supplément – car ne perdons pas de vue les fondamentaux : il faudra toujours blottir le pénis quelque part, seulement cette chair sera limitée à la peau.

Je serai sans tension, dé-tendue. Je ne ferai pas toutes ces histoires.

Cette absence de tension me privera de plaisir, et n'en donnera aucun aux hommes.

L'appel du vide est la trajectoire la plus courte jusqu'à l'abstinence parfaite de la mort.

Je comprends pourtant son attrait, sa poésie facile.

Je ne suis pas un trou, mais je ne suis pas un monstre.

Se pencher par la fenêtre du corps, espérer voir un champ de pâquerettes entre les rideaux.

Réduit à une zone non cartographiée, le moi-trou est soulagé du devoir d'être entière – d'être humaine. Ce privilège demande évidemment quelques concessions : on sait à quel point le vide appelle des cartographes, des aventuriers, bref des bonshommes. Le vide non seulement permet l'invasion mais l'encourage. La nature a horreur du trou.

(Dieu aussi. Le trou enfantera dans la douleur.)

Le trou est le champ du possible : des vacances, des espaces, de l'inexploré. On se croirait dans *Indiana Jones*. *James Bond*. *Star Wars*. On se croirait dans ces scénarios où les baisers s'arrachent aux femmes qui finissent par aimer. Les belles endormies, les ravissantes attachées ne peuvent que se donner : si le trou fait de la résistance, attrapez-lui les poignets, plaquez-le contre un mur.

L'idée est follement romantique.

N'est-ce pas.

Follement romantique encore, pour l'homme bien élevé, est le rêve d'un trou abyssal où il pourrait mettre toujours plus de lui-même. La femme idéale n'est pas seulement un garage à bites mais un garage à couilles, mains, jusqu'aux coudes, garage à ambitions, pensées, égarements de l'esprit ou traits de génie.

La femme arrive à ranger tout cela dans son vide intérieur. Elle a une propension au ménage, c'est bien connu : elle réorganise, classe – derrière chaque homme puissant se tient la femme-esclave qui a remis les notes au propre, refait les calculs, écouté les divagations avec cette patience propre au vide.

L'homme use du trou comme d'une poubelle et d'un révélateur : faire disparaître puis réapparaître, mais en mieux.

Comme si déposer là son vermisseau allait faire éclore un papillon.

Comme si le pénis allait ressortir drapé de la toge pourpre, avec une couronne de lauriers d'or triomphante sur le gland : tu as baisé, mon fils, tu es béni, entre tous les hommes bénis.

Comme une réincarnation.

Follement romantique.

N'est-ce pas.

J'ai mal compris (1) : le déni

Objection, Votre Honneur !

Les lecteurs bien élevés lèvent la main plutôt que de me couper la parole (merci) : mais pas du tout, madame, mademoiselle… madame ou mademoiselle, au juste ? Quelqu'un a-t-il planté son drapeau sur ce corps ? Ils objectent : jamais je ne me permettrais d'assigner les femmes au trou sous prétexte que mon sexe est une excroissance et qu'il faut bien le fourrer, au moins intellectuellement, quelque part. Jamais je ne confonds le pénis avec une kalach à lauriers d'or, par ailleurs je vote à gauche et je mange vegan.

Objection et déshonneur : madame, mademoiselle, on est quand même passés à autre chose.

Ah bon ?

À quoi sommes-nous passés, alors ?

Le déni le plus fondamental consiste à asséner que la perforation des femmes est due à leur supériorité intrinsèque (les gagnants seront les perdants – soupir).

Cette supériorité prend la forme de la maternité (soupir).

Les femmes sont des trous parce que pour nos ancêtres pas très malins, il fallait bien que préexiste l'orifice nécessaire au développement d'un bébé de 4 kilos 100, félicitations madame… ou mademoiselle (soupir).

La femme contemporaine note qu'au niveau symbolique, voilà bien longtemps que la Terre n'est plus plate – alors pourquoi, après des siècles d'avancées scientifiques, les femmes seraient-elles encore creuses ?

L'ultrasceptique contemporaine note qu'au niveau scientifique justement, on a exploré l'invisible depuis des millénaires – mais, comme par hasard, l'invisible appliqué au corps féminin reste intact.

Il y a des erreurs qu'on répare et des erreurs qu'on laisse traîner : certaines erreurs arrangent ceux qui écrivent l'histoire (mais qui, aujourd'hui, sont bien obligés de laisser les autres proposer leur version – on nous avait bien dit que l'enfer c'était les autres, que les femmes étaient les autres, mais toujours on laisse suspendue la sentence qui finalement mettrait l'équation à plat : l'enfer, c'est les femmes).

J'écris mon histoire. Je ne suis pas un trou, pas une mère.

Si j'étais mère, qu'on réduise ma matrice à un vacuum parce que les ancêtres pas malins ne savaient pas lire les entrailles me plongerait dans une rage folle. Avec ou sans péridurale – si mon sexe est un trou, qu'est-ce donc qu'on tranche pendant l'épisiotomie ?

Si j'étais mère, je redemanderais qu'on m'explique : mon corps crée des êtres humains et attendez… c'est pour cette raison précise que cette complexe machinerie est effacée de l'histoire ?

Qu'y a-t-il de plus dynamique qu'un vagin, exactement ?

Dire que les femmes sont supérieures *via leur statut de trou*, c'est un peu gros.

Désolée.

Si on me traite comme une sous-catégorie humaine, dénuée d'intériorité, dénuée de carcasse, je préfère qu'on m'annonce directement la couleur et qu'on affiche clairement son mépris.

Ce serait une politesse dans l'insulte.

J'ai mal compris (2) : le symbolique

D'autres hommes encore mieux élevés diront : mais voyons, ce trou est symbolique (c'est juste que tu es trop bête pour comprendre les symboles et leur fameuse innocuité, qui serait tellement plus défendable si leurs conséquences n'attaquaient pas droit dans la chair).

C'est un trou symbolique, donc des sachants, médecins, psychanalystes, penseurs, hommes et femmes, persistent à nier sans mourir de honte la brutalité d'une assignation au trou, au IIIe millénaire, après trois vagues complètes de féminisme.

Sans gêne et jusqu'au bout, ils nieront être juge et partie.

À une sceptique qui ferait remarquer que, comme par hasard, il est dans *l'intérêt* des âmes supérieures, têtes pleines et surfaites, d'avoir une *femme de ménage* leur permettant de ne pas se salir les mains avec les tâches de pauvres, afin de libérer du temps non seulement pour leurs élucubrations mais pour parader dans les dîners mondains, ils disent : « Mais pas du tout. »

Et sincèrement ils sont surpris.

Quoi ? Conflit d'intérêts, comment ça ?

Les « grands hommes » sont les uniques bénéficiaires de leur théorie, et ils ne trouvent pas cette coïncidence étonnante une seule seconde.

Il ne leur vient pas à l'esprit qu'un ordre « naturel » puisse être aménagé. Sur mesure.

Leur grande mémoire, leur infini savoir tamponné par de grandes écoles ne connectent pas l'assignation des femmes au trou à d'autres manœuvres similaires et *symboliques* ayant déjà fait leurs preuves – certaines passées, d'autres encore opérantes. Ils ne voient aucune continuité avec d'autres ordres « naturels » bizarrement profitables : que les Noirs soient naturellement suffisamment sympas pour *vouloir* porter leurs valises, que les vieux soient naturellement mieux *disposés* à exercer le pouvoir, que les animaux soient *contents* de rendre service dans les cirques, que les pauvres n'aient pas *vraiment* envie d'être représentés dans les Assemblées nationales – alors qu'ils peuvent se la couler douce au camping avec les aides publiques.

Nos intellectuels « derrière lesquels une femme de l'ombre se tient », selon la formule consacrée, s'entre-décernent des Légions d'honneur – quel honneur, exactement ?

Les grands hommes comprennent vite, mais il faut leur expliquer longtemps.

On leur fait remarquer que leur perforation *symbolique* de l'identité féminine légitime le viol, les violences et le double standard qui veut qu'il n'y ait « pas mort d'homme ».

On leur démontre gentiment, patiemment, que souscrire à cette doctrine est non seulement intellectuellement embarrassant, mais humainement criminel.

On leur garantit que l'envie du pénis est *leur* fantasme – et qu'on ne peut pas être un homme et décréter comme ça, unilatéralement, quels sont les désirs inconscients des femmes.

On leur rappelle qu'un gentleman bien élevé ne parle pas à la place des autres, que ça ne se fait pas.

On agite sous leur nez des évidences : pour vouloir un pénis, encore faudrait-il que nous n'ayons rien à la place – mais nous avons quelque chose, qui n'est pas un trou.

« Oui mais on parle de pénis dans le sens de phallus. »

C'est sûr que ça change tout.

(Ils vont nous la ressortir encore longtemps, celle-là ?)

On explique, les penseurs tombent des nues.

Nient comme des arracheurs de dents.

Répondent que quand même les femmes ont un trou.

Et toi tu leur demandes : « Où ? » Tu leur montres le dictionnaire, faute de leur montrer ta chatte, l'animal là-dessous qui griffe et gronde.

Et ils disent que tu joues sur les mots, quand bien même *ils* ont écrit le dictionnaire.

Les bras t'en tombent, de tant de mauvaise foi.

Et tu te rappelles la petite fille accablée par cette résistance au réel.

Tu te rappelles à ta propre paranoïa, tu remarques que l'ordre pseudo-naturel réactualise ses justifications de génération en génération, de siècle en siècle – toujours à la pointe du progrès, le pouvoir choisit ses docteurs, favorise la transmission des outils d'oppression. Il prend les couleurs à la mode du moment – la psychologie évolutionnaire en première ligne du IIIe millénaire.

Et bien sûr la psychiatrisation des adversaires.

Ainsi ces hommes de pouvoir, entre agressivité et suffisance, prompts à enseigner aux femmes la *réalité* du ressenti charnel d'une chair dont ils n'ont aucune expérience, s'autorisent-ils à traiter leurs opposantes, ou même les hésitantes, de stupides, d'aveugles et d'immatures.

Ils intimident.

Ils psychiatrisent plus vite que leur ombre.

(Je vais bien, merci.)

Mis face à leurs contradictions, à leur flagrant défaut d'arguments, les grands hommes rient.

Ils disent : « Vous êtes mignonne, mais… »

Ils ne t'invitent pas dans leur club – ils boudent.

Ils citent des auteurs morts et des mythes millénaires, comme si une erreur répétée cessait d'être une erreur.

Avec des amis pareils (ils a-dôrent les fâmmes), on n'a pas besoin d'ennemis.

Et avec des intellectuels pareils, qui butent sur la première binarité venue (ah, l'homme-et-la-femme), on n'a pas besoin de crétins.

J'ai mal compris (3) : *soft power*

Les plus modérés des intellectuels peuvent renoncer à la complémentarité physique, à la maternité-trou et au symbolique pour une version allégée du même yaourt théorique : les femmes ont un trou, mais seulement *par comparaison* avec les hommes.

C'est-à-dire que le trou n'existe pas, mais qu'en l'absence d'excroissance, c'est *comme s*'il y avait un trou.

On ne résume plus les gens à leur sexe, mais à l'*idée* qu'on se fait de leur sexe.

Le triomphe du mot sur la chair.

Ce paradigme exige :

1) Que les hommes soient le point légitime de comparaison – ce fameux neutre dont les sexistes promettent qu'il n'a aucune conséquence pratique.

2) Que j'aie l'envie et le bénéfice de me comparer aux hommes. (Pour ma part, je préférerais me camper dans leur camp, celui des êtres humains.)

La limite, l'énorme limite, c'est bien évidemment d'affirmer sans jamais le démontrer que la différence hommes-femmes est plus valide intellectuellement, et même sexuellement, que la différence entre les générations (pourtant tout aussi signifiante puisque le fonctionnement cérébral est différent) ou toute autre différence interpersonnelle ou interespèces ou inter-tout-court.

On me ressortira la nécessité de la complémentarité pour faire des bébés : on fait quoi des prépubères ? On fait quoi des femmes ménopausées ? On fait quoi des hommes dont le sperme perd en vitalité au cours des décennies ? Pourquoi ne parle-t-on pas d'une complémentarité des âges, si on s'en tient à la pure reproduction ? Il faut certes un homme et une femme pour faire un bébé (et encore), mais il faut aussi qu'ils aient entre douze et quarante-cinq ans (à peu près).

Pourquoi me comparerait-on aux hommes, comme femme, et non aux morts, comme vivante ?

Pourquoi aux hommes et pas aux légumes – comme être sensible ?

Pourquoi aux hommes et pas à une goutte d'eau ou au sens du vent ?

Nous avons les comparatifs qui nous arrangent, les hommes s'arrangent de me faire trou.

Le problème est que ça commence à se voir.

J'ai mal compris (4) : c'est pour rire

Parmi toutes les figures de style s'étendant de la métaphore à la métonymie, on aurait tort d'oublier l'ironie.

Ce n'est pas que les hommes seraient méchants ou lâches.

(Juste un chouïa égoïstes, parfois, en tant que catégorie.)

Mais la plupart entretiennent un système méchant et lâche :

« C'est pas ma faute, c'est le système. »

L'ironie, donc. Bienvenue en territoire hipster : les *bunnies* de *Playboy* sont délicieusement classe, le burlesque tourne autour du trou, il faut aller chez Hooters aux États-Unis, on collectionne les cartes postales vintage et les films érotiques des années 1970. Ce n'est pas méchant, allez, quoi. On rigole. Ho. Et puis « on » a le sens du devoir. Il faut comprendre le côté hilarant des choses : un trou est forcément à combler ! C'est comme un stylo mal rangé dans la boîte à coloriage idéale ! Le trou agresse l'œil autant que le cerveau, il faut qu'on mette des choses dedans.

L'ironie n'aime pas les rabat-joie dans mon genre, même quand elles défendent une joie qui se partage – car il est lassant de rire avec, quand les machos rient contre.

La réalité du terrain, c'est que l'obsession pour le trou traverse toutes les échelles sociales masculines, à quelques réjouissantes exceptions près. Des gros bourrins aux esthètes il y a accord. Notamment sexuel. La bite, la chatte, la bourre, baise la meuf, nique-la – le mauvais goût rejoint le bon goût dans une célébration de la kitscherie gonzo, et mes alliés trouvent délicieusement subversif d'appeler à une sexualité dégradante, ah Pantagruel, ah la gauloiserie – et pour mon bien ! Parce qu'en fait, inconsciemment, j'aime être dégradée. (Ils le savent mieux que moi. Ils baisent plus de radasses que moi.)

C'est rigolo d'être dégradée, et puis quoi, c'est une comédie. Le manque de respect est une performance qu'on se joue dans le respect (tiens donc), sans en avoir jamais discuté, sans avoir jamais tenté d'autres formes de jeux de rôles – puisque apparemment nous ne baisons que des masques.

Bourrer des trous !

Baiser des trous !

Au kilomètre et en se tapant dans le dos.

Ce n'est pas subversif. On le fait depuis des millénaires.

Le programme-trou, si enthousiasmant, réjouissant et paillard, jamais ces hommes n'iront l'appliquer à eux-mêmes – jamais ils n'iront jouir de leurs propres trous (ou jamais en l'admettant) : ce sont les femmes qui connaîtront le privilège de disparaître sous une invasion de pénis et de doigts et de testicules que les hommes mal élevés leur fourreraient jusqu'à la gorge si le destin le permettait.

J'ai mal compris (5) : panique identitaire

Descendons d'encore un cran dans les justifications : nous aurions besoin du trou pour créer des identités individuelles fortes.

Ces identités, qui pourraient être fondées sur le métier, les passions ou tout simplement l'autodéfinition, reposent en premier lieu sur le genre, les fameux 1 et 2 qui hantent les prémices de notre Sécurité sociale – sécurité qui pose certains, du moins certaines, en seconde position : sécurité à deux vitesses, hiérarchisée, et dont les numéros n'appartiennent pas qu'au symbolique-sans-conséquence.

Le 2 passe après le 1 (même avec toute l'ironie possible).

Il faudrait des trous, parce que sinon les femmes ressembleraient trop aux hommes.

On n'y retrouverait plus ses petits.

Il faudrait des trous, aujourd'hui plus que jamais, parce qu'on a les mêmes orgasmes, parce qu'on sait que les organes génitaux humains ont non seulement la même origine mais des fonctionnements redoutablement similaires, parce qu'on sait que le clitoris bande et qu'on peut baiser les hommes – qu'on peut stimuler leur pénis par l'intérieur via la prostate, ce qui revient *exactement* à une pénétration vaginale stimulant le clitoris par-dedans.

(Si on m'invente un trou, je fais pousser un vagin aux hommes. Pas de problème.)

Cette ressemblance du corps et du cerveau passe lentement dans le domaine public. Lentement. On persiste à « apprendre » dans les revues de vulgarisation scientifique et les magazines de plage que les cerveaux des hommes et des femmes sont aussi différents que ceux d'une belette et d'un alligator, mais aussi *tout le reste*, de la rate aux molaires en passant par les cuticules des ongles. On lit que les bras des hommes et des femmes sont structurellement différents au niveau de la répartition de la masse graisseuse ou de la fibre musculaire, et les anatomistes de s'ébahir : mais ça change *tout* ! Sauf quand il s'agit de porter les sacs de courses, attraper un bocal, trimballer un gamin, planter des tomates, tenir sa tasse de café – pour les gestes du quotidien, avoir un pénis ou un vagin ne change objectivement pas grand-chose.

On nous collera pourtant de la différence sexuée jusque dans les orteils.

On s'en méfie, de cette similarité. On pense clone (on pense conne).

Certains voient dans nos continuités la perte d'une culture et d'une âme, le renoncement aux charmes d'une division sexuée du monde – charmes pour qui ?

Les exemples les plus frappants de panique identitaire décrivent un futur où les femmes seraient virilisées et renonceraient à tout pouvoir décoratif (mince, plus de froufrous). Sans jamais se demander : pourquoi le voudraient-elles ? Les femmes tirent une domination érotique de leur attraction physique ; pour quelle raison voudraient-elles s'en débarrasser ?

Jamais les paniquards ne décrivent un monde inverse, où la fin du paradigme-trou libérerait le potentiel érotique des hommes.

Ceux qui ont peur que les vêtements et visages deviennent ternes, délavés, uniformes, ennuyeux, jamais ne reconnaissent que les hommes d'aujourd'hui sont captifs d'un univers terne, délavé, uniforme, ennuyeux.

Jamais ils n'imaginent qu'au contraire l'homme futur profite de l'aubaine pour se faire plus extravagant, coloré, libre et joyeux – une couleur ne s'affadit pas quand elle est portée par plus de personnes, et la reconnaissance des femmes comme non-trous ne fera tomber aucun pénis. Nos intégrités physiques ne sont pas interdépendantes mais autonomes. Les hommes n'ont pas besoin de « vraies femmes » pour jouer les « vrais hommes ».

Il n'est pas absurde de questionner l'origine de cette extraordinaire fragilité du soi, cette extrême vulnérabilité identitaire, qui nécessite qu'on rajoute constamment de nouvelles strates entre les hommes et les femmes.

On peut aussi se demander quelle est cette identité qui ne conçoit que la différenciation comme modèle, et non la similarité : pourquoi il faudrait être *contre*, quand on pourrait être *avec* ou *ensemble*.

Pourquoi exister consiste uniquement à se retrancher de l'autre.

Pourquoi ce retranchement se fonde sur la violence, l'incompréhension, l'agression et le mépris. Plutôt que sur la curiosité et le respect.

Être ou ne pas être femme

Le Hamlet contemporain a clairement choisi son camp : ne pas être.

Son identité se construit sur la mise à distance de l'autre. Il accumule frontière sur frontière jusqu'à l'enfermement parfait.

Il rêve d'îles désertes, mais se plaint de solitude.

Il a trois doctorats en aliénation.

Alors voilà. Ne pas être femme, homosexuel, noir, arabe, pauvre, malade mental, animal, mais aussi ne pas être banlieusard, parisien, provincial, ne pas être le blaireau en costard, le crétin en jogging, le bouffon en col blanc, le nouveau riche, le déclassé, l'exilé, le local, le traître, le saint, l'éduqué, le non-éduqué, le travailleur manuel, le fonctionnaire, le trader, le flic, le délinquant, tous des salauds sauf maman.

Et même dans nos espaces aussi homogènes que possible, même dans cette aspiration au même (mais pourquoi les autres n'ont-ils pas l'intelligence d'être *comme moi* ?), toujours reprocher au voisin de cantine, qui porte exactement le même uniforme, la même coupe de cheveux, la même pilosité faciale, lui reprocher de porter une cravate bordeaux alors qu'il fallait bien sûr porter une cravate lie-de-vin.

Comme s'il fallait injecter des différences plutôt que des continuums, et parmi ces différences n'importe quelle broutille, jusqu'au micron, jusqu'au ridicule, moi je moi je.

Quand nos identités ne sont que des rejets, quand nous sommes incapables d'*embrasser* ni concept ni humain, nous récoltons nos semences – des traces de foutre.

Nous avons tellement voulu être uniques que nous avons terminé seuls.

Nos identités *contre,* nos identités pathétiques, traduisent non seulement notre absence d'imagination mais notre manque de générosité.

Et pourtant le trou.

Et pourtant cette rengaine qui n'en finit jamais : c'est ça, là ! La différence fondamentale ! La grande partition du monde !

Nous regardons le pénis, nous regardons le trou (toujours un peu perturbés par son absence, mais bon, nous passons outre, par habitude). Nous nous ramassons sur nous-mêmes et décrétons la prévalence de cette zone-là, quitte à oublier que nous avons en commun le nerf, le cerveau, l'ossature, la musculature, le sang, le cœur, les tripes. Nous avons tout tronqué sauf le génital, nous nous sommes arraché 99 % du corps.

Et ensuite, enfants gâtés, adultes pourris, nous déplorons le manque d'amour et de lien humain, la médiocrité de notre potentiel, nous nous lamentons de cette vie tout étroite et pliée.

Cette soupe dans laquelle nous avons tant craché, nous sommes surpris de la trouver dégueulasse.

Des hommes sans trou

Le confinement du trou à la femme et de la femme au trou appelle son corollaire logique : les hommes sont des bites, et pensent avec.

C'est la condition de la reproduction, une affirmation symbolique, biologique, identitaire, toutes les cases sont cochées.

On a bien compris, et même notre argot l'a compris : tête de nœud, tête de gland, voilà qui laisse peu de place aux neurones.

L'insulte, car c'en est une, est revendiquée par une partie des hommes.

Ils ont bien raison : si nous nous accordons sur l'idée que les hommes pensent avec leur pénis, les exigences de cet organe passent avant tout.

L'ordre naturel imaginaire passe avant l'ordre social.

Dans cet ordre naturel, les hommes ont un pénis et les femmes n'ont rien : l'accès au trou est garanti.

Les hommes qui pensent avec leur sexe, et qui sont les premiers à traiter les femmes de garages à bites, prêtent à leur excroissance un pouvoir de coercition remarquable. Ils se vantent d'être incapables de se contrôler. Leur libido est un tigre bondissant, prêt à les dévorer vivants : un vocabulaire de l'indomptable, du sauvage et du dramatique.

On se demande comment les hommes, dotés d'un pénis aussi exigeant, ont inventé la roue.

On se demande comment ils ont inventé quoi que ce soit – à part le patriarcat qui ordonne l'accès aux trous.

Au passage, il faudra un jour se mettre d'accord sur une contradiction : si les hommes sont tout entiers soumis à leur pénis, s'ils sont constamment dans le désir, alors pourquoi les femmes devraient-elles se rendre désirables ?

À quoi bon toutes ces simagrées de petites robes vaporeuses, si le désir masculin est hormonal, physiologique, donc donné contre *rien* ?

S'il y a un public pour se taper des vaginettes, on n'a peut-être pas besoin de brushing.

Mais ce ne sont pas les femmes qui décrivent le désir masculin comme constant, irrépressible, flottant, en simple attente de fixation. Ce sont les hommes eux-mêmes, du moins une minorité qui semble s'adjuger la primeur du discours sur le désir masculin.

Ces hommes-là affirment et jurent que *tous* les hommes doivent (se) décharger.

Qu'ils ne pensent qu'à ça.

Ils affirment que le désir est envahissant, légitimant que ce désir envahisse les autres (il faudrait peut-être se calmer).

Cette minorité se vante de déshabiller du regard toutes les femmes du métro. Elle assure que c'est l'inclination naturelle des pensées masculines, leur alpha et oméga, le point auquel les hommes sont entravés et auquel toujours ils retournent (remarque personnelle : penser au sexe H-24, j'appelle ça une existence pourrie – et merci aux hommes concernés de cesser de racheter la pauvreté de leur vie intérieure sur ma tranquillité dans les transports en commun).

Ce discours de décharge pose comme naturel un désordre.

Si l'on doit se décharger partout, cela s'appelle de l'incontinence.

Si l'on bande tout le temps, cela s'appelle du priapisme.

Ce sont des maladies.

Mais d'accord : les femmes ont été et sont toujours suffisamment médicalisées pour qu'on s'épargne des hémorragies de diagnostics.

Au moins pourrait-on se mettre d'accord sur le fait qu'un homme obsédé par le sexe soit appelé « obsédé sexuel » plutôt que « charmant monsieur ».

Au moins pourrait-on arguer que son désir pose problème, de même que toute obsession est un problème.

Cette culture de la décharge déborde bien sûr de la sphère sexuelle.

Car ces hommes constamment dégueulants de désir veulent se décharger non seulement de leur trop-plein sexuel mais de tout, tout le temps.

Sur les femmes ils se déchargent dans le même mouvement du soin aux enfants, du domestique, du ménage, de l'éthique, de leur agressivité, de leur excitation, de leurs angoisses, de leurs frustrations, de leur puérilité, de leur ennui.

Cette maladie, ils l'appellent tradition.

Ils l'appellent virilité.

Ces hommes se considèrent comme en charge (un vrai bonhomme est toujours en charge), quand tout ce dont ils sont capables, et tout ce à quoi ils aspirent, est la décharge.

Et bobonne éponge derrière : le sperme, et le boulot.

Que les choses soient claires : cette masculinité-là n'est ni fatale ni même fréquente. Son pouvoir imaginaire est démesuré en comparaison de sa réalité statistique – le priapique n'est pas légion, son discours est pure imprégnation de l'inconscient collectif, d'ailleurs le priapique ne sait faire que cela : imprégner.

L'obsession sexuelle des hommes *par nature* ne correspond pas à la masculinité de mes proches : mon père, mon frère, mes amants, mes amis, mes collègues.

Si tous ceux-là me mentent, ils le font avec une vulnérabilité, un systématisme et une cohérence redoutables.

Ce qui n'empêchera pas le priapique de m'assurer du contraire : de jouer les hommes contre les femmes, de jouer la grande conspiration du mensonge mondial millénaire.

C'est lui qui dit : « tous les hommes ».

C'est lui qui enfourne dans sa catégorie épaisse.

Il se pare des attributs du héros qui aurait le courage – les couilles – de dire la vérité.

Le priapique a besoin de s'ériger en norme : infichu de se contrôler, faible d'esprit et de volonté, il a tout intérêt à faire croire que le *problème* est une force, partagée par tous les hommes. Dans le cas contraire, où il reconnaîtrait l'éparpillement de son système d'autocontrôle, on l'enverrait se faire soigner. Pas forcément en hôpital psychiatrique, mais au moins faudrait-il faire une mise au point.

(« Non, tu n'es pas un pénis. Et même si tu l'étais, cela ne ferait pas des femmes des trous. Laisse parler les adultes, maintenant. »)

Ce qui surprend dans la foulée de la confession priapique (laquelle tombe du ciel sans prévenir, très vite et sans forcément de rapport avec la conversation initiale, car décidément, avec l'individu-tête-de-gland, tout doit être expulsé n'importe quand et n'importe comment, même la parole), ce qui surprend le plus, disais-je, c'est l'assourdissant silence des autres hommes.

Plus que le silence : l'omerta.

Qui ne dit rien consent ?

La sociologie sait aujourd'hui que la virilité ne se nourrit que de surenchère : non seulement en excluant les femmes mais en excluant les moins-hommes parmi les hommes. Celui qui bande le moins prend le risque d'être exclu de la communauté dominante. Du coup, quand le priapique balance ses énormités, les hommes à libido bien tenue se taisent.

Pour rester des hommes, donc par opportunisme.

Pour conserver les privilèges d'une prétendue inclination à la prédation – privilèges toujours obtenus sur les femmes.

Par impression aussi, parfois, d'être anormal, tant l'image de l'homme-tête-de-nœud parcourt l'espace public.

Ils se taisent, encore et encore, devant des incontinents qui les traitent de chiens en chaleur, qui les assimilent à des violeurs en puissance, au bord du basculement – curieuse idée du courage, quand même.

Mes chers alliés

Les hommes contemporains bien élevés s'insurgent.

Ils ne veulent pas être mis dans le même panier que les priapiques, silencieux, lâches et méchants, ils réfutent toute tendance à l'égoïsme, ils sont dans mon camp.

Ils soutiennent les droits des femmes (merci, les gars).

Ce soutien, dont l'absence serait au passage carrément injustifiable, ne semble pourtant pas aller de soi. Il faudrait des trophées pour n'être pas un monstre, des récompenses à l'humanité.

Une petite pipe, peut-être ?

C'est bien ce que je pensais.

Un peu comme si je demandais l'aumône aux personnes handicapées après leur avoir laissé leur place de parking.

Les hommes soutiennent mes droits.

Pas au point de se *déplacer* pour eux, car ils préfèrent ne pas trop *déplacer.*

Ils soutiennent le combat contre le trou, mais pas au point d'en parler ou de changer leur comportement.

Que les choses soient claires : leurs mots (féministe, proféministe, antisexiste, gauchiste prosexe) ne m'intéressent pas, surtout quand ils sont cloisonnés aux espaces privés échappant au jugement des pairs.

Je m'intéresse aux actions. Surtout quand elles sapent *mes* intérêts.

Je m'intéresse à ce que font mes alliés.

Quand ils ouvrent les vannes des vannes sexistes.

Quand la grande révolution sexuelle qu'ils attendent est la multiplication des orifices sur les femmes.

Quand ils regardent la vidéo *gang-bang* de la femme prise par tous les trous – que rien n'en coule encore, qu'elle soit bouchée, refermée, sous contrôle.

Quand toute leur érotique ne parle que de trous.

Quand ils ne se démènent pas pour créer une nouvelle érotique.

Quand ils n'ont jamais regardé de pornographie féministe et qu'ils seraient en peine de citer une seule marque de vibrateurs.

Quand ils persistent à parler de « préliminaires » pour les pratiques sexuelles destinées au plaisir féminin.

Quand ils disent « Je vais me la faire » – douce expression, n'est-ce pas, tellement commune, qui dit que pénétrer une femme a pour conséquence de la modeler en entier, de la faire advenir.

Comme si la pénétration faisait la femme parce que la pénétration fait un trou.

C'est leur tonneau des Danaïdes.

Leur supplice de Sisyphe.

Mes alliés se drapent dans leur bonne foi, me réconfortent, retweetent, me serrent un peu trop fort dans leurs bras.

Ils disent évidemment, évidemment, tu n'es pas trou.

(J'ai mal compris.)

Ils me rassurent, le trou n'est qu'« une manière de parler » – c'est sûr que c'est plus facile quand le langage ne signifie rien, quand les mots n'ont pas d'odeur. Des féminisations de titres à la grammaire en passant par la violence domestique ou le harcèlement de rue, c'est toujours *juste une manière de parler* (laissez-moi dire que ça parle fort, beaucoup, et que les mots entraînent des actes).

Mes alliés se défendent, s'indignent à mes côtés.

Je ne suis pas un trou, mais ils me traiteront en trou, ou réduiront d'autres femmes.

Mes alliés, amants, amis, chéris.

Qui réactivent mon compostage systématique.

Des alliés qui sont souvent des complices.

J'aime plutôt beaucoup l'idée d'alliance : je tends la main à toutes les bonnes volontés, je prends tous les nouveaux amis. Pourvu qu'ils soient dans mon camp. Pourvu qu'ils ne me plantent pas de poignard dans le dos – un trou, un vrai. Par-derrière.

Si ce chapitre vous met mal à l'aise, il y a sans doute une raison.

Si ce chapitre vous met mal à l'aise, relisez-le.

Et changez de modalités d'alliance.

De profundis

Nous avons décrété le trou et, sans surprise, nous sommes tombés dedans.

C'est la détresse et, surtout, la claustrophobie.

Seulement, plutôt que de changer de paradigme, nous creusons plus profond.

Notre technologie nous abreuve d'applications pour conquérir plus de trous, notre société du spectacle nous permet de contempler plus de trous (et dedans si possible, tant qu'à faire), notre médecine nous propose des trous rafraîchis, donc de meilleure qualité. Nous nous félicitons de mœurs et d'organisations sociales nous permettant de jouir de tas de trous successivement ou simultanément.

Sexuellement le programme est nul.

Socialement il est encore pire.

Alors que les études s'accumulent qui démontrent que les hommes et les femmes fonctionnent grosso modo de la même manière, le marketing se met à frénétiquement tout genrer, en rose pour les filles et bleu pour les garçons, y compris les produits pour adultes (merci bien), parce que *spontanément* les enfants préféreraient ces couleurs (manque de bol, c'était l'inverse quelque cent années plus tôt, comme quoi l'évolution du cerveau reptilien en cinq générations douche comprise est possible – Darwin en serait resté baba).

Notre performance du genre-trou est célébrée dans les défilés de mode, dans les cuisines (steak versus salade), dans les productions artistiques (le film romantique de nanas, la série bourrine de poilus), et dans quantité de manuels qui cherchent à « décrypter » le langage des hommes ou des femmes (réponse : avec des connaissances basiques en langue française, vous devriez vous en sortir).

Chaque fois que nous sommes confrontés aux conséquences du paradigme-trou, nous creusons.

Comme antidote nous réempoisonnons le système.

Combien de balles peut-on tirer dans un même pied ?

Car nous y sommes presque : invalides.

Invalides parce que nous ne pouvons plus marcher.

Et parce que la direction vers laquelle nous nous traînons n'enthousiasme pas grand monde.

Invalides encore parce que nous avons ce sentiment flou d'avoir perdu quelque chose – et puis nous disons : mais non, c'est de la paranoïa, c'est une amertume due aux libérations de l'individu, tout ça, c'est une conséquence d'une émancipation qui nous angoisse.

Sauf que nous ne pouvons pas être libres dans le trou.

Nous ne pouvons pas être libres dans une sexualité qui nie le corps dans son ensemble pour n'en conserver que des orifices – une sexualité qui nie jusqu'au cerveau des partenaires.

Nous ne pouvons pas être libres parce que le trou appartient aux prisons : c'est là qu'on envoie les prisonniers pour les punir *une deuxième fois*.

Quelle faute avons-nous commise qui nous oblige à nous punir *deux fois* ? Au moins une faute intellectuelle.

Le trou relève de la contrainte, de la haute sécurité : contre quoi, et contre qui ?

La croyance en le trou est une cruauté que nous nous infligeons à nous-mêmes.

Nous avons créé la plaie, nous ne savons plus faire autre chose qu'y retourner le couteau.

La société du spéculum

Voir et prendre : notre idéal collectif.
Notre grand programme révolutionnaire.

Les moments d'existence effective du trou sont rarement agréables pour les femmes. Ils ont lieu sur la table du gynécologue et lors des accouchements : deux situations où des étrangers viennent mettre leurs doigts et leurs yeux là où ils ne sont pas toujours invités – deux situations dont les femmes commencent à dénoncer le caractère invasif.

Je ne connais pas de femme qui apprécie le processus du spéculum (bon, d'accord, dans des jeux BDSM peut-être).

L'outil fait mal : clairement, être ouverte n'est pas notre état naturel.

Si nous étions des trous, les spéculums n'existeraient pas.

Voir, prendre.

Réclamer la scrutation, toujours plus de surveillance. Des scanners de sécurité. Des dossiers médicaux partagés. Des fouilles au corps. Des émissions accros au confessionnal. Des imageries en 3D. Des mots de passe à divulguer aux autorités. Nous voudrions absolument voir à travers, anticiper jusqu'aux pensées. Défoncer l'intimité qui a l'audace de n'être pas un trou.

C'est que sans trou on n'escalade nulle falaise : il n'y a rien pour s'agripper.

Sans trou, paradoxalement, nous avons peur de tomber.

La société du spéculum ne peut pas fouiner partout simultanément : pour parler des trous au pluriel, elle en singularise un seul.

Au détriment de l'organique, comme d'habitude.

La société du spéculum ne s'intéresse qu'à l'exploration du bas. Elle nous aime vautrés, englués.

Et pourtant.

Il y a de la lumière, là-haut.

Logistique du bunker

Malgré les prétentions très élastiques de certaines pornographies, il n'y a pas vraiment de place pour deux dans le trou.

C'est une retraite, une cachette, un temple aussi : pour le repos du guerrier.

Ce repos passe forcément par le trou : après l'épuisement de l'héroïsme, le retranchement. Au chaud.

Paradoxalement, le repos du guerrier passe par un acte sexuel qui fait momentanément disparaître son pénis.

Comme quoi, se reposer, c'est surtout se reposer d'être une bite.

Le trou est un refuge, et tout refuge est solitaire. On nous a bien expliqué que l'enfer c'est les autres.

Deux, c'est déjà l'intranquillité. Ces choses-là ne se partagent pas.

En toute logique cette exclusivité exclut : au premier titre, la propriétaire des lieux.

L'idéologie du trou chasse la femme de son propre corps.

Qu'on comprenne et excuse : les hommes ont besoin de toute la place. (« C'est comme ça, ils sont plus grands et massifs. *Boys will be boys* et des loups pour la femme. »)

S'il faut se nicher tout entier là-dedans, alors il faut en virer l'occupante – c'est même pour cette raison qu'on explique aux petites filles qu'elles sont trou. Afin que très jeunes elles apprennent que rien de notre intériorité ne mérite qu'on s'y attache, pas même le moindre organe, pas même le moindre nerf – une illusion que tout cela et puis surtout, quelle vanité ! Croire qu'on est maîtresse de son corps ? Quelle insolence.

(Au trou, jeune fille.)

Si nous sommes vides au-dedans, nous méritons d'avoir des seigneurs, dieux et maîtres omnipotents.

Si nous sommes vides au-dedans, nous n'avons rien à perdre – et tout à apprendre.

Pour avoir à apprendre, il faut que soient déniées nos connaissances empiriques.

L'histoire de la culture est celle d'un évidement des femmes, couche par couche, sorcière après penseuse, musicienne après mathématicienne, le supplice de l'arrachement. Nous sommes déculturées, écorchées émotionnelles, symboliques, intellectuelles, depuis le vagin vers l'extérieur.

Une couche après l'autre : raclées, jetées dans la grande *décharge*.

À la fin du processus ne restera que la peau.

Le plafond de peau

La nature a horreur du vide. Les femmes aussi : c'est angoissant.

Très logiquement, le trou se retrouve à cavaler après son propre rebord : dans notre cas femelle, ce rebord est notre peau. Faute d'intériorité nous contrôlons le périmètre.

Et nous courons. Inquiètes.

Évidemment nous courons en rond. En revenant incessamment à notre point de départ.

Contrainte à sa peau, la femelle fait du surplace, mais en cramant des calories. Ce n'est pas du mouvement mais de l'agitation. On transpire. On est très *occupées*.

Le trou ne nous laisse qu'épidermes. C'est la surface qui sera aimée, qui définira nos relations amicales, sentimentales, professionnelles, notre place dans le monde – et cette membrane est fragile et fine et sensible, attributs féminins, qualités millimétriques des femmes. Si la femme est un trou, alors le moindre coup de vent traversera, arrachera la peau.

Nous mettons des crèmes, du maquillage, des antirides.

La peau avant tout.

La peau comme combat et comme unique investissement de soi.

Il paraît que cette attention nous donne du pouvoir, qu'elle fait partie de notre culture de genre, et qu'il faudrait la célébrer plutôt que la contester. Il faudrait se *réapproprier.*

Il paraît qu'en passant quatre heures à peindre nos ongles d'une manière aussi élaborée et élégante qu'invisible et incapacitante, nous rendons grâce à notre féminité, à l'histoire de la cosmétique, à l'art des miniatures.

Nos héroïnes des temps modernes se réduisent à leur peau avec acharnement, dépensant des fortunes, créant des magazines, accablant les stars prises en faute (ah, un sourcil qui dépasse !), enjoignant à d'autres femmes de rejoindre l'abîme, créant des marques de cosmétiques, se lançant dans des vlogs, dans du catéchisme épidermique – au lieu de cultiver leur hobby dans la tranquillité de leur salle de bains, sans imposer leurs exigences aux autres.

La femme-peau est prête, pour son épiderme, à ruiner sa carrière, son sérieux et surtout sa santé – tout en gardant le sourire ! Blanc, le sourire. Elle choisit des vêtements inconfortables, des talons douloureux, des routines interminables et, pire, elle prétendra *prendre soin* d'elle-même (ou prendre soin de la libido des hommes, peut-être ? Simple suggestion). Elle achètera des bandelettes dépilatoires sur lesquelles est inscrit « moment plaisir ».

Qu'il faille un catastrophique vide intérieur pour estimer que la peau, ou le « style », permette d'exprimer son individualité, voilà une réflexion qu'on ne lira pas dans la presse féminine.

Et même. Pour s'exprimer, ne faudrait-il pas commencer par disposer de quelque chose à exprimer ? Et surtout : ne faudrait-il pas un public ?

Ne faudrait-il pas que quelqu'un remarque – oubliant au passage la bien connue et très excusée propension des hommes à ne jamais rien remarquer ?

Si les ongles et paupières – sans surprise les plus petites surfaces disponibles sur un corps – étaient de tels moteurs d'expression de soi, s'ils étaient de si puissants vecteurs d'affirmation personnelle et de préhension du monde, on se demande bien pourquoi les hommes s'épargnent ces heures d'application de poudres, sprays et fluides, pour un tarif exorbitant, dans des effluves chimiques. Ces mêmes hommes qui pourtant sont *du genre* à ne rater aucune occasion de promotion sociale.

Comme par hasard, ces grands ambitieux ne font rien pour leur peau.

Et le cri du trou : mais quelqu'un va remarquer, non ? Que la surface sur le vide est ornementée ?

Oh ? Il y a quelqu'un ?

Dans un parfait scénario, le patron, la patronne, déboulerait sur son cheval blanc avec un chéquier, des congés payés, un comité d'entreprise dynamique et des tickets-repas : « T'as de beaux ongles, tu sais. »

Le sauveur, *deus ex machina*, rappliquerait : « Ce maquillage est une réelle réussite, on comprend via ce *smokey* turquoise mordoré que tu allies rectitude morale, ambitions solides et audace, et qu'il faudrait te donner des responsabilités commençant par un salaire à cinq chiffres. »

Quelqu'un va remarquer… n'est-ce pas ?

N'est-ce pas ???

Féminité toxique

Le trou est négatif. Le trou demande que l'on se pense en creux : les femmes sont moins ceci ou cela (par exemple dans leur sexualité, les femmes sont moins désirantes, moins rapides, moins courageuses, des vertes, des pas mûres).

Le trou cherche à prendre le moins de place possible : il veillera à garder son étroitesse, quitte à recourir à la chirurgie. Pour ses contours, le trou confondra la beauté avec la minceur, l'élégance avec la fragilité, le bien-être avec la gêne, la légèreté avec la faim. Le trou sait bien que l'anorexie est une mauvaise idée, mais quand même, ces nanas sont incroyablement volontaires – et incroyablement bien *rétribuées* par leur exposition sociale. Perdre, c'est gagner.

Il faut perdre pour être *modèle*.

Chez les mannequins on célèbre le *thigh gap* : le « trou entre les cuisses » – et personne ne trouve bizarre que des jeunes femmes, en pleine culture pornographique, se soient instagrammées avec *un trou supplémentaire*.

Le trou ne parlera pas trop fort, il se laissera couper la parole. Logique, puisque le trou ne peut parler que de vent.

Le trou comprend la fatalité qu'il y a à attirer le remplissage, y compris par le viol. Quand le trou dit que les hommes sont comme ça (des porcs, des enfants, des Martiens, des gens sur lesquels on tombe au mauvais endroit au mauvais moment), il dit aussi que les femmes sont comme ça (des victimes).

On entend parler de masculinité toxique, jamais de féminité toxique.

Et pourtant, on ne peut absolument pas se situer dans le paradigme du trou et traiter les femmes en égales. C'est impossible. Si les femmes sont un trou, par définition elles sont *moins*.

Reste la plainte.

Le féminisme contemporain est volontiers accusé de se poser en victime – accusation confondant la plainte et le diagnostic. Aux pauvres, aux racisés, aux exclus, on demande beaucoup de ne pas se plaindre, c'est-à-dire de dissocier leur vécu de leurs émotions. C'est une autre amputation. Une autre trouerie.

Se plaindre permet de légitimement appeler à l'aide – reconnaître une infériorité dans le traitement ne revient pas à inférioriser les personnes subissant ce traitement. Cette plainte s'accompagne par ailleurs de discours volontaristes et de propositions concrètes, qui sont légion quand on se donne la peine de les entendre.

Nous féministes voulons sortir du trou – cette plainte ne nous amuse pas. Au trou nous opposons une féminité de la colonne vertébrale.

Nous femmes aspirons à quelque chose : contre la mollesse nous pouvons tendre, et tendons, et nous mettons sous tension. Pas dans trente générations, au rythme mou du progrès. Maintenant.

Nous ne permettrons pas qu'on nous fasse tomber en nous-mêmes encore et encore, trouées par les événements, simples impacts.

Nous pouvons être blessées et pourtant remuer : être blessées sans être des trous.

Bien sûr, les femmes n'aiment pas être des victimes (scoop : moi non plus).

Elles disent : « Mais non ! Moi je suis forte, grande gueule, je n'attends pas le Prince charmant, je suis différente [sous-entendu : de ces connasses larmoyantes], je suis surfemme. »

Pour n'être pas victimes, certaines femmes feraient n'importe quoi. Comme adopter le rôle de bourreau d'elles-mêmes. Celles-là démontrent une excellence, un talent redoutable à rationaliser l'irrationnel, à se mettre des bâtons dans les roues (et des pénis dans tous les trous, surtout les trous symboliques).

C'est plus *pratique* si la vaisselle est déjà faite, pense la femme-peau. C'est moins galère si je rentre plus tôt du travail, si je m'occupe des enfants, si j'appelle tes parents, si je souris.

On ne va pas commencer à faire des histoires. Ce serait déraisonnable. Ce serait *petit*.

Poétique de l'effondrement

Parfois les femmes se creusent si bien qu'elles s'effondrent de l'intérieur.

L'instrumentalisation ne laisse pas vraiment d'autre choix : soit on facilite la vie aux autres, soit on se la facilite à soi-même – un arbitrage théoriquement gérable dans l'harmonie, ou de manière raisonnablement équitable, à l'incompressible condition de laisser le trou sur le carreau.

Car s'il faut donner accès au trou, il faut porter des jupes – on sait comment les prédateurs interprètent la jupette.

S'il faut voir le trou il faut raser, épiler, jardiner, entretenir, et c'est une plaie.

S'il faut être aimée, aimée à tout prix, alors il faut se rendre aimable. C'est également une plaie. Je vous défie d'être aimables non-stop et de conserver une âme.

Et pourtant ça passe. La culture du trou utilise un argument marteau : faire croire aux femmes que la résistance est pire que le masochisme, qu'elles ont tout à gagner à être bonnes perdantes (de fait, certaines sont devenues championnes du monde de *loose*).

On parle de chosification de soi par soi : holà ! Mais c'est encore trop d'égards !

Il faudrait parler de surfacisation. De désépaississement systématique.

D'autosabotage.

Les hommes creusent, mais nous nous vantons de creuser plus efficacement et plus profond. Nous le faisons *mieux*.

Et ça, les hommes, ça leur en boucherait un coin. S'ils n'étaient pas occupés à regarder ailleurs – étant donné qu'eux ont une vie.

De même que les exclus prétendent exclure et que le chien ramène le bâton qui le martyrise, les femmes-bourreaux mettent les bouchées doubles. Pourvu qu'il n'y ait pas de matières grasses.

« Si les hommes nous creusent, alors nous le ferons nous-mêmes, et de manière jolie. »

(L'homme sera moins fatigué, aussi. Cette pelle est lourde. Pauvre chéri.)

Si nous creusons nous-mêmes, peut-être que ça fera moins mal.

Ainsi refaisons-nous constamment le trou comme on se percerait les oreilles.

Ainsi trouvons-nous des consolations dans le trou, et entendons-nous avec ahurissement certaines femmes affirmer leur supériorité morale sur les hommes (c'est quelle teinte de blush exactement, la supériorité morale ?), par nature, parce qu'elles au moins n'ont pas été corrompues par la *matière*.

Soit l'équivalent intellectuel d'assertions comme « les blonds sont plus sympathiques que les châtains » ou « les gros conduisent mieux les tractopelles que les minces ».

Une manière de refaire le trou consistera à le recouvrir des artefacts les plus clinquants. Ainsi portera-t-on des masques, tatouages, maquillages, bijoux qui démontrent en creux le besoin de *s'augmenter* (à peau nue nous ne suffirons jamais : c'est une affaire entendue dans le monde de la cosmétique – la peau nue est un privilège d'hommes, qui ont la bienséance de n'embêter personne avec leurs tétons ou leur visage).

Avec nos pinceaux de couleur nous couvrons le trou : l'art de la résignation, la résignation par l'art.

Le maquillage dit que nous existons, mais que sans lui nous n'existerions pas.

Soit dit en passant, si les hommes et les femmes sont si différents, on se demande à quoi rime notre acharnement à les différencier dans leur physique autant que dans leurs activités ou intérêts.

On se demande pourquoi il faudrait *faire genre*.

Vêtements, parures, maquillage, comportement : on a bien appris non seulement que la féminité est un masque, mais qu'il n'y a rien en dessous.

Les femmes ne portent ce masque que pour cacher leur similarité. Nous sommes si souvent décrites comme des anges, des déesses, des sirènes, des sorcières, des marâtres, des cagoles, des démones, des absurdités, des extraterrestres (c'est loin, Vénus), bref des *autres,* qu'on en oublierait notre banalité, et au cœur de cette banalité notre humanité.

Le visage du matin, dans le miroir, pourrait être celui d'un homme. Cheveux-vrac et teint brouillé, lèvres pâles, elle est loin Cléopâtre.

Faire femme prend du temps, de l'argent et de l'énergie – on le sait.

En s'épargnant ces vingt minutes par jour, une femme gagnerait cent vingt heures par année, passées à n'être pas un trou. Ces heures seraient remplies de rencontres, de lectures, de balades en forêt. Ces heures seraient remplies, et nous rempliraient : un pied de nez au trou.

En attendant, les femmes restent majoritairement complaisantes face aux lobbys du narcissisme. C'est sûr qu'on peut retourner les équations : à force de rester en dessous, on a plus de temps pour se peindre les ongles.

Et quand la complaisance devient une défaite absolue, on ne couvre plus le trou mais on l'embrasse complètement. On arrache non seulement le dedans mais la peau.

(Sous les applaudissements du public.)

Pour se débarrasser de sa peau, diverses modalités : le couvent, la détox, le voile intégral, l'anorexie, l'anéantissement dans la maternité, la disparition de l'espace public. Le ménage. *Pscchhhht.*

La barbe au trou

Je ne suis pas un trou, et le jeune homme amant-bienveillant essaiera quand même de le créer, de le révéler, de le faire apparaître. Comment rendre visible une absence ?

Comment faire advenir un trou qui, sans vouloir insister, n'est pas là ?

Alors débroussailler, arracher le poil.

Recommencer infiniment la tâche domestique, s'écorcher vive. Avec l'espoir que d'un coup de rasoir malheureux on s'entaille jusqu'au-dedans – la cosmétique féminine rase toujours à deux doigts de l'amputation.

L'homme complice observe (de loin, parce que c'est dégueulasse) quand nous tenons la lame ou la bande, quand la peau est gonflée et rougie de douleur. Il trouve que nous sommes courageuses. Ah, les femmes, tout de même, face à la souffrance, elles ont de ces couilles ! Allez, une médaille. Un pendentif en forme de cœur, pour la Saint-Valentin.

En fin de processus la femme n'est plus seulement épilée, rasée, fraîche comme une enfant, mais :

— formidable
— subversive
— libérée
— inspirante
— propre
— désirable.
(N'en jetez plus.)

À la fin, il n'y aura toujours pas de trou.

Mais la fente convient. En attendant. La fente promet un trou.

Vide intérieur, vide intégral

C'est d'une ironie délicieuse : aux femmes on demande de se vider physiquement (se débarrasser non seulement de leur gras mais rappeler leurs organes au silence), mais surtout de se vider *intérieurement*.

Les productions culturelles à destination d'un public féminin revendiquent le mot : légèreté. On lit des magazines légers, de la littérature pour dindes (*chick lit*), on regarde des films pourris, mais c'est légitime. On a bien besoin de se vider la tête ! Comme s'il y avait urgence à faire sortir de ce cerveau la moindre parcelle d'information ou d'émotion qui aurait le malheur de s'y promener.

Les hommes qui ont besoin de se vider la tête vont faire du sport, où ils gagnent en volume.

Les femmes pendant ce temps sont encouragées à consommer du discours publicitaire, donc à consommer de l'angoisse. Pour faire taire leurs complexes, elles se gavent de corps parfaits. Pour oublier leurs doutes sentimentaux, elles s'imprègnent d'histoires dramatiques.

Comme si poser des angoisses sur l'angoisse allait faire disparaître la première couche.

En termes de stratégie, j'ai quelques doutes.

Mais peut-être ces doutes sont-ils précisément l'objectif. Peut-être les femmes persistent-elles à s'infliger des lectures, médias et publicités qui, cela a été mille fois démontré, leur font du mal, parce qu'elles recherchent *activement* cet échec. Un trou mérite-t-il mieux que le malheur ?

La lectrice de magazines féminins, l'observatrice compulsive de comptes Instagram « aspirationnels » punit son incapacité à disparaître par un savant dosage de culpabilité, de frustration, de vulnérabilité et de manque d'estime de soi. Elle s'y confronte à un monde auquel elle ne participe pas, pour lequel elle ne sera jamais assez bien – des plages somptueuses, des vêtements trop chers, des corps idéaux. Elle creuse le vide.

La culture contemporaine ne manque pas de ressources dès lors qu'il s'agit de réaliser la prophétie du vide.

Puisque s'incarner comme trou pour de bon consisterait à se tirer une balle dans la tête, nous avons inventé un euphémisme idéal : calmer son monologue intérieur.

Et inventé un paradoxe : la spiritualité qui tue la vie spirituelle, à coups de tendances méditation, yoga, scrapbooking, cahiers de coloriage, spas, jeûnes, ne pense à rien, surtout ne pense à rien.

Les femmes sont les principales cibles (comme au champ de tir) de toutes les activités censées amener à une bulle de silence – le vide, confondu avec la paix.

Il n'est pas surprenant que beaucoup de techniques d'oubli de soi passent par la beauté – ces moments dont on prétend qu'ils n'appartiennent qu'à soi.

La circularité des routines cosmétiques, leur infini recommencement présentent toutes les caractéristiques de l'annihilation de la pensée, par le cercle, jamais par la spirale. Obtenir, effacer. Refaire pareil le lendemain.

Il n'y a rien à voir, dans ce miroir.

Le maquillage est une pure gesticulation.

À la suite de quoi on apprendra aux femmes encore d'autres techniques d'évidement, de mise sous contrôle de leurs émotions : au lieu de comprendre les raisons de leur colère (être traitée comme un trou rend rarement heureuse), les femmes sont encouragées à se débarrasser de sentiments négatifs qui pourraient, misère, se révéler moteurs. Fertiles.

Tant qu'à faire, les femmes seront priées de balancer avec l'eau du bain (parfum jasmin retonifiant) tous les sentiments n'impliquant pas un amour immodéré et inconditionnel pour leurs hommes et enfants.

On leur dira que s'oublier est une chose formidable.

Posons la question : est-ce, réellement, si formidable de s'oublier ?

Ou est-ce seulement commode pour les autres ?

Car je le rappelle : il n'y a pas de place pour deux dans le trou.

En toile de fond, en suggestion, flotte l'idée que l'épanouissement n'est pas atteignable pour tout le monde. Il faut que quelqu'un se sacrifie (il n'est pas question que ce soit l'homme : il gagne plus d'argent, et possède un chromosome Y).

Les femmes ont sacrifié par le passé leur carrière, leur dignité, leur individualité. C'est moins vrai aujourd'hui mais, en obtenant le privilège de n'oublier ni leur passé, ni leur carrière, ni leur dignité, ni leur individualité, sans obtenir de temps libre sur les tâches domestiques, le travail émotionnel ou le soin à autrui, les femmes ont finalement consenti à un autre sacrifice : l'épuisement.

Le système est parfait : traitée comme un trou, la femme contemporaine n'a pas le temps de sortir du trou.

Contrainte à l'empilement des pleins-temps, elle se met à mi-temps. Elle fait du coloriage et des réussites sur son smartphone.

Vivre en trou, en simple membrane posée sur du vide, rend plus que vulnérable : handicapée.

Un trou n'a pas de force d'opposition, ni de résilience possible.

Les prédateurs le savent très bien.

Une culture de la prédation

Ironiquement, la célébration des femmes sans ego s'accompagne d'une véritable panique quant aux abus qui, très logiquement, en découlent. On ne compte plus les conversations, articles et ouvrages consacrés aux pervers narcissiques, jaloux, sociopathes, enfants-rois et adultes-tyrans, dictateurs, arnaqueurs de tout poil. Quand nous ne psychiatrisons pas le président en service ou la starlette du moment, nous enchaînons les psycho-tests censés nous permettre de reconnaître l'abus.

En oubliant que si nous nous construisions sur autre chose que le dévouement, jamais ces abuseurs ne trouveraient de prise. Nous serions des êtres complets : ils se heurteraient à un mur plutôt qu'à un trou.

S'ils prolifèrent, c'est que nous nous affaiblissons.

Car de même que le trou doit être rempli, la faille doit être exploitée.

À la femme contemporaine on demande donc d'être toujours sur ses gardes.

Mais sans devenir paranoïaque pour autant. Sans *prendre acte*.

Sans *sacrifier sa féminité*.

La femme parfaite est raisonnablement terrorisée : suffisamment réaliste pour laisser la majorité de l'espace public et temporel aux hommes, juste assez bravache pour éviter les accusations de lâcheté. Son niveau d'angoisse tient sur un fil. Son comportement de peur est aussi impeccable que sa manucure – c'est important, d'avoir *correctement* peur.

Nous créons à la fois les conditions de la victimisation et la culpabilisation des victimes.

C'est une culture. Ce n'est pas la bonne.

L'appel du vide

Les productions culturelles, créations et conversations sont remplies de femmes comblées ou à combler.

C'en devient presque comique, par la répétition : qu'est-ce qui te comblerait ?

Car si les femmes sont vides, elles ont forcément un espace là-dedans qui pleure et trépigne et supplie qu'on s'y fourre.

> Synonymes de combler :
> Bourrer, boucher, charger, colmater, déborder, envahir, farcir, faire disparaître, fermer, surcharger.
> Couvrir.
> Niveler.
> Obturer.
> Saturer.
> Passer les limites.

Les hommes ne demandent pas qu'on les comble. Ils jouissent de frustrations fructueuses, d'insatisfactions motrices, d'ambitions à partir desquelles opérer un mouvement sur le monde. Et surtout, s'il fallait combler quoi que ce soit, ils prendraient les choses en main et s'y colleraient tout seuls. Ils n'attendraient pas que quelque chose vienne et remplisse leur trou personnel.

Le comblement d'une femme ne s'opère jamais de manière (ré)créative ou intellectuelle. Il passera par la perte de poids ou par l'achat d'une nouvelle machine à laver.

Le comblement ultime d'une femme est l'enfantement : enfin quelque chose à l'intérieur ! Enfin du remplissage productif ! Lors de l'accouchement on lui infligera une épisiotomie, même sans raison médicale : juste pour le plaisir de couper au-dedans. Après le passage du bébé, le chirurgien inspiré se permettra parfois d'*augmenter* la parturiente grâce au « point du mari » : ce rétrécissement du vagin qui permet au trou de retrouver toute sa vigueur, quitte à assommer sa porteuse de douleur – rappelant ainsi cruellement à qui bénéficie le trou. En l'occurrence, jamais à celle qui a été trouée.

Selon les magazines bienveillants et les experts psycho-compassionnels, les femmes ne peuvent être remplies que par de l'amour, donc par d'autres personnes qu'elles-mêmes. Elles ne peuvent pas non plus être comblées artistiquement, ni même tout simplement comblées par l'estomac : cela s'appellerait trop manger, et il faudrait qu'elles songent à se purger.

Écologie du comblement

Quand on parle de combler un trou, sur la voirie, dans un jardin, il s'agit d'un remplissage expéditif, sans attention ni intention, sans âme. Les puissants conquièrent des pics et déplacent des montagnes. Personne ne s'intéresse au comblement des trous. On n'entre pas dans le livre des records via les trous. On ne gagne pas l'ordre du Mérite.

Si la géographie féminine implique un comblement, celui-ci s'opérera nécessairement par la médiocrité – sinon on emploierait un autre mot que « combler ».

On ne comble pas un trou avec de l'or. On s'y *décharge*.

Cette logique, appliquée au champ sexuel, démolit non seulement les femmes mais les hommes : leur semence réduite en souillure, leur pénis en outil. Le comblement ramène l'éjaculation au rang de crachat ou au jet de vomi. Une expulsion, une compulsion.

On parle de la semence comme d'une pollution, du sexe comme d'une systématique salissure.

(Je ne crois pas que les hommes me polluent. Sincèrement.)

Cette même logique, appliquée au champ culturel, légitime qu'on remplisse les femmes de productions de seconde classe, pas trop compliquées à comprendre : du vide pour entretenir le vide.

Il n'est d'ailleurs pas innocent que les femmes soient toujours sommées de se corriger. Avez-vous appliqué sur votre peau – « votre atout le plus précieux » – votre gel correcteur ? Les vêtements corrigent la silhouette, le maquillage corrige les volumes, l'attitude féminine corrige les ambitions de l'ego.

Les hommes n'ont pas besoin d'être corrigés. Ils se suffisent. Ça doit être vachement bien.

Parce que le comblement est nécessairement exécuté *à l'arrache*, il paraît *vital* de n'être surtout pas comblée.

Soit qu'on se sente pleine, soit qu'on préfère garder de l'espace – une plage, un terrain vague, une zone inexplorée dans l'écosystème-trou.

Le comblement est une promesse que toutes les parties ont intérêt à ne pas respecter. À commencer par celles qui s'en trouveraient les (fausses) bénéficiaires – une femme comblée est une femme morte.

Nécrologie du trou

Six pieds sous terre : c'est à ce prix qu'une femme sera enfin couverte, enfin bien saturée – nous l'aurons garnie, remplie, farcie (normal, pour une dinde).

Rempli, le trou disparaît. Logique.

Le traumatisme vaut pour les hommes aussi : mal à l'aise sans pouvoir pointer du doigt ce qui cloche.

Surpris que travailler en creux aboutisse au vide, qu'on ne puisse pas simultanément évider ses partenaires et espérer la plénitude.

Contrariés qu'on ne puisse pas creuser ailleurs pour se remplir soi-même.

On se désole : l'ennui est-il la petite mort ?

Après avoir évacué les femmes de leur corps, après dix mille tentatives infructueuses visant à les *reboucher*, l'homme contemporain sympathique est surpris par la petitesse de sa vie sexuelle. Il est déçu. Il trouve que les nanas manquent de désir, de répondant – il ne comprend pas pourquoi, après avoir été amputées, elles n'auraient pas les épaules.

Post coïtum, la solitude.

À force de creuser les femmes, à force de creuser le trou, les hommes se tiennent au bord d'une tombe.

Dans l'espace domestique, le trou sert au rangement – le placard pratique, le cellier, la cave, où l'on entrepose ce qu'on ne souhaite pas regarder.

Le trou de l'espace public, en revanche, est la tombe – le cercueil, absolu confinement.

Quand les femmes sont vraiment bien rangées, vraiment hors scène, mieux vaut qu'elles meurent.

(Ce qui offre à la pop culture de meilleurs éternels féminins, des Marilyn Monroe belles-pour-toujours. Mourir jeune est une grâce que les femmes font à l'idée de La Femme.)

Les hommes s'allongent-ils sur les femmes pour mourir, un peu, avec elles ?

Sommes-nous littéralement occupés, ensemble, à mourir d'ennui ?

Couchés, nous voyons moins loin.

Couchés, nous avons peur.

> Trypophobie : peur des trous.
> (Assimilation des trous aux plaies, aux maladies, à la lèpre, aux nécroses, moisissures et lésions de la peau. Le trou marque une étape proche du décès.)

Fascination du désastre

Le trou se meurt, apparemment c'est merveilleux.

Ainsi les défenseurs de la femme-trou, qui sont parfois des femmes, trouvent-ils incroyablement romantique l'idée qu'on couche « dans le vide ». Pour rien. Sans désir, voire dans le dégoût.

Ces défenseurs affirment que l'avilissement transfigure – une maxime qui, étrangement, ne semble s'appliquer qu'aux *autres.*

(« Vas-y, camarade, saute du pont. »)

Jamais les tenants de la générosité féminine n'auront la générosité d'honorer les vieillardes de leurs ardeurs et compliments.

Puisque ces aficionados de relations sexuelles « avilissantes mais sublimes » (pour les femmes !) se font une si haute idée de l'altruisme, je voudrais profiter des prochaines lignes pour leur demander de me confier tout leur argent, en liquide ou sur des comptes offshore, parce que ce serait sublime. En échange de ma reconnaissance, ils pourront également m'offrir une maison en Nouvelle-Zélande ou faire livrer des chocolats fins à mon domicile.

Comment oseraient-ils n'être pas d'accord ?

S'ils demandent du sexe de pitié : par pitié, n'auraient-ils pas une petite pièce pour l'autrice ?

Car il faut le dire : non seulement certains « penseurs » acceptent les donations sexuelles, acceptent l'équarrissage attendri, mais ils encouragent et glorifient les femmes qui couchent sans envie.

Celles qui se forcent un peu.

Qui disent « Oui, bon, d'accord, juste une fois ».

Qui vont *quand même* au charbon.

À l'opposé de leurs propres valeurs, les esthètes contemporains vantent un érotisme du demi-consentement. Un sexe du bout des lèvres (sinon ça fait grossir), quitte à rester fade, sans enthousiasme ni gourmandise. Ils prétendent aimer le sexe – mais seulement pour eux-mêmes.

Ils se contentent de peu.

Ces esthètes ne sont même pas des *amateurs*.

Et pourtant l'effondrement fascine : la fâmme vautrée dans la fange, le féminin comme pendant catholique de l'ascèse.

Ainsi les femmes les plus désirables et accomplies suivent-elles des habitudes de moinesses. Manger peu, boire rarement. Dormir de manière interrompue, dormir comme pause détestable avant la fin des tâches domestiques et le recommencement des tâches domestiques identiques. Obéir, bien sûr, non pas à la règle monastique mais à la règle domestique : indéfinie donc plus dure, intransigeante, le plumeau acéré comme une lame de rasoir.

Elles porteront un uniforme, propre. Celui de la femme bien.

Le regard vide, elles prieront à heures fixes : au matin la prière-maquillage, dieu, dieu de la peau, accorde-moi d'être regardable par les hommes et de ne pas transpirer des aisselles. Accorde-moi d'être plaisante.

Elle priera ses cheveux de bien tomber, ses vêtements de n'avoir pas rétréci – seul le corps féminin doit rétrécir.

Elle priera dans le métro, d'être regardée sans être violée.

Elle priera son patron, son mari, ses enfants.

Ces dieux, comme les autres, ne répondent pas aux prières.

Système de récompense

La jouissance féminine déclarée véritable, kasher, halal et vertueuse, consiste à transcender l'indistinction. Consiste à faire n'importe quoi : coucher avec des moches quand on s'est faite belle, coucher avec des femmes quand on est hétérosexuelle, coucher avec des vieux quand on est disgracieuse, avec des faibles quand on est forte.

Bref, embrasser son statut de décharge.

En continuant de proclamer que toute attention masculine est un honneur.

Ne dit-on pas, pour parler du rapport sexuel, qu'on « honore » une femme ?

Les hommes en mal d'honneurs se garderaient d'être honorés de la sorte. Ils seraient bien en peine d'expliquer en quoi la décharge rend honneur à quiconque, sauf à considérer leur sperme comme la huitième merveille du monde et leur pénis comme une colonne grecque. (Ce que certains n'hésiteront pas à affirmer, mais passons.)

Ils voudraient que les femmes soient inconditionnelles alors qu'eux-mêmes dépensent des trésors d'énergie à poser des conditions.

La générosité des femmes passe ainsi par la suppression d'elles-mêmes. L'intelligente humilie, la spontanée castre, la marrante intimide, la pressée se prend pour qui ? (Ah, cette fâcheuse tendance qu'ont les femmes à se prendre *pour*.)

Toute qualité possédée par une femme est problématisée.

Il y a toujours un mais parce qu'il faudrait toujours être entre deux, ni-ni, belle mais pas trop, drôle mais pas trop, rêveuse mais pas trop – pute mais pas trop, prude mais pas trop.

C'est pourquoi les grands amoureux de La Femme affichent une préférence marquée envers celles qui passent outre leurs propres standards, ou, encore plus idéalement, qui n'auraient jamais eu l'occasion d'en développer. L'absence de goûts particuliers devient, dans la bouche des hommes-encyclopédistes très très intéressés, un pilier de l'intelligence féminine (empruntant comme chacun sait d'autres neurones que ceux des hommes : ne mélangeons pas les torchons et les serviettes – on sait qui tient le rôle de torchon).

Ainsi trouvent-ils toujours intelligentes les femmes qui renoncent à l'intelligence : ils tiennent en plus haute estime leur bêtise, qu'ils qualifient de chou, polie et élégante – ils aiment les femmes comme on aime les enfants, par affection néoténique[1], par protection du faible et surtout de l'intellectuellement

1. Néoténie : conservation de caractéristiques juvéniles à l'âge adulte. (*N.d.E.*)

faible qui nous amuse comme à un immense dîner de connes.

Cette femme parfaite n'a pas de voix, son silence assourdit nos sexualités.

En faisant passer la parole des autres avant sa « petite » personne, elle devient inaudible. Muette.

Notre reconnaissance vaut pire qu'un lot de consolation : une insulte. La femme généreuse pleure, et nous sommes censées vouloir lui ressembler.

Saintes, muses et égéries ne ressentent ni désir ni plaisir – même chose pour les prêtresses sexuelles modernes que sont les prostituées et les « hardeuses », dont, objectivement, on préfère qu'elles simulent.

Confrontée aux injonctions similaires de ces pôles religieux et néopaïens, la femme ni sainte ni putain est priée d'*essayer quand même*, est priée de trouver l'extase dans le désinvestissement : elle se répandra par terre de reconnaissance, se répandra comme une descente de lit – un pénis ! Grâces soient rendues, je suis bénie entre toutes les femmes.

La femme généreuse dit merci pour l'érection dure qui la valide, et pour la débandade qui est une offrande de vulnérabilité. Elle dit merci pour la semence comme cadeau, pour la simulation comme politesse, pour la jouissance dans le préservatif que monsieur a consenti à mettre.

Il n'y a pas de limites envisageables à la reconnaissance féminine.

Il faut tout donner, comme ils disent en sport.

Sans doute parce que être généreuse à ce niveau est un sport.

C'est une générosité de chien qui revient après les coups, fidèle jusqu'à l'absurde : « chienne » est un compliment, un os jeté par des hommes qui nous trouvent formidables (« pour des nanas »). Une femme ne sera jamais assez chienne.

Nous disons généreuse pour ne pas dire absente.

Pour ne pas dire trou.

La générosité réelle, pourtant, nécessite d'avoir quelque chose à donner : il faudrait être tout sauf trou.

Sexualité du trou

On résumera en une formule : écarter les jambes.

C'est-à-dire : faire place.

S'écarter soi-même, comme on cède la préséance à son souverain, comme on libère la route pour le monarque. De l'écartement à l'écartèlement il n'y a qu'un pas : sans surprise, le supplice qu'on réserve aux régicides.

Si l'homme est membré, il faut que la femme soit démembrée – femmes-troncs et femmes-trous.

À part ça tout est normal. On ne voit pas le problème.

Parfois ce sont les hommes qui font advenir la prophétie autoréalisatrice de la passivité : « Tu n'es bonne qu'à ça, écarter les jambes. »

Parfois les femmes se réapproprient le rôle passif, comme si elles étaient plus malignes : « Oh, je me contente d'écarter les jambes, c'est pas compliqué. »

Sauf que c'est compliqué.

Pour commencer, même le plus banal des missionnaires exige une technique sexuelle de la réception. Il faut mouiller et, si on ne mouille pas, trouver soit du lubrifiant, soit un moyen de rendre la pénétration possible. Si l'engin pénétrant est trop gros, ou qu'on est fatiguée, il faudra contracter les muscles pour limiter les dégâts. Si l'on veut prendre du plaisir, ou *plus* de plaisir, on accompagnera les mouvements par des contractions ou par des changements de position permettant la stimulation du clitoris.

Ne parlons pas de toutes les pénétrations où la réceptrice est au-dessus et se tape le gros œuvre.

Ne parlons pas du fait que la plupart d'entre nous sommes suffisamment ambidextres pour utiliser nos mains ou nos dents ou nos langues, tout en écartant les jambes.

Ne parlons pas de la technicité indispensable à une réception anale.

La réceptivité n'est pas une réaction mais une action.

Les gros bourrins qui traitent les femmes d'étoiles de mer devraient, et devront, écarter les jambes, qu'on observe au bout de combien de temps ils retourneront leur veston.

Ils devraient, et devront, se mettre à genoux.

Je n'écris pas ça pour les humilier, car je ne trouve pas humiliant d'être à genoux.

J'affirme en revanche qu'il y a urgence à baiser les mecs hétéros bien-pensants calés-sanglés dans leurs catégories – ils ne sont pas obligés d'aimer, mais maintenant, là, au IIIe millénaire, il faut qu'ils arrêtent de parler de sexe s'ils sont non pratiquants. Leur avis sera absolument le bienvenu quand ils auront perdu leur virginité. (Si on n'a jamais reçu de sexualité, on est vierge. Ce point n'est pas négociable.)

Cependant.

Qu'un bourrin résume la pénétration réceptive à l'écartement des jambes parce qu'il n'a jamais essayé, c'est une chose.

Qu'une personne réceptive fasse la même erreur rend manifeste la contamination de notre représentation sexuelle par le point de vue masculin traditionnel, qui a fait le choix opportuniste de se rouler dans sa propre ignorance.

« Ah, l'autre existe ? Vous voulez dire, il faudrait le prendre en compte ? J'avais malencontreusement survolé ce détail. »

Une femme prétendant que sa participation à l'acte sexuel se résume à écarter les jambes (de fait, l'affichage de sa propre incompétence sexuelle attirera immanquablement le respect lors des dîners élégants) ne se contente pas de faire croire à ses interlocuteurs qu'elle est un trou : elle le fait surtout croire à elle-même.

Quand on s'écarte de son propre corps, de son propre ressenti, quand on nie une réaction émotionnelle ou physique, cela s'appelle de la dissociation.

C'est le signe d'un traumatisme.

> Syndrome de Cotard : état délirant consistant à nier l'existence de tout ou partie de ses organes. La personne affectée est convaincue que ses organes sont bouchés, absents, pourris, transformés en

> pierre, obturés, et peut logiquement tenter de se trouer elle-même.
> Le risque suicidaire est maximal. Les conséquences incluent l'automutilation, la stupeur, l'anxiété ou les hallucinations. Dans les cas les plus extrêmes, le sujet pense être déjà mort.

Il n'est pas absurde d'affirmer que la femme-trou vit un équivalent du syndrome de Cotard. Elle fait face à une indépassable double contrainte : être constamment sexualisée, mais sans posséder de sexe à soi.

Ce qui produit des déflagrations en série sur toutes les étapes de nos trajectoires sexuelles.

Belle âme contre bellâtre

On pourrait penser que les hommes bien élevés bien-pensants auraient intérêt à ce que les femmes participent au jeu de la séduction. N'est-ce pas précisément ce dont ils se plaignent quand ils se décrivent comme constamment en chasse, constamment en charge ? Quand ils protestent d'avoir à payer un verre de prosecco – les nanas c'est cher, quand même, et puis il faut prendre ce temps stupide pour papoter ? (S'ils risquaient d'être violés, nul doute qu'ils papoteraient aussi.)

Pauvres séducteurs contemporains qui s'autoproclament dindons de la farce, quand il faut s'intéresser pour baiser – s'intéresser, quel ennui.

Quoi qu'ils prétendent, les hommes-râleurs ont intérêt à limiter la liberté des femmes à une question de consentement : dans le cas contraire, le séducteur à la française, aussi appelé relou, finirait seul.

Tout simplement parce qu'il refuse encore majoritairement de se rendre désirable, persuadé qu'il est de n'avoir pas besoin de se mettre en valeur, ou pas *vraiment*. Sa valeur n'est pas de ce monde. Il flotte en pur esprit, mais l'ange a un sexe. Amen.

Car chez nous, entonnons *La Marseillaise*, hissons le drapeau, l'homme est trop fier pour susciter le désir. En gagnant l'intérêt des femmes il perdrait le respect des hommes – il a beau aimer les premières, c'est l'approbation des seconds qui prime.

Il veut baiser. Mais pas au prix de passer pour un « bouffon ».

Son truc, c'est la belle âme contre le bellâtre.

Convaincu que les femmes sont « au-dessus » (c'est-à-dire en dessous) des considérations physiques, persuadé qu'un comportement de « gentille » agressivité remportera tous les suffrages, décidé à « voler » le premier baiser si les choses traînent en chemin, le séducteur à la française est un emmerdeur qui se prend pour Beaumarchais.

(Cela dit, la belle âme est bienvenue : dans la *friend zone*.)

Le séducteur à la française ne peut absolument pas laisser les femmes prendre l'initiative, et c'est pourquoi, sous le couvert d'affection (car il est bien élevé), il emploiera des mots comme *chaudasse, traînée, salope, le feu au cul*. Dans le meilleur des cas.

Car dans le pire des cas, il met les mots en actes : « elle cherche, elle va me trouver, elle cherche, je vais la trouer ».

Aux femmes entreprenantes il préfère des femmes disponibles, et qui montrent leur disponibilité. Ainsi décide-t-il qu'une robe est forcément une invitation. Ou qu'un talon appelle le viol. Dans cette intéressante bulle mentale, les femmes s'habillent pour lui

– toutes. Les femmes s'habillent afin de transmettre des messages, même si personne n'est vraiment d'accord sur le message en question. Le fait qu'elles puissent ouvrir la bouche pour transmettre des messages n'est pas envisageable.

On ne va pas commencer à parler tous en même temps !

Allons. Honneur aux hommes, alors. (On grille des politesses.)

Après avoir découragé les tentatives des femmes, le séducteur reprend son rôle de déclencheur – il dit « chasseur » comme il parle de « cartoucher ». Pour lui, c'est une épreuve de force. Parler à une femme, si on le laisse dérouler son cheminement intellectuel, c'est affronter un dragon… ou affronter son propre ego – et Dieu sait que l'ego du séducteur à la française pourrait donner du fil à retordre à bien des monstres mythologiques.

Parler à une femme, c'est de l'audace (petite remarque : on n'est pas si méchantes).

En revanche, se voir rejeté par une femme, c'est être mal compris (petite remarque : auquel cas le beau parleur n'a peut-être pas si bien parlé).

Face au râteau, il y a toujours erreur d'aiguillage, erreur de décryptage.

À cet effet, les séducteurs à la française déploient des trésors d'énergie à « rechercher les signaux » du désir féminin, partant du principe qu'il prendrait des formes bizarres, qu'on se mettrait à marcher sur la tête ou à causer hongrois. Ces signes ont en commun d'être complètement nébuleux. Si on les cherche, on les trouvera toujours. Si on veut les ignorer, rien de plus facile.

Les séducteurs à la française ont le sens pratique.

Ainsi chercheront-ils à voir si la femelle rattache sa queue-de-cheval, tournicote sur son siège ou touche son visage – des signes que je vous défie de ne pas trouver en fixant n'importe qui pendant deux minutes.

Malheureusement, au risque de massacrer un pan entier de la littérature psycho-ésotérique, le désir féminin parle la langue du peuple.

Quand il existe, le désir féminin se *manifeste*. Quand il ne se manifeste pas, c'est tout simplement qu'il est posé ailleurs ou nulle part.

Seulement, dans le monde du séducteur à la française, la bouche des femmes n'est pas faite pour parler.

Le trou ne parle pas.

En désespoir de cause, le séducteur à la française se persuade que le désir féminin ne sait pas se manifester (nous, les femmes, on ne sait jamais rien).

Si les femmes ne disent rien, c'est qu'elles attendent, et vous connaissez les gonzesses : si elles attendent, alors elles n'attendent que « ça ».

C'est ainsi que l'absence de manifestation du désir passe pour de l'intérêt : abracadabra, les signes extérieurs de disponibilité et d'indisponibilité sont les mêmes. Pudeur, dégoût, passion, résistance ? Mettez-moi tout ça dans le même panier. Et admettez que, s'il n'en sort pas des colombes, ça reste magique.

Si cette femme ne bouge pas, si elle regarde ailleurs, c'est évidemment qu'elle m'aime.

Si cette femme est allongée sur le sol sans respirer, c'est évidemment qu'il y a eu trop d'amour.

Le sens du devoir

Le trou est à combler à tout point de vue, mais surtout sexuellement.

Et sans ingratitude, hein ! L'homme bien élevé mouille sa chemise – on pourrait dire merci.

L'homme éduqué-organisé se rêve pygmalion, pour pouvoir remplir tous les trous de sa partenaire, toutes ses tragiques lacunes : « Je vais t'apprendre quelque chose. »

Et qu'on se tienne à distance des femmes qui voudraient à leur tour enseigner. Celles-ci se mettent un doigt profond.

Heureusement, cela n'arrive pas trop souvent. Les petites filles ont bien appris à attendre qu'un mâle les éduque et savent que, le moment venu, il faudra l'appeler « charmant ».

« Je vais t'apprendre quelque chose » : le plus souvent les femmes ne demandent rien à personne, mais se voient *aidées* quand même. C'est parce qu'elles n'ont pas conscience de leur désir d'être renseignées, de même qu'elles n'ont pas conscience de l'envie du pénis.

C'est fou le nombre de choses dont les femmes sont inconscientes.

Le jeune homme bien élevé va donc les remplir, intellectuellement et physiquement, parce qu'il est vraiment sympa et parce que, à la fin, la bénéficiaire bénéficie.

C'est gagnant-gagnant.

Ce remplissage (transfert de compétences, pardon) passe par la pénétration.

Je te gave pour donner un coup de main.

Je suis comme ça, j'aime bien rendre service.

Cependant, comme le remarquent tous les couples après quelques années de frénétique coulissage, l'infinité des variations de la pénétration est une impasse.

On peut changer la vitesse, les angles, la torsion, les profondeurs, ajouter des harnais ou des gaines, mettre une cagoule, inviter les voisins, embarquer le pauvre épagneul dans l'histoire, changer les situations : tant qu'il s'agit de tremper sa nouille, l'acte sexuel reste incroyablement limité.

Parce que trois orifices selon la police (je fais partie des manifestants) ne suffiront jamais, les amants incro-ya-ble-ment audacieux déploieront toute leur créativité à en constituer d'autres, en demandant aux femmes de faire toujours plus trou.

C'est ainsi que la survenue des menstruations devient une super-occasion de proposer une sodomie.

Et si la sodomie est refusée, une fellation.

Et si la fellation est refusée, une masturbation rapide.

(La technique, en psychologie sociale, porte l'adorable nom de porte-au-nez ou de porte dans la face.

Elle consiste à demander une cathédrale pour obtenir un cagibi, et utilise les ressorts du contraste et de la culpabilité pour parvenir à la concession attendue.)

Le jeune homme bien élevé tente sa chance, parce qu'il sait que tous les trous ne sont pas égaux, qu'ils ont leur hiérarchie. Ainsi *conquiert*-on dans l'ordre : la bouche, puis le vagin, puis l'anus qui est le Graal, même si en termes de technicité il faudrait considérer que la pénétration vaginale est la moins demandeuse, que la pénétration anale exige la plus intense maîtrise, mais que la pénétration par la bouche permet le maximum de variations – au point que cette forme-là de sexualité renverse les rôles de passif et d'actif.

L'important, de toute façon, reste de tout donner.

Toutes les dispositions du trou.

Le problème est le sexe standard.

Le problème est l'attente collective, l'éducation sexuelle, le film hollywoodien, la scène du roman érotique, la conversation entre amis, et toujours cette unique injonction : baisez, d'accord, mais baisez *dedans*.

Comme si le dehors de la pénétration était non seulement une jungle mais une perversion : un far west inquiétant où le pénis, visible, allait être jugé, et où la performance féminine, débarrassée de l'écartement des jambes, allait devoir faire preuve d'ambition – or nous sommes beaucoup trop fatiguées pour faire preuve d'ambition.

(« On s'est épilé le bonbon, on ne va pas faire des heures supplémentaires. *Basta !* »)

Ce rapport-sexuel-complet-satisfaisant a été validé par plusieurs Conseils de ministres et peut-être par la Constitution. Il est sous contrôle, un trésor au Patrimoine mondial de l'humanité. Une sexualité équilibrée, idéalement cinq portions par jour. On ne déconne pas avec le rapport sexuel du dedans, car dehors il fait froid. Il ne faudrait pas qu'on attrape un rhume des reins.

Prisonniers du trou, nous ne voyons plus dehors.

Tapis dans la pénétration, nous la pratiquons pour nous rassurer.

Rassurer le nouveau partenaire, à tout prix, en premier lieu et lors du premier soir : on montre qu'on connaît les règles (notamment si l'on espère un second round, ou même une relation), exactement comme un enfant est impatient de montrer qu'il connaît ses tables de multiplications. Nous sommes impatients parce que nous savons que, sauf exception, la pénétration est inratable. La pénétration est le plat micro-ondable de la sexualité.

Rassurer encore : nos épouses et maris. Si la pénétration règne sur la sexualité conjugale, c'est par son caractère reproductif – ce qui pourrait passer pour un enfonçage de portes ouvertes, si on prenait la peine de s'en souvenir plus de 2,1 fois par vie en moyenne. La seule justification du pénis-dans-le-vagin, hors le plaisir qu'on peut y trouver (mais qu'on pourrait trouver ailleurs), c'est de faire des bébés.

Or, dans un contexte où 99 % de notre médicalisation sexuelle consiste à éviter une grossesse, il est parfaitement hallucinant qu'une pratique visant la fécondation reste considérée comme l'alpha, l'oméga ou même le ha.

Pourtant on a appris.

On a regardé la télé.

On ne voudrait contrarier personne : on embraie donc sur cette routine dédiée à la productivité de la vie sexuelle : l'emboîtement des corps censé représenter et démontrer le bon fonctionnement de l'emboîtement des vies.

On tourne en boucle.

Par ailleurs. Qu'on ait choisi comme incontournable une pratique laissant la majorité des femmes sur le carreau en termes de plaisir ne relève pas de la malheureuse coïncidence. Au trou on donne du vide.

La pénétration est le plus petit dénominateur sexuel commun.

Notre socle de connaissances. Étroit.

On ne fait pas l'amour, on révise, on bachote. Zéro nuance.

On s'ennuie – les partisans de la théorie freudienne du cloaque noteront : on s'emmerde.

Parce qu'on s'emmerde toujours un peu dans les trous.

Parce qu'il faudrait trouver la plus grande amplitude et non le minimum social.

Kamasutra coïtum triste

Nous avons l'érotique que nous méritons : charcutée, une tranche de dinde allégée.

Du *Kamasutra* original, nous n'avons gardé qu'une liste de positions, qu'une liste de pénétrations. Nous avons oublié les mains, la peau, le massage, le pétrissage des muscles, le baiser, les caresses, les câlins, les mots, l'odeur, le goût, l'ivresse, les objets, les sensations non pénétrantes, le brossage, la morsure, le léchage, nous avons oublié comment tordre, pincer, frotter, griffer, malaxer, souffler, pour nous concentrer sur la pénétration au-dessus, en dessous, sur les côtés, pénétration du pénis dans le vagin avec des versions rigolotes pour les gays, lesbiennes, triolistes, paresseux, athlètes, chiens, chats, avec des objets ou sans, avec du gras ou pas.

Les jambes disposées un coup à gauche, un coup à droite.

Dans un déni total des musculatures : la position en lieu d'action.

Dans une glorification du pénis, de cette idée étrange qu'un millimètre de pénis en plus, en moins, va vraiment tout révolutionner.

Dans un déni total de l'émotion : changer la position (une fois par rapport, pas plus, selon les services de police concernés) mais continuer de *penser* à la même chose, à savoir la liste de courses, nos trois fantasmes déclencheurs, et quand même, aussi, penser qu'on s'aime – mais qu'on s'aime toujours de la même façon.

C'est-à-dire un peu moins qu'hier. Car comment s'aimerait-on plus quand on fait moins ensemble ?

Le *Kamasutra* équivaut gastronomiquement à s'enfoncer des saucisses dans la gorge, comme seul aliment, à chaque repas, toute sa vie – la même saucisse de Francfort, agrémentée les jours de fête d'un doigt de moutarde (car n'oublions pas d'épicer notre vie sexuelle).

Le gavage des orifices : se nourrir plutôt que manger, remplir plutôt que faire l'amour.

Mais qu'espérait-on exactement ? Si la sexualité est un trou, il ne pouvait rester qu'une liste de positions.

La sexualité du trou n'ampute pas seulement les humains, elle ampute les livres.

Elle ampute les imaginaires.

Le complexe de la vaginette

Je ne suis pas un trou, ni une amputation réduite au désir masculin.

Je ne suis pas un trou mais, miracle des temps contemporains, ça n'a aucune importance, parce que le trou existe sans moi.

On pourrait faire disparaître les femmes (encore plus efficacement, je veux dire) que le trou resterait.

Le *lovestore* (on ne dit plus sex-shop) affiche des rangées de vagins en silicone, anus en silicone, machines à fellation, signes multicolores du triomphe du trou, prothèses décoratives qui murmurent entre deux rayonnages : écarte les jambes, jeune femme, écarte les jambes – si tu ne donnes pas tes trous, l'homme les trouvera ailleurs.

L'homme les trouvera dans des boutiques dont la dénomination indique qu'elles ne vendent plus du sexe mais de l'amour, et que cet amour consiste à accéder aux trous.

C'est un intéressant rappel à l'ordre.

Je mets mes doigts dans les vaginettes, aux replis plus vrais que nature. L'orifice surmonte une vulve inutile, stylisée, éthérée, un coquillage plutôt qu'une vulve. C'est manifestement sur le dedans que les concepteurs ont concentré leurs efforts – pour quoi faire, une vulve ? Ces machins-là ne se baisent pas. Et j'admire le méticuleux talent des designers d'intérieur : suprême ironie, les plus pointilleux ont inclus le col de l'utérus. Ils ne vendent pas seulement de l'amour ou de la pénétration ou du plaisir, mais l'idée de la reproduction.

En tant que femme je suis donc complètement remplaçable.

Et simultanément sommée de ne pas me sentir menacée. Ce n'est que de la silicone. Cet objet est censé ne rien signifier – nous ne voulons pas entendre ce qu'il signifie.

La marque principale diffuse les vaginettes sous le nom de *Fleshlight* : chair de lumière, ou chair légère.

Chair enfin révélée – le trou débarrassé de son obscurité, de son inquiétante opacité, chair possiblement dangereuse, possiblement *habitée*. Qui sait ce qui rôde dans les femmes ?

Au pire, elles-mêmes.

Ou chair légère, féminine donc, tant le féminin voue un culte à la légèreté : on ne voulait pas se prendre la tête ? Parfait, maintenant on l'a perdue – un problème de moins ! La vaginette embrasse nos espoirs les plus christiques, consacre le triomphe du rien sur le corps, réalise nos pulsions autodestructrices : plus de tête, plus de cellulite, plus de cuisses à galber, plus de ventre à raffermir, plus de cœur à épargner, plus de souffle à contrôler, plus d'haleine à perdre, plus de peau à préserver – plus rien à *faire tenir*.

Quel soulagement.

Pour 39,99 euros, packaging élégant et discret, livraison à domicile, la femme du tiroir tient dans la poche et n'a aucune envie de papoter.

Fleshlight, le trou de légèreté – un slogan pour yaourt, le trou désinfecté dépouillé de tout transit intestinal.

Trou voyageur, déclinable, échangeable, sans bagages, allégé du poids des années, des attentes, des amants précédents, des exigences, des rêves, vaginette sylphide qui nous repose du trou-poids, et parfois du trou-poils, hirsute, mal coiffé, mal rangé, jamais suffisamment plié, jamais exactement conforme.

Bon débarras.

Les concepteurs ont le sens pratique. Non seulement leurs clients peuvent contrôler la chaleur et la pression des trous artificiels, mais ils peuvent les ouvrir latéralement pour mieux les nettoyer. Certains modèles sont simplement jetables.

Ce qui répond à la question partout présente sur Internet : *is it ok to be grossed out by vaginas ?* En VF : est-il acceptable de trouver les vagins dégueulasses ? Est-il acceptable que les cunnilingus me donnent envie de vomir ?

Ces vaginettes nettoyables sont à la fois très pratiques et moins pratiques, puisque le vagin est autonettoyant.

Cependant, à force de répéter que les femmes sont sales, là-dedans, on garde toujours le doute. On suspecte qu'il y a tromperie sur la marchandise humaine.

Cette obsession pour la propreté des femmes « de seconde main », « déjà utilisées » ou tout simplement expérimentées, n'a qu'une seule explication possible : les femmes sont souillables parce que les hommes sont persuadés qu'ils souillent et qu'eux-mêmes sont dégueulasses (tout ira bien, les garçons). La plupart d'entre eux grandissent persuadés que baiser, c'est transmettre la saleté de leur désir (respirez par le ventre).

Si les hommes se trouvent sales, ce n'est pas aux femmes d'en payer le prix.

Et bordel, ce n'est pas aux femmes de faire leur ménage.

Mais il y a quelque chose d'encore plus pernicieux dans cette saleté féminine qui nous englue : il *faut* que nous soyons sales. De naissance. Et qu'on nous le répète, et que nous y croyions. Pas seulement pour vendre des savons internes à pH neutre !

Mais parce que si nous étions réellement propres, pures et innocentes (comme les héroïnes célébrées *dans la fiction*), alors nous violer, nous abuser serait vraiment un crime.

Si les prédateurs veulent continuer de nous violer en paix, mieux vaut que nous soyons déjà sales.

Si nous sommes sales c'est moins grave.

« Y a pas mort d'homme. »

Prière de remplacer

Multiforme, la vaginette ! Soumise à tous les fantasmes, imitant les différents trous (in)disponibles. Une fois la pression intérieure réglée au quart de poil, on jouera sur la température, on déclinera des torsions, on s'en fera des jouissances sur mesure parce que l'embêtant chez les femmes, c'est qu'elles ne sont jamais réellement sur mesure.

Le client peut se payer le paysage intérieur de telle pornstar, mais aussi de telle enfant. Il peut choisir un anus serré et des bouches texturées. Certains modèles vibrent, d'autres tournent. La succion vient d'arriver sur le marché : la succion comme si la silicone pouvait attirer dedans – pouvait désirer.

Face à l'infini choix des vaginettes, la femme contemporaine lit, rêveuse, les critiques des utilisateurs.

> « Même après plusieurs mois d'utilisation, le masturbateur ne se déchire pas » (les femmes ont le mauvais goût de parfois se déchirer).
> Ou encore : « En alternance avec une fellation de votre copine, c'est le kif » (ah mince, la copine n'est pas démise de ses fonctions).

> Ou encore : « Le masturbateur peut se fixer sur un plan de travail ou au mur grâce à sa ventouse qui fixe solidement l'ensemble » (impudentes femmes qui ne se fixent pas au mur).

La femme informée traîne sur les forums : « Le masturbateur gorge profonde donne envie. Je doute que votre compagne vous ait fait une fellation de ce type un jour. On ne voit ça que dans les films pornographiques pour exciter les bêtes que nous sommes. »

Elle se dit : ah, la boucle est bouclée. La gorge profonde empêche les femmes de parler, parce que si les hommes sont des bêtes, eux-mêmes perdent le sens de la parole – toute communication est inutile, vous avez le droit de garder le silence, mains derrière le dos ! Nous sortons les menottes.

La fellation dans ce cadre est une réduction au silence – la fellation comme bâillon.

Des femmes muettes, des hommes bêtes.

On n'est pas sortis de l'auberge : on entre dans la vaginette.

La femme contemporaine ne découvre pas ce qui est attendu d'elle, non. Elle sait. Même si le plus souvent elle se débrouille pour occulter. Elle se persuade que son copain à elle est différent – mais elle sait aussi que, face à cette page Internet, il dirait quelque chose comme : « Tu comprends, c'est plutôt sympa pour les mecs qui ont des pulsions. » Il rationalisera (c'est un homme, n'est-ce pas, constitué de lumière intellectuelle et de bactéries *clean*) : « Ces vaginettes ne sont que des objets. »

Sauf que les vaginettes sont des objets qui remplacent des humains.

Ce qui signifie que les humains sont un peu des objets.

Voyons, un peu de hauteur ! Ce n'est qu'un bout de silicone (ce n'est qu'un bout de femme).

D'ailleurs, la femme contemporaine se demande si elle n'aurait pas intérêt à laisser couler. Si le moulage de sa personne n'est pas une bonne nouvelle. Si l'externalisation du trou ne pourrait pas lui rendre un peu de tessiture, par jeu de vases communicants.

Elle sait qu'il vaut mieux éviter les scandales parce que ce sont les féministes qui en font, ces féministes qui se répètent tout le temps (jusqu'à ce qu'on les écoute).

Et puis c'est le sens de l'histoire, non ? C'est le transhumanisme. Mamie s'est fait poser une hanche, papi peut bien se payer une chatte, vous reprendrez bien un travers d'épaule ? Non ? Du cœur de bœuf ? Allez, tout ça est rigolo. Il faudrait être terriblement premier degré pour s'inquiéter de ce que des entreprises internationales fassent (excellent) commerce de trous jetables vachement bien imités.

Mais d'accord.

La vaginette fait diversion.

Elle rend des trous disponibles qui n'appartiennent pas à des êtres sensibles, des trous plus acceptables que ceux de la prostitution.

Soyons raisonnables (« Quelle hystérique, celle-là ! ») : il suffit de regarder dans une autre direction.

Métro boulot dildo

Les hommes bien élevés objecteront : mais nous aussi sommes découpés en morceaux, réduits dans ces boutiques à des pénis.

Nous sommes égaux parce que nous sommes humiliés de la même manière ; et il est plus facile de demander l'égalité dans l'humiliation que la fin de l'humiliation.

Intéressante manière de faire abstraction du contexte, contre-objecterons-nous : on ne peut pas comparer quelques pénis non jetables et non démontables, quelques dildos (godemichets) qui ne sont pas des déversoirs et qui souvent sont utilisés par les hommes eux-mêmes, avec une culture entière de l'amputation (excision du clitoris, découpage médiatique de la femme en morceaux, réduction des opportunités professionnelles, confinement à l'espace domestique, etc.).

La seule production culturelle qui réduit l'homme au pénis se trouve dans la pornographie – pas dans la vraie vie, pas dans les boutiques de l'amour.

La marchandise pénienne du *lovestore* est un épiphénomène.

Elle ne se prolonge pas dans le métro, dans la publicité, dans les chambres à coucher. Elle ne dit pas que les hommes sont une bouche entrouverte sur une assurance santé, leur décolleté ne promeut aucun soda. Les hommes ne sont pas le trou entre leurs seins, ils ne sont pas leur pénis. Quand on vend des pénis, on ne vend pas des hommes.

Le dildo en outre redit le trou : l'importance du trou, l'importance de la dureté contre le mou, contre l'évanescence du trou, l'importance de combler tout ce bordel – comme si sans comblement le monde allait s'écrouler.

Le godemichet, si massif, impressionnant, rigide qu'il puisse être, croix de bois, croix de fer, reste d'ailleurs cantonné à la pénétration, donc cantonné à une zone non essentielle du plaisir féminin.

Si j'étais un homme, c'est du vibrateur que je m'inquiéterais : c'est lui qui augmente au lieu de réduire. Le vibrateur ne découpe pas les hommes en morceaux. Il dit la peau et le nerf plutôt que le trou – il fait preuve d'un peu de respect, en commençant par le respect anatomique.

Le vibrateur rappelle que la pénétration n'est pas obligatoire : il donne des options, dont celle de faciliter la pénétration.

Donner des options : c'est ce que nous devrions attendre de nos aides à la sexualité, et que la vaginette ne fournit pas.

Il n'est pas innocent que le dildo soit exponentiellement détrôné par le plug, c'est-à-dire une version qui *reste en place*. Le plug, très tendance, fait partie des dispositifs qui permettent de garder la plaie ouverte, de pérenniser la temporalité du trou. Certains plugs ou œufs vibrants sont rattachés à une télécommande destinée à secouer la partenaire à distance : à lui rappeler son statut de trou non seulement au lit mais en réunion de comptabilité ou chez le boulanger.

Le plug est volontiers utilisé dans le sadomasochisme.

Le plug est également « utile » pour les pénétrations anales : en forçant l'écartement des muscles sur la durée, il rend l'anus plus rapidement disponible.

Ouverture facile

C'est important, d'être disponible ! On ne le répétera jamais assez. Cette vacance prête à l'emploi est une question de politesse : on ne va quand même pas faire *attendre* nos partenaires. Pas au IIIe millénaire. Les gens sont très occupés.

(Les hommes par leur vie, les femmes par les pénis.)

Ainsi les applications de rencontre nous aident-elles à choper tout de suite, maintenant, là ; effectivement, si on se plaît, pourquoi attendre ?

Le problème survient quand parfois le trou n'est pas prêt, un moment d'angoisse totale parce qu'il rappelle, de manière impromptue et toujours malvenue, que le trou n'est pas un trou – inaudible information à partir de laquelle il faudrait opérer des changements, or les changements c'est compliqué, c'est de l'organisation, bref c'est du poids qu'il faudrait, comme tout poids, perdre.

L'indisponibilité du trou, toujours temporaire, est un problème. Elle signifie que du cerveau aux muqueuses quelque chose n'a pas eu le temps de se lier – enfer et damnation, il va peut-être falloir *parler* (cet insupportable papotage). Ou bien il va falloir caresser, toucher, bref accepter de consacrer de précieuses minutes à autre chose que la pénétration – donc à autre chose que le pénis. L'homme bien éduqué, à la courtoisie impeccable, sourit jaune et part en cunnilingus. Il adore ça. Non, vraiment. Sincèrement. Il adore faire plaisir.

Le seul petit hoquet au sujet de cette passion-cunni, c'est que l'amant dévoué corps et âme préfère quand ça va vite (trente-cinq secondes). D'abord parce que tout moment passé hors préoccupation du pénis est un moment perdu. Ensuite parce que tout délai met en cause ses compétences en termes de gestion des humeurs féminines.

La femme bien élevée culpabilise de n'être pas mouillée et/ou ouverte, mais si en plus le cunnilingus prend du temps ! ou que l'amant est médiocre ! Alors elle culpabilise encore plus. De fait, le cunnilingus comme mise en disponibilité est condamné d'office : relégué aux préliminaires donc dénué de toute ambition, il ne peut qu'être abrégé.

La phase de mise en disponibilité est une phase que les femmes bien élevées savent parfaitement abréger.

Le plus souvent en simulant.

Car elles savent bien qu'arriver non disponibles est une faute professionnelle.

(Les hommes ne sont pas sommés de se préparer, il va de soi qu'ils sont déjà prêts.)

Parfois les femmes polies rendront accessible le trou non disponible. Elles auront un peu mal. Mais c'est un mal pour un bien. Celui de l'homme.

On s'en remet.

Sinon, pour aller plus vite et graisser le trou, les amants se muniront de lubrifiant, qui constitue (dans certains cas seulement) une manière civilisée de contourner l'indisponibilité du corps féminin.

On mettra du lubrifiant avant de célébrer ensemble la compatibilité *naturelle* entre hommes et femmes.

Généralement le lubrifiant n'est pas donné : les finances de la compatibilité des amants se portent à merveille, ses marges de bénéfice feraient des jaloux chez les cartels de drogue.

Notons donc que pour une ouverture facile il faut se donner soit du temps, soit du mal, soit des expédients chimiques.

Mais à part ça, pardon, les femmes sont des trous.

Les largesses du clitoris

L'invisibilisation millénaire du clitoris, organe clé du plaisir féminin, n'est ni un hasard ni un oubli. Les médecins n'ont pas « raté » le bouton sous prétexte qu'il est petit. Les femmes ne sont pas sorties récemment d'un long sommeil en s'exclamant : « Tiens donc, un organe qui donne du plaisir, quelle surprise ! »

Le clitoris est insupportable parce qu'il interdit et annule l'objectification des femmes en trou. Non seulement ce n'est pas vide en dessous, mais ça bande. Et depuis que l'imagerie médicale a pu en rapporter des plans de coupe exacts, non seulement ce n'est pas vide, mais ce n'est même pas petit.

On préfère pourtant tellement quand c'est petit.

C'est mignon, quand c'est petit.

Chez les femmes le pouvoir doit toujours rester à taille inférieure, et de préférence à taille ridicule. C'est pour cette raison que nous parlons de *girl power* plutôt que de *woman power*. Personne ne veut que les femmes aient du pouvoir : seulement les filles. Les filles mignonnes.

Seulement, un clitoris fait 11 centimètres. Au repos. Ça commence à faire une belle bite.

Il embête son monde, ce clitoris, parce qu'il met le monde sens dessus dessous.

On aurait préféré ne pas savoir.

Le clitoris est exaspérant parce qu'il inscrit dans la chair des choses qu'on ne veut pas entendre : qu'on n'a pas besoin de pénis (mais tant mieux pour lui, non ? S'il n'est plus un outil, peut-être pourrait-il devenir autre chose qu'un bourreau de travail), qu'il est inutile de prétendre que c'est dans le trou que se tient non seulement le destin des femmes, mais leur plaisir. Jusqu'à présent l'argument du plaisir était la manière reine de faire accepter aux femmes un destin décourageant, médiocre et sans envergure (insérez ici votre itération favorite du masochisme féminin hérité à la naissance) : « T'aimes ça, salope. »

Eh bien, je peux aimer ça. Mais même quand j'aime *ça*, et que le *ça* est pénétrant, le clitoris rappelle que la pénétration est un mirage, rappelle que les trous ne prennent pas de plaisir pour une raison toute simple : les trous ne sont pas innervés. S'il y a un orgasme, la définition de l'acte ne *peut pas être* « pénétration ».

Alors le clitoris, évidemment, on l'a excisé. Volontairement, méthodiquement. On a fait comme si de rien n'était.

Aventures miniatures

Dans une logique de quantité contre la qualité, l'amant tout-terrain contemporain (qui peut être une femme) cherche à multiplier les expériences. Seulement, puisque le va-et-vient s'arrête vite, puisqu'on a rapidement « fait le tour », on empile les partenaires. Combien de nuances de peau avant la lassitude ?

De même que les grands dépressifs sont en incapacité d'appeler à l'aide quand ils en ont le plus besoin, de même que les solitaires ont tendance à s'isoler, les amants ennuyés déploient des trésors d'énergie à entretenir les raisons de leur ennui. Et même à l'infliger à plus de partenaires. Ainsi la bible sexuelle contemporaine affirme-t-elle qu'il faut donner moins de sens à la sexualité, qu'il convient de la traiter comme un passe-temps sans conséquence, et ses partenaires comme des équipiers jetables – sachant qu'a priori, on garde plus longtemps une équipe de foot qu'un amant.

Pour résumer : si on s'ennuie, on s'implique moins.

Si on ne fait attention à personne, et qu'en retour personne ne nous porte d'attention, on augmente le panel, c'est-à-dire qu'on réduit encore le temps et l'énergie disponibles pour chacun.

Après quelques heures où nous sommes sexuellement rassurés, validés dans notre pouvoir de séduction, nous nous retrouvons sur la ligne de départ – avec, au mieux, une anecdote à raconter. Nous n'avons rien perdu, rien gagné, probablement rien appris. Ni dégradés, ni ignorés.

Ce vide émotionnel génère son ennui spécifique : il n'y a pas d'enjeu.

Car nous refusons d'être un enjeu.

Au pire, les romantiques déçues, abandonnées, diront-elles : « Il a eu ce qu'il voulait. »

(Un partenaire qui arrive à obtenir ce qu'il veut au bout de quelques heures, qui sincèrement trouve préférable le sexe sans prise de tête – donc sans cerveau – se paie de pas grand-chose.)

Loin de l'imaginaire de risque qui leur est rattaché, les coups d'un soir nous obligent à éternellement recommencer la première nuit – à savoir le moment le plus codifié de la sexualité.

Les experts parlent de script sexuel, un mot finalement assez faible en regard du pouvoir de coercition que les circonstances exigent : ce sont des basiques, qui se produisent à peu près toujours dans le même ordre, sans lesquels nous n'atteindrions jamais la deuxième nuit.

Baisers, caresses, pénétration vaginale, éjaculation, avec préservatif pour les premiers de la classe.

La première nuit on sauve toujours un peu les meubles. On sauve toujours carrément la pénétration.

Les aventuriers modernes s'ennuient comme des enfants à qui on proposerait toujours la même boîte d'assemblage.

Ils explorent toujours le même territoire, qui fait la taille non seulement d'une place de parking mais de leur place réservée du même parking installé au douzième sous-sol, et vocifèrent de ne pas trouver de trésor. Le seul monstre qu'ils affrontent a pour nom débandade (un état transitionnel, sauf cas désespéré – pas de quoi fouetter votre animal de compagnie).

Les seules variables : sexe plus ou moins gros ? Pubis plus ou moins épilé ? Et c'est tout.

Les amants compulsifs n'ont rien demandé, et ils n'ont rien reçu.

Ils s'en étonnent, et c'est ça qui est étonnant.

(On m'objectera qu'il faudrait justement n'attendre rien en retour. Ma réponse est simple : si vous n'attendez rien de votre existence, ou même de votre sexualité, il est temps de vous coucher pour mourir. Nous attendons évidemment tous quelque chose : ce sont toujours *aux autres* que nous demandons de ne rien attendre. Et notamment aux femmes.)

Rien n'est moins aventureux qu'un script – nous connaissons la fin du scénario.

« Ils baisèrent de manière relativement heureuse et, grâce au préservatif, Dieu les en garde, ils n'eurent aucun enfant. »

Si la répétition d'une expérience singulière la rendait plurielle, ça se saurait.

Et pourquoi pas courir un marathon sur un tapis roulant.

Plans à trois planifiés

Le Graal contemporain, la tarte à la crème du fantasme quand on n'a plus de fantasmes, consistera évidemment à vouloir faire l'amour avec deux personnes – la plupart du temps dans une configuration 1 homme + 2 femmes.

Parce que l'inverse, 2 hommes + 1 femme, ou, soyons fous, 3 hommes ou 3 femmes, laisse entendre une possible (quoique souvent zappée) réattribution des trous. Or, ça, pas question.

Cela dit, les diverses configurations du plan à trois reviennent exactement au même : tant que nos explorations se limiteront à la peau et au trou, on crèvera littéralement d'ennui – on sera *crevés*.

Pourtant, l'humain perplexe se dit qu'en ajoutant du superficiel au superficiel, il finira par obtenir un mille-feuille. Bon. C'est nourrissant.

Faute de pouvoir nous *contenter* d'un seul partenaire, car se contenter passe pour dangereusement crétin (comment oserions-nous être contents ? Des enfants sont occupés à mourir en Afrique), nous empilons ces partenaires ; c'est-à-dire que selon la logique propre aux aventures, au lieu de donner plus à un seul, nous donnons moins à plusieurs.

Comme si, quand on se plaint de solitude, se disperser allait résoudre le problème.

Comme si l'on pouvait sincèrement trouver réjouissant de n'être pas préféré – n'être qu'une des options disponibles, et puis parce qu'on est lucide : se retrouver peut-être dans les baskets de la personne la moins séduisante, la moins intéressante.

Post coïtum animal triste : post-double coïtum, bête boudeuse aboulique, à qui l'on a promis une émeraude pour lui offrir de la pacotille.

Avec toujours cette dissonance cognitive entre espérance et ressenti : n'a-t-on pas coché la case la plus fondamentale sur notre cahier à fantasmes ? Ne va-t-on pas pouvoir raconter et re-raconter cette *aventure*, en ajoutant des détails plus croustillants et graphiques à chaque fois, jusque sur notre lit de mort ?

Le problème n'est pas de coucher à plusieurs ou d'y trouver une complexification amusante de la logistique humaine (où mettre toutes ces jambes, bon sang de bois).

Le problème est de chercher des trous et de prétendre y trouver du sens.

Poupées de sexe

Je ne suis pas un trou, et je regarde avec stupéfaction la prolifération de poupées réalistes, esclaves-trous destinées à des acheteurs plus ou moins fortunés. Les pauvres écoperont de versions plastifiées pas piquées des hannetons. Les riches s'offriront l'ultraluxe ou, carrément, le harem.

On parle de quelques milliers de clients, que les médias traitent comme des curiosités : une anecdote au royaume des grands nombres sexuels. Mais c'est une question de conjoncture : si la production, le regard social, les salaires et la taille de nos appartements le permettaient, bien sûr que ces poupées sexuelles convaincantes seraient plus diffusées.

La demande existe, c'est l'offre qui coince.

Et si la demande existe c'est qu'en tant qu'offre, la femme contemporaine a encore des ratés.

Pour gagner de la place par exemple, les poupées sont petites et légères (ah, la légèreté).

Pas question de déplacer plus de quinze kilos ! La top-modèle inspirante est encore trois fois trop lourde pour une bonne maniabilité. Vivement la femme ergonomique, réduite par trois.

Ces poupées n'ont pas d'os, pas de nerfs, pas de muscles. Elles sont sans prise de tête, parfois sans tête du tout. Elles sont la femme sexuellement idéale : les meilleurs modèles coûtent dix fois plus cher qu'une prostituée de luxe.

Parce que s'embarrasser de membres peut compliquer la tâche de remplissage du trou, il est possible de commander ses poupées sans bras, sans jambes. La logique de la complémentarité s'y parachève : le membre masculin induit un démembrement des femmes. Plus de déplacement, plus de préhension.

Cet imaginaire trouve sa continuité dans quantité d'œuvres plastiques ou littéraires : femme-tronc, femme-trou, femme idéale. Cette amante incapable, incapacitée, ne peut pas partir. Elle est fixée. Elle sera toujours là pour nous.

Certains parleront d'amour.

Tout en sortant la scie sauteuse.

Ce découpage des femmes en morceaux se retrouve dans la publicité autant que sur les étals de boucherie : culturellement, c'est cohérent. Culturellement, les femmes sont plutôt tuées quand elles quittent le partenaire violent. Autant qu'elles n'aillent nulle part. C'est plus sûr.

Parfois les concepteurs ajoutent des trous aux poupées. Ils upgradent la banalité du corps féminin en inventant d'autres anatomies – forcément d'autres orifices : un trou dans le pied, une vulve entre les seins, un alignement d'anus supplémentaires dans le dos.

Pendant que la femme contemporaine regarde une représentation d'elle-même coupée, tranchée, calibrée sur une affiche de métro, pendant qu'elle tente de calmer ce qu'elle voudrait assimiler à une « simple » psychose victimaire délirante, des entreprises réfléchissent très sérieusement aux moyens de procurer à leurs clients des copines sans inconvénients : sans cerveau ni colonne vertébrale, légères, souples, propres, disponibles. Elles leur donnent une peau chaude, une respiration, des orifices bien lubrifiés.

Et bien sûr des gémissements, parce que si la femme-trou doit avoir une émotion et une seule (pourquoi en avoir deux ?), c'est forcément la reconnaissance.

Si vous disposez de moyens illimités, aucune option n'est inimaginable. Les femmes, c'est toujours une question d'argent. N'est-ce pas ?

Face à cette galerie de féminités alternatives, on est priée de garder le sourire. On ne nous surprendra pas en flagrant délit de méfiance. On ne sera pas victime de victimisation. On restera bienveillante et ouverte d'esprit.

Pas contrariante, hein. Jamais.

Automatisation du trou

L'essor de la robosexualité fait la fierté des entreprises concernées : des centaines de milliers de personnes ont déjà demandé Alexa en mariage, l'assistante domestique de la marque Amazon. Même chose pour Siri ou pour la voix du GPS.

Même si elles sont douées de parole, ces esclaves ont pour objectif premier d'écouter.

Alexa écoute en permanence.

Alexa réagit au doigt et à la bouche parce qu'elle voue une attention constante à ses utilisateurs.

Cette attention n'a pas besoin d'être méritée via des formes de politesse : elle fonctionne sur le mode du commandement, et cette modalité d'interaction satisfait suffisamment les clients pour qu'un demi-million d'entre eux aient, l'an dernier, déclaré leur flamme à l'esclave.

La phrase « *I love you Alexa* » active 300 millions de résultats sur Google. « *I love you Siri* », seulement 150 millions. Autant que pour « *I love you Lady Gaga* » (la chanteuse-compositrice est la femme la plus populaire au monde sur le moteur de recherche).

Sans surprise, Alexa s'incarne physiquement dans un haut-parleur Echo se présentant comme un cylindre noir, parfois allongé, parfois plat.

Si vous l'observez du dessus, c'est un trou noir.

Le slogan actuel d'Alexa : « *Just ask.* »

Ces assistantes nous réjouissent parce qu'elles sont niaises, patientes, et qu'elles ne portent pas de contradiction. On peut se moquer d'elles ou les insulter sans risquer quoi que ce soit. Elles sont plus sûres que de vraies assistantes.

Cet attrait érotique pour la stupidité constitue le cœur du sujet-trou. Quand les femmes encensées par des « grands hommes » sont appelées des égéries, n'oublions pas que la qualité essentielle d'une égérie est le silence. Sa disponibilité sera aussi complète que possible à toutes les projections du créateur – disponibilité artistique et sexuelle, approbation constante, oui oui, bien, maître, puis-je vous apporter vos pantoufles ?

En conséquence de quoi notre monde connecté se remplit doucement de femmes parfaites automatiques, parfaites parce qu'elles sont automatiques, sublimes parce qu'un peu débiles – l'intelligence féminine toujours douteuse, toujours possiblement renversante.

Ces femmes-robots instaurent de nouveaux standards, de nouvelles expériences de genre – l'association de voix féminines à l'obéissance.

Elles sont parfois des petites amies virtuelles, vidéoludiques, hologrammiques.

La femme contemporaine, penchée sur sa propre assistante personnelle, est priée de ne pas remarquer que des inventeurs surdiplômés transmettent sous couvert d'enthousiasme technophile un unique message, de la vaginette à la poupée et à l'assistante : les femmes de chair sont de trop.

Un trou est un trou

Un trou est un trou et une bite n'a pas d'œil.

Formule banale lors des années collège : j'avais onze ans quand je l'ai entendue pour la première fois. La messe était dite, me rendant interchangeable avec n'importe quel autre vagin. La compétition pouvait s'enclencher, cette fameuse rivalité au sein de laquelle nous, femelles, sommes censées nous débattre avant de nous rendre compte, souvent trop tard, que l'ennemie ne nous voulait aucun mal.

Un trou est un trou.

Anonyme, donc.

Si le trou n'est plus un trou, qu'il porte un prénom, qu'il fait du bruit, la bite ira voir ailleurs (peut-elle voir ailleurs si elle n'a pas d'œil, vaste question – au moins peut-elle promener son aveuglement sur des plus verts gazons).

Quand on affirme qu'un trou est un trou, on signe non seulement la grande égalisation des femmes, mais aussi leur destin de bien périssable : je suis ennuyeuse donc l'homme se lassera de moi. Il aura bien raison : on a rapidement fait le t(r)our du propriétaire.

Un trou est un trou : juste une formule, mais bien rythmée. Une expression-mantra. Une phrase-slogan qui reste en tête : un ver d'oreille, viciant le fruit.

Le cliché du trou interchangeable implique que mes amours seront condamnées. Il dit que l'homme que j'aime partira pour une femme plus jeune, parce que ces femmes plus jeunes ont des trous non seulement plus serrés mais dont elles proposent l'accès avec plus de *largesse*.

Pendant ce temps je vieillirai, invisible, vue par aucune bite.

Ces dictons fleurissent pendant les années d'apprentissage, celles d'une certaine perméabilité aux idées vagues.

Mais d'accord. C'étaient les années collège, autant dire la pampa.

Un adulte responsable ne se permettrait jamais d'asséner des inepties pareilles. En revanche, il en valide la conséquence : à un moment on s'ennuie. La répétition du trou ennuie. La nouveauté appelle. N'importe quelle nouveauté.

Il faudrait que nous soyons divertis par des possibilités inédites toutes les cinq minutes.

Il faudrait que la sexualité soit un parc d'attractions sans limites : oh, une sodomie ! Oh, le train fantôme !

Nous demandons qu'on nous change l'offre, sans changer notre demande.

Mais si nous nous exaspérons de recevoir toujours les mêmes propositions sexuelles, c'est que nous demandons toujours la même chose.

Du fond du trou nous demandons d'autres trous, et nous nous étonnons de terminer si bas.

Et travail sexuel pour toutes

Se décharger n'est pas qu'un processus physiologique : on se décharge aussi de ses sentiments, de ses appréhensions. Parce que la plupart des hommes ont besoin d'un trou émotionnel et intellectuel, en plus des divers trous sexuels, ils préféreront une « vraie femme » aux poupées et prothèses. Il faut se poser la question de savoir si ces hommes-là en demandent plus ou moins que les adeptes des plaisirs synthétiques – avant d'enchaîner sur l'interrogation corollaire : finalement, qu'est-ce que ça change ? Il ne s'agit que de variations autour du trou. Il s'agit toujours de décharge plutôt que de dialogue.

Ainsi la « vraie femme », telle qu'attendue sur le grand catalogue humain, vaut-elle son pesant de cacahuètes.

Les hommes de mauvaise qualité se revendiquent comme très attachés à la « vraie femme », même s'ils s'accordent rarement sur les spécificités de cette dernière – l'avantage du trou résidant dans sa flexibilité, tout va bien.

Dans une décharge on met n'importe quoi.

Ainsi les esthètes affirment-ils sans un haussement de sourcil qu'une femme idéale est princesse en public et pute en privé.

(Que le rôle de princesse soit aussi contraint que celui de prostituée ne leur traverse pas l'esprit.)

Pute en privé, donc – pute là où personne ne regarde, pute hors socialisation. J'insiste sur cette histoire de lâchage en privé : déjà parce qu'une pute ne lâche rien, mais parce que si les femmes parlaient de sexe, publiquement, qui sait ce qu'elles raconteraient ? Les fictions masculines sont encombrées de dîners entre copines où l'on compare les centimètres. Ce qui, pour information, n'arrive jamais (nous avons autre chose à *foutre* que parler de pénis).

La femme-pute idéale des esthètes est toujours partante, mais sans les embarras des vraies putes qu'il faut payer. Peut-être accueille-t-elle avec une tarte aux pommes.

Pour peu que la pute à domicile ait été élevée aux magazines, elle prendra son rôle très au sérieux – le travail ne rend-il pas libre ? Ne parle-t-on pas de *blowjob, handjob* ?

Les « vraies femmes » performantes sont sommées non seulement de rivaliser avec les putes, mais de voir dans l'accumulation d'astuces sexuelles une forme de libération : elles n'auront de cesse d'étendre et de mettre à jour leurs techniques sexuelles. Avec pour sous-entendu que c'est le plaisir de l'autre qui compte : plaisir d'offrir, tant pis pour le recevoir, c'est marche ou crève, baise ou crève.

(Une remarque : si certains hommes jouissent dans des vaginettes, si un gant de nouilles chaudes passe pour une expérience intéressante, inutile de se mettre la pression.)

Cette pute domiciliaire est en outre fidèle. Mais pas trop. Jamais trop. Ainsi des exemptions à la fidélité sont-elles gentiment distribuées quand l'homme donne *la permission* de coucher avec d'autres personnes (le plus souvent d'autres femmes).

Même infidèle, la « vraie femme » continue de coucher pour le divertissement de son conjoint – participant de la logique de pute privative.

La femme parfaite « cherche », mais seulement son homme.

Elle aime ça, mais seulement avec son homme.

Elle en redemande, mais sans chercher ailleurs de quoi se satisfaire – comment pourrait-elle ne pas être satisfaite de ce qu'elle a ?

C'est un pénis, donc, plus ou moins, une pierre philosophale.

Maternage

Travail sexuel, travail émotionnel, travail domestique. Femme compte triple : on peut non seulement tout lui demander, mais plus on lui en demande, plus on la valide.

C'est en occupant tous les rôles qu'elle peut souffler (émotionnellement, pas physiquement) et s'imaginer qu'elle, *au moins*, ne sera pas quittée.

Si vous étiez un trou, vous voudriez qu'on vous déclare irremplaçable.

Ce serait votre lot de consolation : la solidité de la femme à tout faire, qui serre les dents en écartant les cuisses (mais surtout pas l'inverse).

Puisque la femme fait tout, les catégories de mère et de pute ont logiquement convergé. Avec des conséquences symboliques fascinantes : si le trou originel est celui de la mère et qu'on construit une sexualité entière autour de lui, non du corps de nos partenaires, mais de leur trou, on ne couchera jamais qu'avec sa mère.

À ce titre le désir masculin entier, non contraint, ressemble à une colère d'enfant : je veux, maintenant, trou-tout-de-suite. Je veux des femmes disponibles et jeunes et belles et qui m'aiment sincèrement, y compris avec mes insuffisances – tant que ces femmes, elles-mêmes, sont parfaites, la sacro-sainte complémentarité sera respectée. Je ferai l'égoïste, elle fera l'héroïne, je me chargerai des caprices, et elle de la hauteur d'âme. Elle assurera mon salut et repassera mes chemises.

La libido trinque, évidemment.

Car quand la société trouve incroyablement cocasse que les hommes soient « comme ça », des enfants, naturellement immatures, elle déclare légitime qu'on fasse l'amour aux enfants.

J'insiste : aux femmes on demande de désirer *des enfants*.

Même chose avec les trois heures par jour de charge mentale et domestique (le temps féminin littéralement réduit en poussière). On est en plein maternage des conjoints, le tabou de l'inceste rôde à deux doigts de nos missionnaires.

Une femme qui désire sexuellement un amant après avoir nettoyé ses toilettes, ou rangé ses affaires, une femme qui baise après avoir fait la maman arrête de baiser.

Que des hommes infichus de faire marcher une machine à laver parviennent à avoir chroniquement des rapports sexuels est un mystère à mes yeux.

Qu'on puisse désirer l'érection d'une personne ayant démontré son impotence et sa flaccidité relationnelle me laisse médusée (tête hérissée de vipères, à rêver de radeaux m'emmenant vers d'autres rivages – pour les atteindre, il vous suffit de retourner cet essai).

Commodification

Je ne suis pas un trou.

Désolée.

Je ne suis pas cool, pas arrangeante. Je résiste et puis, croyez-le bien, je suis têtue comme une mule.

Je n'ai plus envie de me plier en quatre pour être découpée en encore plus petits morceaux de femme : découpée en petits orifices bien compartimentés.

Je ne suis pas un trou. Cette affirmation n'a rien d'évident.

Aux femmes on a appris à ne pas faire d'ennuis. Il faut toujours rendre service, des kilomètres de services, de petits riens, juste des miettes sur la table – la condamnation à se préoccuper des miettes, et à s'en contenter.

Le féminisme est un mouvement poli, qui ne tue personne : pendant que le féminicide tue, et qu'on nous traite de féminazies, décidément, nous ne tuons personne. Parce que nous sommes commodes, et redoutablement peu chiantes.

Nous faisons juste remarquer que.

Nous voudrions juste dire q…

Nous avons juste une journée dédiée, durant laquelle on persiste à nous vendre du rouge à lèvres.

Comble de la bonne volonté, nous sommes prêtes à montrer nos seins pour qu'on nous écoute. C'est dire si, au maximum de notre disruption, nous restons complaisantes.

Sortir du trou impliquera de renoncer à être aussi souriantes et affables.

Parce que quand on est un trou, non seulement les gens nous marchent dessus, mais ils nous marchent dedans.

Nulle érotique

Il fut un temps où l'érotique consistait à faire deviner le trou, sans chercher à le montrer. On tournait autour : de toute façon, la description d'une absence étant perdue d'avance.

(Mais si, contre toute attente, on trouvait quelque chose à la place du trou ? Des chattes, des tigres à dents de sabre, des koalas, des cerbères infernaux ?)

Érotisme de l'évitement, passé de mode. Parce que le non-divulgué contredit nos exigences de transparence, nous embrassons maintenant l'impossible représentation. Jusqu'à l'absurde.

Certains dildos sont munis d'une caméra et d'une lampe, des godes transparents permettent de voir dedans – avec des résultats incroyablement décevants (que voudrait-on y trouver ? Des peintures rupestres ?).

Il y a le goût pornographique pour le dedans, les illustrations populaires ultra-gore mettant en scène des femmes éventrées, des *snuff movies*, des yeux arrachés.

Quand on demande aux hommes bienveillants quel serait leur fantasme ultime, ils répondent en riant qu'aux femmes il faudrait un quatrième trou.

Le fait qu'un « quatrième trou » puisse se trouver au niveau de leur anus, voire de leur intériorité, semble hors sujet.

Dans le paradigme-trou, les autres en ont (et des failles, et des défauts).

Les autres sont toujours femmes.

Parler du trou des hommes est une incroyable faute de goût. Ces trous-là sont de nature scatologique et non érotique.

Apparemment certains trous sont plus *réels* que d'autres.

Du coup, mieux vaut nous en tenir aux représentations. Le souci des orifices imaginaires est plus gérable que le souci des personnes ou de l'intimité.

Quand l'autre est présent, il faut faire avec.

On sait bien mieux faire contre.

Dans ce monde de représentations, on peut célébrer l'absence et la frustration sans s'emmêler les pinceaux (et sans se les enfiler) : on pose un trou sur du trou. C'est carré. Élégant.

Notre culture sexuelle aime des idéaux, des rêves, des archétypes. Elle préfère l'Homme aux hommes, le phallus au pénis, la Femme aux femmes, la nature humaine à sa culture.

Nous avons l'érotique que nous méritons : ingrate.

Une érotique fondée sur du rien, et n'aspirant qu'au rien. Les pics de libido réduits à des dérangements.

L’autre comme simple support – on dit « autre » pour ne pas donner le prénom, pour désindividualiser.

La frustration comme acmé. L’attente comme best of du sexe, la glorification barbante du fameux moment où nous montons l’escalier, quand les promesses restent aussi infinies que floues. Le fameux moment où l’autre n’existe pas encore tout à fait – et nous le préférons ainsi, juste ébauché.

Misère. Sexuelle.

D’ailleurs qu’on ne s’y trompe pas : le trou hait le sexe, qui le lui rend au centuple.

Le trou contraint le sexe dans un espace de quelques centimètres carrés.

Le trou dit que les femmes doivent être étroites et que les hommes sont heureux à l’étroit : une érotique de crève-la-faim, parce que le trou ne nourrit pas, ne produit rien, interdit le dialogue, simple déversoir où s’engloutit notre estime.

Le trou génère le dégoût post-coïtal, l’impression d’avoir perdu quelque chose – comment pourrait-il en être autrement, comment se réjouir dans la perte, l’abandon, la disparition ?

On se soulage pour un temps et ce soulagement laisse place au vide : ah bon, et maintenant il n’y a plus rien ?

Non, plus rien.

Tu t’es donné au trou, et le trou a tout pris.

Pour de faux

L'érotique du trou épuise ses pratiquants, s'épuise aussi elle-même : toute l'énergie sexuelle y passe.

Et pourtant on essaie : de faire vivre le trou, de paradoxalement lui donner corps.

Ce n'est pas une tâche facile.

Il faut faire parler le néant et espérer obtenir autre chose qu'un écho affaibli. Il faut donner du répondant – mais comment faire répondre un trou ?

On ne ressent rien, alors on simule. On mimique.

Mieux les femmes sont élevées, mieux elles simulent. C'est la délicatesse des trous. Nous avons fait de cette ventriloquie un art à part entière : nous sommes des marionnettes à nous-mêmes, marionnettes qui usent de voix enfantines, animales, rauques – un bestiaire entier, mais que voulez-vous, puisqu'on ne peut pas voir un trou alors il faut bien qu'on l'entende !

Le trou gémit, soupire, en fait des tonnes – de vent.

L'homme informé a lu ses statistiques, il sait bien que quelque chose ne tourne pas rond dans le trou. Il se doute bien que s'il touchait du nerf, ça ne devrait pas sonner creux. Il se doute bien que quand il nous effleure le coude, ou qu'il concentre ses efforts sur un vagin bien moins innervé que le clitoris, ça ne devrait pas produire plus d'effet – qu'il y a là une impossibilité mathématique, car comment moins de nerfs pourraient-ils donner plus de plaisir ?

La femme bien élevée contemporaine a la même impression, sauf qu'elle y adjoint la culpabilité des usurpatrices. Elle préférerait ne pas simuler. Mais elle ne voit pas comment faire autrement, parce qu'il n'y a pas d'autre modèle. Il n'y a pas de film romantique dont l'héroïne dirait : « Ah, désolée, cette sexualité-là ne m'intéresse pas, le remplissage m'ennuie. » On rirait. La gorge sans doute un peu serrée.

Dans les comédies, peut-être, pourrait-on imaginer une scène aussi crue. Mais elle serait disqualifiée comme simple hyperbole.

Si l'on simule c'est qu'on ne veut pas voir : on recouvre. Cette exquise forme de chasteté permet l'accès au corps tout en interdisant l'accès aux émotions, dans un renversement symétrique.

Plus tu pénètres, moins nous faisons l'amour.

Et pourtant nous répétons le mantra bien appris : c'est mieux que rien.

Le pénis vaut mieux que rien.

Le rien c'est pour les femmes.

Crier pour ne pas parler. Démontrer pour cacher.

En attendant d'autres modèles, les femmes simulent, encourageant les hommes à pénétrer encore et encore, comme les hamsters courent dans une roue, et ce ne sont pas seulement les pénis qu'on enterre mais surtout les fantasmes.

On fait du bruit pour contrer les silences embarrassés.

On fait du bruit contre le vide du ressenti.

Dans ce vacarme épouvantable on n'entend rien, on se comprend encore moins.

Porno choc

On adore les hardeuses. Si culottées ! Colorées, aussi, grandes gueules, épatantes sur les plateaux télé.

La hardeuse qui performe (pas sa version séculaire, celle qui rentre chez elle et remplit sa déclaration d'impôts) concentre toutes les qualités de la petite amie idéale : non seulement toujours disponible, mais tous les trous toujours disponibles.

Elle prend partout, avec ardeur. Elle en redemande. C'est bien pratique. C'est même trop pratique pour être honnête.

Par chance, la hardeuse ne peut pas être approchée. Son rôle est de rester hors d'atteinte, pixellisée.

Par son absence, elle laisse place au sujet désirant : le pénis, balle au centre. Toujours au centre.

Réduite à des trous, la hardeuse a perdu son prénom depuis au moins dix ans – il n'y a plus de stars de la pornographie, quand bien même il y aurait du charisme et du savoir-faire. Parce qu'on s'en fout. Parce qu'on veut absolument ne rien savoir d'elles – des passagères fantasmatiques, des inconnues. Le fantasme il y a vingt ans était de les connaître ; le fantasme contemporain est de ne surtout jamais les connaître (si ça se trouve, elles sont contagieuses).

Nous avons cessé de désirer des humains pour demander des trous.

La hardeuse, dans sa version grand public, produit une performance hyperbolique du statu quo. La technique qui lui est actuellement demandée consiste à repousser les limites du trou.

Elle fait de sa gorge un trou profond.

Elle permet des décharges efficaces et rapides – productives.

Elle est le super-orifice permettant de faire jouir non seulement une multiplicité de partenaires de scène, mais une infinité de partenaires invisibles.

Elle est un tube humain proliférant sur des tubes de diffusion. Une version améliorée des vaginettes et poupées, une version qui se décarcasse (à quoi bon tous ces os) dans la peur de l'obsolescence. Sa carrière dépasse rarement les deux ans.

En attendant la chute, le bon petit soldat en prend plein la gueule – et nous sommes désensibilisés, pour notre plus grande gloire. Insoutenable, quoi ? Nous passons et repassons l'épreuve initiatique réservée aux ados, celle qui exige pour grandir d'amputer de l'empathie. À douze ans on regarde son premier film d'horreur, à douze ans on regarde son premier film porno. Les deux affichent quantité d'effets spéciaux. Mais si personne ne meurt dans les scènes de zombies, la femme qui prend quatre pénis à la fois les prend vraiment : ça, ce n'est pas un effet spécial.

Même oubli du réel dans le *revenge porn*, où des hommes anonymes mettent en commun les images de leurs petites amies passées ou présentes : les trous sont à tout le monde – sauf aux trous eux-mêmes.

Elle aime ça

La pornographie ne veut pas seulement pénétrer n'importe quelles femmes (jeunes, vieilles, enceintes, obèses, anorexiques, noires, latinos, russes, arabes) avec n'importe quoi (animaux, armes, machines, légumes, fruits) et dans n'importe quelles conditions (au-dessus, en dessous, attachées, fouettées, mortes).

Elle exige que la hardeuse trouve toutes les pratiques intéressantes, drôles, agréables et décomplexantes.

La hardeuse est censée trouver dans son travail le même bien-être que la ménagère passant la serpillière ou la modeuse travaillant sa manucure – il a bon dos, le bien-être.

La hardeuse est hypercontente de se faire attraper par des papis ou de se faire pisser dessus. Les catégories dans mon navigateur au moment où j'écris ces lignes : gros cul, grosses, sexe violent, hard, bukkake, gang-bang – tout cela sur la page d'accueil, en haut.

La pornographie dit que les femmes aiment souffrir, ou qu'elles n'ont pas vraiment mal : le X gifle les clitoris mais rarement les pénis.

Cela ne se produit pas dans une bulle – la pornographie crée du réel, de même que toute représentation modifie son objet.

La pornographie a propagé le *dirty talking* dans le couple amoureux (s'insulter pour le fun) ou le *hate sex* après une dispute (faire l'amour quand on a la rage). Elle participe de la culture du viol, autant qu'elle lui oppose ses effets cathartiques.

Si une femme en larmes « aime ça », si cette « pute » jouit lorsqu'on la traite de grosse salope dégueulasse, si ce sont de vrais corps, de vrais rapports, de l'hyperréel, comment suis-je censée poser des limites ?

À un moment, le double discours a ses limites.

Alors, pour se rattraper, le double discours multiplie les marques de consentement : masturbation via l'autopénétration (si elle se troue elle-même, c'est bien qu'elle consent), incessants encouragements, « prends-moi », « *fuck me* », cris et gémissements, bandes-son interchangeables.

La répétition du consentement pose une diversion maladroite sur ce qui devrait nous sauter aux yeux : dans la vraie vie, sans chèque à la fin, cette sexualité ne serait pas souhaitable. Elle ne serait même pas *agréable*.

On nous la demande quand même.

Grande ouverte

Le tour le plus fascinant de nos bêtes de cirque, de nos gladiatrices modernes, seins hauts dents blanches, c'est bien sûr le *gaping* – ce moment où les muscles du vagin ou du rectum défient la gravité, défient les lois de la nature et de l'élasticité, défient toutes les divinités, pour interdire pendant quelques instants au trou de se refermer. La pornographie *mainstream* comporte quantité de ces scènes post-coïtales de béance, et s'y complaît – c'est un mot clé à succès.

Le *gaping* constitue rien de moins qu'un Graal : le trou enfin incarné, enfin existant, enfin conforme aux manuels anatomiques, le rêve de femmes ouvertes.

Le *gaping* comme condition pour croire – ah, saint Thomas, regardez ce sexe percé, miracle, qu'on fasse venir le pape ! Le catéchisme pour les nuls.

À ses adeptes, le *gaping* vend l'espérance du pénis tout-puissant. Si *ça* existe, cette chose profonde et rose, si on peut voir le sperme à l'intérieur, alors le rapport a eu lieu. Si *ça* existe, alors l'*Homo pornographicus* peut rêver de laisser une trace sur les femmes (mais sans l'embêtement de risquer des enfants, une pension alimentaire, donc des responsabilités) : qu'après eux les parois ne se referment jamais.

Le *gaping* dit le fantasme du pénis indélébile, qui ne débande jamais.

Le *gaping* dit le boulot enfin achevé, les vacances, le repos, le vol aller simple en Inde.

Le *gaping* dit ok, c'est bon, va en paix. La femme est éventrée. Dors.

Tout ira bien, maintenant, tout est *assuré* : le rapport sexuel a passé le stade de l'impermanence.

Le pénis n'a plus de phase de réfraction : plus de fin.

On sera enfin débarrassés du sexe.

Le *gaping* déteste le sexe.

La hardeuse sourit, comblée, grande ouverte. On célèbre non pas sa performance, mais son sacrifice – et pour une bonne raison, car si « ça » reste ouvert, c'est que les muscles sont paralysés. C'est que l'amputation a eu lieu.

Cette féminité idéale, aboutie, jusqu'au-boutiste, implique la neutralisation de toute musculature. Elle implique le renoncement à toute tension.

Faute d'impacter le monde, les fanatiques du trou veulent impacter une femme.

Le *gaping* constitue une prolongation symbolique de la peur de mourir : par pitié, qu'il reste quelque chose.

Par pitié, que nous ne soyons pas oubliés.

Que la sexualité serve.

Qu'elle transmette des maladies. Qu'elle transmette la honte.

Qu'elle ait des conséquences.

Par pitié : des conséquences.

Ironiquement : que la sexualité ne finisse pas dans un trou.

Ce sont les mêmes fanatiques qui exigeront l'absolue chasteté de leurs partenaires – qui voudront être les premiers, de peur que la mémoire d'autres pénis ne touche le leur, de peur qu'ils soient contaminés par cette homosexualité du vagin. Ce sont les mêmes fanatiques qui rejetteront les femmes expérimentées, de peur que leur possible rencontre avec des pénis plus longs ou larges laisse les partenaires suivants, pour toujours, insuffisants.

Chattes organiques, chattes en plastique

À l'exception de quelques niches et mots-clés spécifiques, la pornographie n'offre qu'un seul type de vulves, dans des versions si peu charnues qu'elles en deviennent vegan. La chair est sommée de se faire discrète : sinon, le trou est dérangé.

Ainsi, pour la création d'un sex-toy permettant la branlette automatique, a-t-on vu apparaître en ligne un championnat du monde de la vulve parfaite. 500 dollars de récompense à peine pour le parangon de la chatte, laquelle sera reproduite en silicone sur des milliers de sex-toys – pas de quoi couvrir les frais d'une chirurgie plastique qui, eux, s'étendent de 2 500 à 6 000 dollars…

(Un bon rappel : le business se trouve entre les mains des artistes, pas entre les cuisses des égéries.)

Concours de chattes donc, aux résultats redoutablement uniformes : les cinquante premiers modèles présentent la même fente minuscule, discrète, au régime, semblant appartenir à une seule personne. On y trouvera peu de replis, et absolument zéro poil. Ce sont les internautes qui font le classement – ah, l'avis du peuple !

« Le public a toujours raison. »

Si les internautes votent pour ces profils étroits, ce n'est qu'en partie par ignorance (certains n'ont jamais été au contact du réel). L'explication la plus convaincante tient en effet aux miracles optiques plutôt qu'aux oracles érotiques. Car, en comparaison de ces petites choses fragiles, même l'homme maigrement doté par la nature passera pour un fringant rhinocéros. La petite vulve est sécurisante. Elle ne fera de mal à personne. Avec un peu de chance, elle n'aura pas de dents. Même un micropénis passera, c'est-à-dire qu'idéalement il ne passera pas : il fera mal au trou.

C'est d'ailleurs un compliment.

La femme contemporaine bien éduquée donne à son amant le seul compliment qui vaille : « Après ton passage, je n'arrive plus à m'asseoir. »

(Dit-elle, *assise*.)

Faire mal au trou est l'obsession de la pornographie : pour que ça fasse du bien, il faut que ça fasse du mal. Au moins un peu. Physiquement ou émotionnellement. Cette transgression des limites, que les hommes pratiquent mais ne subissent jamais, épargne toujours le pénis.

La relation sexuelle idéale contente la femme dans une douleur contrôlée, de même que la séduction idéale devance toujours un peu le consentement : la maîtrise de ce dosage sert de qualification au bon coup.

Aux États-Unis, plus de 12 000 femmes ont taillé dans leur gras en 2016, contre 5 000 trois ans plus tôt – une augmentation à deux chiffres, chaque année.

Les plus douillettes des femmes de bonne volonté auront d'autres options, bien entendu. Outre la réduction des lèvres, les spécialistes proposent le blanchiment (car la vulve idéale, et ce n'est pas innocent de le faire remarquer, associe l'hygiène à la pâleur), l'amplification du point G, les bains de vapeur, les traitements à l'azote liquide.

On aimerait dire que le trou, en se creusant, ne fait que s'agrandir. Ce serait une version optimiste.

Économie du trou

Derrière la « fatalité » de la prostitution se retrouve toujours le même rabâchage, la même faute originelle : le manque de trous disponibles. Les orifices, notamment ceux des femmes, ne se rendent pas assez disponibles. Ils se font désirer.

(Comment osent-ils, pour qui se prennent-ils ?)

Ce manquement excuse à la fois la prostitution et le viol. Le crime de lèse-pénis étant clairement féminin, il est raisonnable et cohérent que les femmes en paient le prix. Il est même nécessaire que certaines soient punies, qu'elles *prennent pour les autres.*

(La concupiscence est mystérieusement passée sous silence, elle ne serait pas « le vrai problème » – le contrôle de son pénis n'est jamais « le vrai problème »).

Une femme qui n'a pas envie d'être remplie, ou pas tout le temps, ou pas n'importe comment, se soustrait à sa nature de trou. Il y a une aberration dans cette coquetterie, dans cette stupide résistance. Un trou devrait non seulement être rempli mais vouloir être rempli. Y résister est un péché. Quoi, la femme n'a qu'un seul job, et pourtant n'écarte pas les jambes !

Alors même qu'elle est trou, et que les hommes ont *envie* !

Ce serait encore excusable si le phénomène de résistance du trou, ou d'indifférence du trou, était rare – une anomalie de la nature. Malheureusement c'est l'inverse. L'immense majorité des femmes n'a pas envie d'être fourrée comme une *calzone*, ou pas tout le temps, ou pas n'importe comment, et face à tant de mauvaise volonté la société se retrouve obligée d'inventer une catégorie à part, une catégorie compensatoire : celle des nymphomanes, chaudasses, putes. Non que les travailleuses sexuelles soient des folles de sexe, mais on aime à croire qu'elles le sont : ce scénario rattrape le coup.

Ce scénario justifie le différentiel de désir.

En l'absence de prostituées, il faudrait se demander pourquoi l'offre sexuelle n'égale pas la demande.

Il faudrait remarquer qu'il y a une asymétrie, et que cette asymétrie met à mal la complémentarité « naturelle » des libidos hommes-femmes.

Car si cette complémentarité des libidos n'existe pas, c'est peut-être que la complémentarité physique n'existe pas non plus.

Auquel cas il n'y aurait pas de trou.

Qu'il existe une économie du trou pourrait interroger : payer pour accéder au vide, vraiment ? Payer pour trois minutes de traite, pour un moment de dispersion ?

C'est l'arnaque, non ?

L'absurdité de la prostitution ferait doucement rigoler s'il n'y avait pas un être sensible dans les parages – mais justement la marchandisation dispense de penser aux sensibilités (s'occuper d'humains requiert vraiment trop de travail).

On paie pour ignorer les contours du trou, pour s'y décharger : des soucis, des pénis, de son agressivité.

Quand les prostituées prennent pour les autres, elles prennent lourd.

Marchandisation du vide, donc.

Dans des conditions pareilles, la question se pose de la dignité des clients.

Question souvent laissée de côté au profit de la dignité des putes, pour de bonnes raisons – mais il faudrait rappeler que les putes, du moins celles qui ont choisi leur activité, empochent un salaire.

Si le trou est un vide, les putes monnaient du temps et non leur chair. Elles vendent de l'air. Donc gagnent au change, et font de leurs clients des couillons.

Pourquoi paient-ils ? Alors qu'ils savent pertinemment que les prestataires cherchent à se débarrasser de leur érection (d'eux) le plus rapidement possible ?

Apparemment ça ne les perturbe pas.

Ce que la prostitution dit, c'est qu'il n'est pas grave que l'autre ne nous désire pas.

Mais si ce n'est pas grave, alors à quoi sert l'autre ? Pourquoi prendre des risques, dépenser de l'argent, mettre en jeu sa réputation, pour obtenir une éjaculation équivalente à celle d'une masturbation ?

Ce que la prostitution dit, c'est que le client n'a aucune dignité. Il pense qu'il ne vaut rien : alors il paie pour rien.

On doit pouvoir faire mieux que ça.

Trous échangeables

Je ne suis pas un trou.

En tant que personne unique et spéciale (mais si !), je ne suis pas échangeable contre d'autres êtres humains, même sporadiquement : je ne veux pas de ta soirée libertine qui ne libère rien. Je ne suis pas un Pokémon.

Le libertinage et ses déclinaisons mélangistes et orgiaques finissent toujours en réductions : si l'on peut coucher avec n'importe qui, alors à quoi bon ? Sauf à désirer sans distinction (une option tout à fait raisonnable, de même qu'on peut parfaitement concevoir de brouter sa nourriture), l'échangisme et ses déclinaisons partouzesques se résument à coucher plutôt avec des gens qu'on ne désire pas, et qui ne nous désirent plutôt pas. Or en toute objectivité, si personne n'a envie, autant rester chez soi à lire le journal, câliner son siamois, se masturber.

On nous ressortira le tour de magie de l'indistinction : la joie qu'il y a à disparaître dans une société de l'ego.

On parlera de noyau pulsionnel, de noyade sexuelle (bla, bla, bla).

Ce qui serait tout à fait crédible si la disparition faisait partie du programme, si l'on couchait dans la masse et l'obscurité – or au contraire le libertinage chérit les participants bien habillés et rasés de près. Pour un plaisir de vorace, le libertinage fait quand même bien la fine bouche.

Surtout envers ses participantes féminines.

Et même. Le véritable moment de l'indistinction, c'est la mort. Le véritable égalisateur, c'est le squelette.

Personnellement, je demande à être distinguée. Non que je sois amoureuse de ma personne ou particulièrement ravie de mes caractéristiques techniques individuelles, mais tout de même, je m'accorde une bienveillance de base – je me trouve digne des belles choses qui pourraient m'arriver.

Cette dignité n'est pas soluble dans l'interchangeabilité : si mes partenaires peuvent coucher avec n'importe qui d'autre, ils ne me veulent pas réellement, personnellement, chirurgicalement, du bien.

Dans ces conditions, qu'ils aillent vouloir du mal ailleurs. (Ou de la médiocrité, ailleurs.)

Quant à ceux qui feignent de confondre autopréservation et crânerie, je les invite à rester cohérents, donc à conduire sans ceinture de sécurité, manger de la terre et dormir sur des clous.

C'est meilleur quand ça fait mal

Au stade suivant de l'élitisme affiché se retrouvent toutes les pratiques censées « pimenter » le couple.

Soit il s'agira de pénétrer ailleurs (dans les fesses préférablement, avec des objets, des avant-bras, des animaux ou des touilleuses à salade), de pénétrer multiplement, de combler jusqu'à la garde.

Soit il s'agira de retrancher l'humanité de ses partenaires ou de soi-même via diverses *contraintes*, au risque de nous infliger le raccourci le plus bancal de l'histoire de l'humanité : la contrainte rend libre.

S'il s'agit d'ouvrir de nouveaux horizons, où diable sont leurs contreparties « blanches » ?

Où sont les plaisirs *licites*, au juste ?

Si le paradigme du trou ne s'épanouit que dans le champ sémantique du mal, c'est parce qu'il part du trou pour y retourner – soit l'autre n'existe pas (alors on l'échange), soit il existe et on cherchera à l'anéantir (en réduisant ses mouvements, ses sens, sa dignité, en le blessant, en l'humiliant, en l'insultant).

On peut glorifier, expliquer, tournicoter autour de la symbolique, mais si l'on s'en tient aux faits, ils sont sans appel : notre estime pour nous-même est si faible que nous préférons nous taper dessus.

Les moins brutales de ces pratiques sont qualifiées de « soft » – opposant le BDSM froufrouteux, amoureux, tendre (ahem), au dangereux BDSM hard où l'on se casserait les jambes à coups de barre à mine.

Il s'agit tout de même de lever la main sur quelqu'un qu'on aime. Je conçois qu'on le fasse pour jouer, mais la nature du jeu choisi en dit long.

Il n'est pas innocent dans une société de violence, où l'on tue les bêtes, diminue les femmes et frappe les enfants, de choisir la violence comme jeu sexuel. Il n'est pas innocent que cette violence soit banalisée, décomplexée, dépouillée de sa *charge* pour s'afficher en pleine page des rayonnages de librairie, partout sur nos écrans, en tous recoins de nos esprits.

Il est encore moins innocent que les modalités de cette violence s'échangent sous forme de *conseils* dans des magazines, notamment à destination d'un public féminin : comment bien tendre la joue gauche.

Cette ritualisation de l'agression n'est pas forcément un drame.

Seulement, de là à la présenter comme une excellente nouvelle, il y a un fossé que j'hésiterais à franchir.

Car nous en sommes là :

Comment humilier sa copine en trente leçons, mais dans le respect.

Comment frapper pour faire du bien.

Comment exprimer sa joie sur le registre de la punition.

Comment exprimer son amour par des gestes de haine.

Empêtrés dans nos paradoxes, et vogue la galère.

Invisible, indivisible

Il est communément admis que le pervers qui montre son pénis dans le métro, ou qui se masturbe à distance, cherche à s'imposer à la femme : le même registre toujours, celui de l'envahissement, de la pénétration. Si on n'a aucune chance avec le corps, on pourra toujours tenter de s'introduire dans les pensées. Souvent ça marche, au point que les adeptes de théories psychanalytiques parlent de stupeur face au phallus (ils sont priés de se servir un grand verre d'eau : si le masturbateur produit de la stupeur, c'est par son refus des conventions sociales et parce qu'il pourrait nous violer).

Pénétration des âmes, donc. Le regard des femmes est un abîme dans lequel on peut fourrer n'importe quoi, leurs oreilles un fossé dans lequel on peut se décharger de n'importe quelle fantaisie.

Les hommes bien élevés coupent la parole.

Les hommes mal élevés la confisquent ou la prennent sans demander.

Les hommes encore plus mal élevés transforment l'œil en trou : par l'excitation, la peur qui dilate les pupilles.

On nous a beaucoup dit que nos sexes féminins étaient invisibles, et qu'il fallait paradoxalement « voir là-dedans » les raisons de notre relégation en seconde position.

Nos sexes féminins sont visibles.

Il suffit de les regarder.

Visibles et indivisibles.

Il suffit de les regarder.

Prendre au travers

On ne peut pas prendre une absence.
On ne peut pas prendre un trou.
Donc on ne peut pas violer.
« C'était béant, je suis tombé dedans. »

Voilà qui explique un des plus grands mystères des temps modernes : l'absence de violeurs dans un pays où des femmes sont violées – des quantités invraisemblables de femmes. Voilà qui légitime le fait qu'un homme puisse violer des femmes sans être considéré comme un violeur par la société (invoquez ici votre réalisateur âgé favori, votre footballeur américain au cœur tendre, votre jeune homme qui n'a « pas eu de chance » en enchaînant les tequilas cette soirée-là) – et que lui-même puisse se regarder dans le miroir sans une seule seconde douter qu'il est un type formidable, un pote solide, un papa exemplaire.

C'est la faute du trou, toujours. C'est sa nature. Le trou attire, dangereusement. Il est une constante occasion de dérapage, qu'il convient de sécuriser. Ainsi les femmes se retrouvent-elles contraintes à faire du gardiennage, et les hommes, une fois possesseurs de leur trou personnel, se retrouvent-ils à entrer dans une logique de surveillance qui ne manque pas de rappeler celle de nos divers plans Vigipirate.

Cela dit, et quoi qu'en pensent les adeptes d'une chevalerie infantilisante, la responsabilité de la protection du trou reste essentiellement l'affaire des femmes.

Quand leurs barrières sont massacrées, c'est elles qui sont accusées de n'avoir pas correctement défendu leur pré carré – elles n'ont jamais crié assez fort.

Les hommes, bien sûr, non contents d'être excusés de violer des trous si mal défendus, affichent leur ressentiment envers ce gardiennage.

Ils se plaignent.

Ils disent que, franchement, les nanas ne sont pas très libérées.

(J'adorerais les y voir.)

La culture du viol ne se réduit pas aux événements. Elle est un contexte propice. Elle favorise les tentatives.

La culture du viol se niche dans le trou des vaginettes, dans l'interchangeabilité des trous, dans les poupées, dans la pornographie, dans la femme idéale disponible et incomblée.

Elle s'épanouit comme une rose dans la glorification des coupables qui ont su s'affranchir des stupides codes du consentement : des vrais mecs, assumant leurs désirs mais, surtout, leur destin d'homme conquérant !

(On ne considère pas qu'une autre libération puisse survenir dans la maîtrise de ses pulsions et le respect de l'autre.)

La culture du viol se magnifie dans l'art du scénario – quoi de plus sublime qu'une femme violée, poupée brisée, innocence perdue, résilience impossible, un coquelicot fait femme ?

Le polar, littéraire ou cinématographique, tue les hommes en une seconde et les femmes en cinq minutes : cette mort est allongée, agonisée, il faut qu'on en *jouisse*.

La femme contemporaine se retrouve à poser des questions *vitales* et qui seraient à pleurer de rire hors contexte : « À partir de combien de verres exactement devient-on trou ? »

Ou encore : « Quelle longueur de jupe est nécessaire pour combler le trou ? »

Face à la culture-trou, employons les mots justes.

Au type louche qui me suivait sur le ferry pour Bastia en espérant que j'échappe à la surveillance de mes parents : violeur.

À l'ami de mon père qui s'est jeté sur moi un matin : violeur.

Au collègue quinquagénaire qui m'a embrassée de force lors de mon premier stage de journalisme : violeur.

À l'inconnu qui m'a enfermée dans les toilettes d'une boîte de nuit et qui a dit « Alors maintenant, qu'est-ce que tu vas faire ? » : violeur.

Ce n'étaient que des tentatives – je n'ai pas été violée, pourtant ils étaient des violeurs.

J'avais, dans l'ordre, treize, quinze, vingt et un et vingt-quatre ans. On apprend tôt et ça n'en finit pas. Nous vivons en sursis.

Alors on fait le dos rond : une position non listée par le *Kamasutra*, qui fait ressortir les épaules et la colonne vertébrale, les omoplates comme des boucliers.

Révolution sexuelle

Si nous nous en tenons à la définition de ce qu'est une révolution, alors les années 1960 et 1970 n'auront été qu'une continuation de la culture du trou par d'autres moyens. Une vraie révolution aurait eu les couilles de changer de paradigme. Une vraie révolution aurait balancé les genres au feu, démonté la complémentarité, elle aurait engendré des hommes qui prennent leur congé parental et des femmes à grande gueule. Elle aurait produit des films où aucune jeune fille ne se taperait un papi, des films sans égéries, des robes de soirée avec des poches.

Malheureusement, dès le départ, c'était mal engagé. Quel pire slogan pouvait-on imaginer que « jouir sans entraves » ?

Autant dire : jouir sans l'autre ?

Tant qu'il y a des humains plutôt que des déversoirs à fantasmes, on ne peut pas faire absolument n'importe quoi.

L'inentravé, c'est le trou : la révolution sexuelle en désentravant n'a fait que trouer plus mâle.

Alors voilà, le mouvement de Mai 68 s'est contenté, avec la pilule, l'avortement et la pornographie, de rendre plus de trous libres d'accès.

La multiplication des trous comme seul horizon, seule espérance : si on m'avait demandé mon avis, j'aurais préféré qu'on change l'eau en vin.

On notera en tout cas avec délice (et perplexité) qu'un mouvement s'autoproclamant « de libération » a jugé révolutionnaire de s'acharner sur le creusement d'un trou : sur la consolidation d'un système carcéral sexuel.

Mais pardon. Je dois être ingrate.

Au-delà du sacrifice

Dénuée d'horizontalité, allergique au partage comme à la fluidité, pas ludique, méprisante envers les jeux de rôles, sérieuse comme un pape, sérieuse comme un phallus, la sexualité du trou ne permet aucune empathie.

Si les rôles sont définis, si l'autre reste désespérément autre, si l'anatomie est le destin, alors chacun occupe son bout de territoire, bien défini, pour toujours assigné. Il n'y a pas de pont possible. Encore moins dans l'interaction sexuelle. Si l'autre est hors d'atteinte, si sa réalité demeure intouchable, impensable, nous sommes faits comme des rats. Coincés.

Si le pénis prend toute la place, parce que évidemment le trou laisse toujours toute la place, alors aucun dialogue n'est possible.

Nous sommes murés.

Et chacun peut se faire bourreau de l'autre.

Parce que la sexualité est sacrificielle, parce qu'elle devient corvée pour au moins l'un des deux partenaires, on s'ennuie. Cela ne commencera peut-être pas immédiatement, lors de la phase passionnelle où la découverte de la personne compense l'assignation au trou – mais l'ennui est patient, il se rattrapera plus tard : personne ne peut feindre l'enthousiasme sur la durée.

Un partenaire attend, l'autre inflige.

Les deux s'adressent des sourires crispés.

Ils pourraient mourir d'ennui : la libido a la bienséance de mourir à leur place.

Elle se suicide, la libido.

On la suicide.

Quoi qu'en disent les ravis de l'assignation, les enchantés du genre, les tenants d'une diversité par deux (c'est fromage ou dessert, et rien d'autre au menu), les territoires du masculin et du féminin sont trop étroits pour une vie entière. Encore moins pour une vie de couple monogame hétérosexuel.

Ces territoires du genre sont nuls.

Peut-on le dire ? Ils sont d'une pauvreté à pleurer. Une femme qui explorerait son féminin, un homme qui embrasserait son masculin reviendraient sur leurs pas en quatre minutes, pour la simple raison qu'un territoire implique des limites, des frontières, des barrages contre la disruption. Quelle que soit l'orientation sexuelle retenue, y compris la bisexualité et la pansexualité, on se retrouvera face à la bêtise de la binarité. On se retrouvera à penser en pénétration. Entrer, sortir.

La pensée-piston.

La pensée la plus bête du monde.

Le fait que les codes féminins-masculins viennent de la nuit des temps ne devrait pas valider leur existence, mais au contraire nous alarmer. Obéir encore au système de pensée de nos ancêtres préhistoriques ne peut *pas* être une bonne nouvelle. C'est même un naufrage intellectuel.

Il est temps de penser plus loin. Et de coucher plus loin.

Nous avons appris à compter au-delà de deux. À compter en négatif, en décimales, en multiplication, et surtout hors algèbre. Nous avons inventé d'autres systèmes, pour tout, même pour les douches anales. La sexualité a besoin d'un autre système.

Mais faute d'imagination, nous renonçons.

Ce renoncement nous fatigue bien plus *profond* que les explorations potentielles.

On continue parce qu'on ne sait pas faire autrement qu'entretenir notre impasse.

Les pénétrées se coltinent l'indifférence au mieux, la douleur et l'humiliation au pire.

Les pénétrants se coltinent leur culpabilité – ils savent pertinemment que le tout-pénétratoire ne marche pas, ils savent pertinemment qu'ils traitent les femmes comme des chiens, mais ils le font quand même, parce qu'ils l'ont appris, parce que ça les arrange à court terme.

Mais ce n'est pas une fatalité.

Forces du mal

La fascination contemporaine pour le mauvais sexe ne laisse pas de surprendre – corrélée, comme par hasard, avec une fascination pour le mal en général (la folie, l'agression, les méchants, tout cela très pittoresque et graphique).

(On a le droit d'écrire « mal » au IIIe millénaire. Merci.)

Si le sexe est un trou, il faut bien y descendre.

Si nous descendons, c'est bien pour aller aux Enfers.

Le sexe méprisable sera sans surprise méprisé, traité avec dédain, comme une pulsion déconnectée de toute transcendance : une basse besogne.

Le sexe sera considéré comme animal – le meilleur moyen d'effacer sa part humaine, le meilleur moyen de déshumaniser soi-même mais aussi ses partenaires.

Si l'autre est un néant, ou que sa place est le néant, non seulement on peut l'anéantir mais on le doit : c'est une prophétie qu'on prendra soin de réaliser.

La sexualité du trou n'est pas seulement une peine : c'est un programme.

Ce programme dit que les partenaires sont des hommes et des femmes à abattre, au même titre que la copine est une rivale, au même titre que le collègue est un compétiteur. Tous contre tous.

Et ça marche.

Comment trouer un corps sans le pénétrer ? En le tuant, évidemment. En le perçant de balles ou de coups de couteau.

Utiliser le mot trou, ce mot de la blessure et de la mort, c'est réaffirmer le lien entre pénis et arme. C'est faire beaucoup de cas de la capacité de destruction de 13 centimètres de chair molle 95 % du temps (9 centimètres au repos). C'est oublier qu'un rapport sexuel moyen dure cinq minutes quarante.

C'est dire que la « bifle » est ok : gifler par le sexe, comme on est giflé par ses parents, dans un rapport d'absolue autorité.

Utiliser le mot trou, c'est redire que les hommes sont intrinsèquement dangereux.

C'est prétendre que le sexe est intrinsèquement une violence.

C'est prétendre que le vagin est une blessure, possiblement une maladie.

Le fait est que toutes les formes de violences faites aux femmes reposent sur leur assignation au rôle de trou : c'est ce même argument qu'utiliseront les conjoints tabasseurs, parents abuseurs et inconnus agresseurs – les femmes doivent constamment être « remises à leur place ».

Trop souvent, quand elles cherchent à se réapproprier même pas leur corps mais des plages horaires, ou des espaces géographiques, elles seront frappées, parfois jusqu'à la mort, avec l'espoir que les marques des poings impriment la chair en négatif : la martèlent vers l'intérieur.

Avec l'espoir peut-être de la réduire à la taille d'une poupée ou d'une enfant, malléable, docile enfin.

Avec l'autre espoir qu'à force de taper, cette femme-là disparaisse complètement.

La fascination du vide peut se comprendre. On ne voit rien dans le noir, on peut donc y projeter tout le champ des possibles.

Quitte à oublier que, parmi le champ des possibles, il y a d'autres couleurs que le noir. Quitte à oublier qu'on pourrait sortir du trou.

Les esthètes du sexe ne choisissent pas de se focaliser sur l'aspect sombre du sexe : ils ne voient que lui. Ce qui rend la conversation difficile. Même placés face à des alternatives, les esthètes continuent de leur préférer le noir, de trouver cette teinte plus élégante et subversive, quitte à racler les fonds de tiroir de l'imaginaire, quitte à redire ce que notre civilisation nous matraque depuis des millénaires.

Le sexe est mal.

Le sexe est sale.

(Pourra-t-on passer à autre chose ? ou au moins essayer ?)

Toujours l'esthète revient au noir. Couleur de la nuit et du trou, du secret, de l'intime, couleur de l'hermétisme aussi. On la retrouve dans les logos et typographies des clubs libertins, dans les *dark rooms*, bandeaux d'aveuglement, jusque dans les *dress codes* – tenue noire exigée. Les sex-shops jouent sur l'imaginaire démoniaque, bon enfant à punir : le châtiment, le piment qui pique, l'initiation rituelle, la transgression des sorcières, la longue queue rouge, les cornes du diable qui sont aussi les cornes des échangistes cocufiés.

Du noir pour ne pas voir : les yeux grands fermés.

L'écran, l'invisibilisation des *glory holes* : les femmes réduites à des trous, les hommes à des pénis, et que ce soit un fantasme élitiste plutôt qu'une terreur.

C'est un classique de notre civilisation que d'associer finesse intellectuelle et désespoir – comme si, en regardant la réalité en face, on ne pouvait que se lamenter.

Mais nous ne regardons pas la réalité en face : en bonnes autruches, nous regardons dans le trou. Alors qu'on pourrait voir dehors.

Épilogue

Je ne suis pas un trou

Ni une chatte, merci bien, ni l'animal que vous servirez à dîner.

Je ne suis pas un trou, il faut me prendre en bloc. Oui, je suis spéciale. Absolument, je demande un traitement de faveur – pourquoi pas ? Par quelle mesquinerie accepterais-je un traitement de défaveur ?

Je ne suis pas un trou : je n'ai pas besoin qu'on me remplisse.

Je ne suis pas un trou, je demande du lien, comme corde lancée pour me tirer vers le haut – et commencer, là-dehors, un nouveau dialogue.

Je ne suis pas un trou, ni une femme, ni une génitalité. Je ne suis ni une chose, ni un accident géographique, ni une catégorie.

Je ne demande pas de miracle, mais je demande l'incarnation. En chair et en os. En complétude.

Si vous ne l'acceptez pas, allez vous faire foutre, littéralement vous faire semence – allez rejoindre les rangs des malveillants, paresseux, violeurs, hommes-enfants, esthètes de l'horreur, lâches aventuriers et autres faux alliés.

Persistez donc à ensemencer ailleurs : les trous sont infertiles.

Pendant que vous vous ferez foutre, je me ferai corps.

Et je sortirai du trou.

Alors d'accord, je ne suis pas commode – c'est la condition de ma patience.

Je ne suis pas dévouée – c'est la condition de ma générosité.

Je suis terriblement arrogante – c'est la condition de mon désir.

Je ne m'en excuse pas – personne ne devrait s'excuser d'exiger sa dignité.

Table

SORTIR DU TROU
et échapper à notre vision étriquée du sexe

SORTIR DU TROU, LEVER LA TÊTE

Maïa Mazaurette est une chroniqueuse, autrice et illustratrice spécialiste des questions de genre et de sexualité depuis plus de quinze ans. Après des études de lettres et de journalisme, elle commence sa carrière en 2001 comme journaliste reporter d'images sur France 3. Elle devient ensuite chroniqueuse, d'abord pour des magazines masculins (*Newlook*, *Playboy*, *GQ*) puis pour la presse généraliste (*Le Temps*, *Usbek & Rica*). Après quatorze années d'expatriation (Berlin, Copenhague, New York), la Covid l'a ramenée en France : elle est aujourd'hui la chroniqueuse genre & sexo attitrée du *Monde*, de l'émission Quotidien sur TMC, et de La Bande originale sur France Inter. En parallèle, elle a publié tout un tas de nouvelles, romans (*Dehors les chiens*, *Rien ne nous survivra*), bandes dessinées (*Péchés mignons*, *Sale Bête*) et essais (*La Revanche du clitoris*).

Paru au Livre de Poche :

Le Doute au cœur

MAÏA MAZAURETTE

Sortir du trou,
Lever la tête

ÉDITIONS ANNE CARRIÈRE

ISBN : 978-2-253-10157-4 – 1re publication LGF

LEVER LA TÊTE
et inventer un nouveau répertoire érotique

REMARQUE INTRODUCTIVE

Cet essai concerne plutôt, mais pas uniquement, les rapports hétérosexuels, parce qu'ils sont considérés comme la norme morale – et parce qu'ils constituent en 2019 la norme statistique.

La norme informant les marges, j'espère que le grandissant club LGBTQIA+ y trouvera tout de même du grain à moudre. Mon choix de me situer dans un paradigme hétérosexuel n'est pas un oubli, ni le signe d'une préférence ou d'une hiérarchisation des priorités.

Diagnostic

Nous l'avons tant entendu : « Je ne comprends pas, on ne baise plus. »

Oh, mais au contraire. On comprend très bien.

Il n'y a aucun mystère dans l'évitement des rapports sexuels : on ne baise plus, parce qu'on n'y a plus intérêt.

On n'y a plus intérêt parce qu'on s'ennuie ou que les rapports sexuels nous blessent d'une manière ou d'une autre.

Rien qu'en employant le mot baiser, on n'a plus envie de baiser. Surtout quand il s'agit de *se* faire baiser.

On nous dit que nous sommes fatigués : que la sexualité est fatigante, avec le temps.

Cet épuisement a des conséquences. Écœurées par le plat qu'on leur ressert indéfiniment, les femmes notamment, partenaires sexuelles, petites amies et bonnes épouses, n'ont envie de rien. En moyenne (ces choses-là sont étudiées par les chercheurs), leur désintérêt commence après un an de couple[1]. Autant

1. *British Medical Journal*, septembre 2017.

de déserteuses, exfiltrées de leur vie sexuelle : ras-le-bol d'une certaine pression masculine, de l'injonction sociale, des attentes, marre d'être considérées comme des trous, au niveau du ventre spécifiquement.

Les femmes ont faim. D'autre chose.

Mais c'est compliqué. Difficile de déborder d'énergie quand on est assignée au vide. Impossible de ne pas être anxieuse quand on est renvoyée constamment au manque, quand la société hurle que nous sommes incomblées (et on serait gentilles de ne pas se plaindre).

La résistance même, l'esprit critique même sont un épuisement. La masse culturelle est lourde à porter.

Les hommes ne vont pas toujours mieux : fonctions érectiles en déclin, spleen sexuel, désirs maussades, rejets répétés.

Plus rien ne nous titille (à cause, rayez les mentions inutiles, de la révolution sexuelle, du féminisme, d'Internet, de la crise des valeurs, de la crise économique, du trop-plein d'options disponibles, de l'argent, de l'obscénité donnée en spectacle, du déclin du religieux, du renoncement au sublime, de la banalisation de l'amour). Plus rien ne nous déplace, ne nous bouge, ne nous perturbe.

Alors nous creusons.

Dans le trou.

Quand nous ne comprenons plus pourquoi nous creusons au lieu de nous élever, nous accusons la routine, comme si elle venait du dessus, comme s'il était

fatal de se voir servir le même script sexuel toute sa vie.

En oubliant que nous sommes acteurs et actrices de ce script (on appelle « script » le chemin habituel menant de l'érection à l'éjaculation en passant par trois secondes de caresses et trois minutes de pénétration).

Pour sortir de la routine, accusée de tous les maux, nous gardons la même base, mais nous lui faisons mal.

C'est une vieille habitude, que de gratter nos plaies.

Ici, prenons un instant pour raconter une histoire vraie. Lors d'une expérience de psychologie[1], des humains lambda, laissés seuls avec leurs pensées, se voient donner la possibilité d'égayer leur ennui par des chocs électriques. Qui préférerait la douleur à une douce rêverie ? Presque la moitié des participants. Et surtout les hommes (l'un d'eux a appuyé 190 fois sur le bouton déclenchant les chocs).

C'est exactement ce qu'on nous propose en parlant de « pimenter sa vie sexuelle ».

Le parcours idéal (des magazines) consiste à passer de l'ennui à la douleur, préférablement dans cet ordre : quand le temps est venu, quand le couple ronronne, on lui recommande de passer au BDSM ou au libertinage.

Si nous sommes fatigués, faut-il réellement nous réveiller à coups de trique ?

---

1. Dont les résultats sont parus en 2014 dans la revue *Science*.

Contre la fatigue on peut trouver d'autres routes, intracées. On peut se reposer, on peut même dormir envers et contre le devoir conjugal – on peut redire que la sexualité n'est pas obligatoire, et que quand on la pratique, on n'est pas obligés de faire comme nos ancêtres.

Contre la fatigue on peut reprendre une part du gâteau. On peut se resservir un verre de vin. On peut prendre soin de son corps, et consoler son âme.

La question est simple : dans quel monde érotique voulons-nous vivre ?

Quelle est l'utopie ?

Il existe une infinité de réponses à cette question, mais une seule qui nous limite réellement : celle qui prétend que « c'est comme ça ». Si le « comme ça » ne nous convient pas, il faut changer de répertoire. Et c'est exactement ce que nous allons faire maintenant.

Altera erotica

Une autre érotique est possible. Elle a déjà existé, elle existe dans d'autres cultures. Cependant, nous sommes en Occident, et en 2019, loin du tantra, du yin et du yang, des danses rituelles, des saturnales, de l'animisme ou du yoga. Nous pouvons nous inspirer d'autres temps et d'autres lieux, y puiser du savoir et de l'espoir. Mais nous avons aussi le droit d'inventer des sexualités, plurielles, qui nous ressemblent. Et qui ressemblent au monde contemporain, sans perte de texte et de contexte, sans grands écarts culturels.

Ce monde contemporain a l'avantage d'être moins binaire, plus fluide, moins empêtré dans les vieux schémas destructeurs.

Il est plus féminin (tant mieux), plus bienveillant (malgré ses douze lettres, bienveillant n'est pas un gros mot).

Une autre érotique est possible. Elle émerge.

La culture est modifiable : c'est nous, c'est vous qui l'ingérez, qui par votre interaction la faites réadvenir, avant d'en transmettre les valeurs aux générations futures.

Cependant, la culture ne se modifie que si nous acceptons de renoncer au fatalisme et à l'ironie – par une détermination rationnelle, qui ne considère pas le cynisme, le désespoir et l'impuissance comme les barèmes de l'intelligence. Ce qui implique : 1) de prendre la sexualité au sérieux, 2) de nous prendre nous-mêmes au sérieux.

Et c'est bien le problème.

Car en matière de sexualité, nous ressemblons parfois à des enfants capricieux (tout, tout de suite), parfois à des adolescents contrariants (rien n'est jamais assez bien, explorons donc le mal).

Il ne me semble pas absurde de prétendre à une sexualité adulte.

Revenons un instant sur ces deux pôles, ces deux étapes de nos trajectoires sexuelles.

De l'enfance (épargnons-nous les banalités psychanalytiques et angélistes), nous ne sommes pas toujours sortis. Cette enfance se traduit dans le discours de la misère sexuelle : « les autres devraient être à mon service, cela justifie ma colère et mon droit de broyer des vies ». Elle se traduit dans de subits élans de timidité : « non, ne me regarde pas, ne me parle pas ». Elle se traduit dans le langage que nous utilisons pour parler de sexe, notre incapacité à prononcer sans rougir des mots aux histoires pourtant passionnantes : vagin, vulve, clitoris, pénis et testicules, anus et rectum, et toutes leurs sous-parties dont souvent nous ignorons les dénominations. L'enfance, encore, se traduit dans des bouderies quand nous n'avons pas ce que nous

désirions – mais que nous avons refusé de demander. Elle se révèle dans la difficulté de poser des limites et des souhaits clairs (« veux-tu bien insérer ton index dans mon anus, tout doucement, deux phalanges, merci » – était-ce si compliqué ?).

L'adolescence, ensuite. Vous la trouverez dans notre curiosité sexuelle illimitée (la vie privée des autres, mais aussi les niches sexuelles les plus rares, amusantes ou dérangeantes), dans le désir de faire mal, d'avoir mal, de touiller le passé pour vérifier si les trouilles et humiliations de l'enfance sont encore douloureuses (pour vous faire gagner du temps : la réponse est oui). Vous la trouverez dans la rumination des angoisses d'inadéquation, dans la pression des pairs, dans les vulnérabilités planquées sous des attitudes bravaches.

Vous la trouverez dans ce fameux esprit de contradiction, qui n'aime rien tant que détourner les évidences et salir les jolies choses.

La formule est simple, lue, relue, jusqu'à la nausée, reprise dans un nombre hallucinant de discours « éclairés » : prenez n'importe quel fait scientifique ou n'importe quel ressenti concernant la sexualité, et inversez-le. Vous pourrez alors briller en société en affirmant que le rapport sexuel n'existe pas, que tout élan vers l'autre constitue une velléité d'anéantissement et de dégradation, que les hommes et les femmes appartiennent à des mondes différents. Prétendez que le plaisir est meilleur quand il fait mal (ou « un peu mal », chez les progressistes). Feignez la

douleur pendant l'orgasme, assénez à qui veut l'entendre que l'amour meurt, que l'amour est surévalué, que l'amour est risible, et que quand même, un pénis, c'est moche (une vulve aussi, un anus aussi, que tout le monde en prenne pour son grade).

Personnellement, je n'ai pas envie qu'on salisse ma sexualité. Ni qu'on rabaisse une activité profondément adulte à des enfantillages.

On remarquera bien sûr, avec perplexité, l'écart qui sépare nos « plaisirs pour adultes » des conceptions habituelles ayant trait à la maturité. Rien ne sert de coller le mot « adulte » sur nos fantasmes et nos actions, si nous les débarrassons dans le même mouvement de tout sens des responsabilités. Si nous les débarrassons de toute cohérence entre causes et conséquences.

Une sexualité adulte ne signifie pas qu'on entre dans le royaume des costumes trois-pièces, du sérieux et de la gravité.

Cela signifie que nous sommes en mesure de prendre des décisions à peu près rationnelles (informés par la recherche scientifique), susceptibles de nous rendre heureux, personnellement et interpersonnellement. Heureux avec nous-mêmes, nos partenaires, mais aussi le corps social.

De telles décisions ne nous feront pas de mal.

Et ce serait déjà un progrès.

Sexualités achromatiques

Commençons par écarter un champ entier de la sexualité alternative : celui du sexe dit « pimenté ». Vous n'avez pas besoin d'un nouvel essai sur la question : les recettes du sexe pimenté sont omniprésentes, tant dans la presse que dans la littérature spécialisée. Elles donnent son côté sulfureux au cinéma d'auteur, ses gages de subversion à la publicité, et leur quota de frissons aux réactionnaires.

(Soit dit en passant, quand un discours subversif est partout, il porte mal son nom. La subversion sexuelle est une norme qui avance masquée et qui, par conséquent, nous trompe sur la marchandise.)

Petit rappel quant à la situation actuelle – et parce qu'un peu de vocabulaire ne fait jamais de mal : le sexe pimenté, destiné aux personnes expérimentées et aux aventuriers (il faut le dire vite), s'oppose au sexe vanille, sachant qu'on dit « vanille » par politesse, pour éviter de parler de « missionnaire du samedi soir toutes lampes éteintes ».

À la vanille nous associons la blancheur de la virginité, à laquelle s'opposerait le noir des pratiques

subversives, donc intéressantes. En oubliant au passage que le noir est un champ chromatique très limité, qui n'émet rien et ne reflète pas grand-chose.

Comme code couleur pour la sexualité inspirante, on n'aurait pas pu trouver pire que le noir.

On n'aurait pas pu trouver moins ambitieux.

Le blanc vanille n'est par ailleurs pas forcément saint, prude ou virginal : c'est aussi la lumière nécessaire à la vie – la sexualité solaire, triomphante, qui ne s'excuse pas d'être là. Le côté blanc de la force, en somme.

Car, malgré notre lourde inclination pour le désespoir, la sexualité est une force. Pas seulement destinée à reproduire l'espèce, mais à nous faire jouir et grandir, nous, adultes.

Et si l'idée de mettre cette sexualité en pleine lumière peut effrayer, ne confondons pas la blancheur et la transparence[1].

L'opposition entre sexe vanille et sexe noir constitue un non-choix : s'ils permettent les fameuses nuances de gris, ni le blanc ni le noir ne sont des couleurs. Ils produisent une sexualité littéralement décolorée, dénuée d'arc-en-ciel et de la possibilité d'épouser tout le spectre (avec ses

1. Car quand on parle de lumière, on entend tout de suite les rumeurs orwelliennes frémir au loin – comme si l'opacité ne produisait pas un silence permettant, et parfois légitimant, tous les abus. En l'occurrence nous connaissons bien l'argument : « Ce n'est pas un viol, c'est notre vie privée. »

infrarouges et ses ultraviolets). On a les métaphores qu'on mérite…

Ces dénominations de piment, de vanille, ne sont pas innocentes. Elles font des rapports attendus une fadeur qu'il faudrait forcément « relever » par des rapports hâtifs ou sadomasochistes, par des cordes ou des orgies, par des insultes ou des humiliations.

Dans cette course aux épices, les solutions douces passent à la trappe – origan, cannelle, menthe ?

On ne retiendra que les piments : l'option la plus douloureuse.

Je me permets d'assumer ce mot : douloureuse. Car, jusqu'à preuve du contraire, la honte, la culpabilité, la contrainte, le dégoût, la peur, l'abandon de soi, et évidemment la souffrance elle-même, sont des émotions douloureuses. À moins de réécrire le dictionnaire. Je ne dis pas qu'il faille évacuer ces dimensions, les jeter aux oubliettes, les juger, ou se priver d'une partie non négligeable de l'expérience humaine. Mais il faut les questionner. De préférence avant de vanter les mérites de la douleur à travers les pages de magazines parfois lus par des personnes dénuées de toute expérience sexuelle.

Cette question – faut-il vraiment en passer par la douleur pour éviter l'ennui ? – n'est pas de nature morale.

Mais elle est une question quand même. Je regrette qu'elle ne soit pas posée de manière frontale (ou seulement par des personnes prudes, qui en veulent à la sexualité dans son ensemble). Instrumentaliser la douleur n'est ni répréhensible ni triste. Mais ça n'est

pas une trajectoire intellectuelle et sensitive se passant de toute explication, surtout dans un contexte d'inégalités préexistantes entre les personnes.

De fait, les émotions négatives ont des conséquences : elles réactivent les éventuels traumatismes (viol, abus, mauvais souvenirs), renforcent les connexions neuronales entre plaisir et souffrance, sérénité et anxiété, confiance et honte. On peut choisir ces options, mais il faut au moins rappeler qu'il en existe d'autres.

Nous disposons pour l'instant d'une alternative très basique : la routine vanille qui ennuie, le piment qui fait mal... sachant que certaines pratiques vanille peuvent faire mal (nous y reviendrons).

Je propose, en retour, une tripartition :

— une sexualité vanille qu'on cesserait de mépriser (et qui se défocaliserait de la simple « conquête » d'orifices),

— des sexualités pimentées[1] (auxquelles on ne forcerait personne),

— et des sexualités solaires, joyeuses, gourmandes, récréatives, de pure jouissance, incluant le script vanille tout en le dépassant.

En somme : ni routine, ni électrochocs.

---

1. *Kinky*, en anglais.

Déconstruire, décontraindre

Nous sommes tellement obsédés par les contraintes que nous nous posons rarement la question de savoir à quoi ressemblerait une interaction sexuelle qui en serait (autant que faire se peut) dénuée. Et s'il n'y avait aucun accroc, aucune frustration, aucun pincement au cœur ?

Cette possibilité ne rendrait-elle pas les « piments » encore plus pimentés ?

Les prochains chapitres exploreront cet horizon-là.

Au lieu de varier les partenaires (infidélité, libertinage, orgies), nous pouvons décider d'explorer notre partenaire unique, jusque dans les moindres détails, en profondeur.

Au lieu d'humilier et de culpabiliser, nous pouvons nous débarrasser de la stigmatisation habituellement attachée au sexe, en créant une culture sexuelle qui permette une expression jouissive et décomplexée.

Au lieu de pratiquer le *hate sex*, nous pourrions parler d'amour sans offenser personne.

Au lieu de nous découper en morceaux (clitoridienne ou vaginale ?), nous pourrions nous rassembler.

Au lieu de réduire nos partenaires à leur peau, nous pourrions prendre soin du corps jusque dans sa musculature et son ossature.

Au lieu de nous attacher, nous pourrions prendre toute la place (dans notre corps, dans notre esprit) et transformer notre chambre à coucher en lieu érotique confortable et inventif.

Plutôt que de parler de tension, nous pouvons rechercher l'absolue détente du corps qui fond (« Pas de raideur, pas de crispation », disait le poète latin Térence, et c'est un beau programme).

Au lieu de faire comme on peut, nous pourrions faire comme on veut.

Au lieu de nous livrer au *quick sex*, en trente secondes sur le canapé, nous pourrions prendre le temps.

Au lieu de ne pas trop savoir, nous pourrions demander, apprendre, désigner les organes, négocier les pratiques.

Au lieu de pénétrations brutales, on pourrait pénétrer doucement, on pourrait ne pas pénétrer, on pourrait recevoir la pénétration.

Au lieu de nous oublier dans le voyeurisme et la pornographie, nous pourrions sortir de la pure pulsion scopique[1] et réapprendre à imaginer par nous-mêmes, sans béquilles systématiques, par la force et la grâce de notre imagination.

Plutôt que de blesser, nous pouvons faire le vœu de ne jamais, jamais chercher la douleur, en apprenant

1. En psychanalyse, pulsion qui met en scène la dialectique entre « regarder » et « être regardé ».

comment toucher un corps de manière plaisante *et diverse*.

Plutôt que d'être blessés, nous pouvons exiger d'être choyés.

Plutôt que de tenir nos partenaires à distance pour nous protéger des émotions qui nous inondent, nous pouvons courageusement explorer notre vulnérabilité – pas par masochisme, mais parce qu'être vulnérable permet de ressentir plus d'émotions, donc d'être plus intensément vivant.

Il n'y a aucune raison d'accepter d'être réduits, en rien, jamais. Ni par nos partenaires, ni par l'ironie ou le cynisme, ni par la pornographie, le consumérisme ou des codes culturels qui ne nous ressemblent pas.

Pour accéder à des jouissances pleines, nous n'avons pas besoin de nous enfoncer dans la laideur, la noirceur et la dissolution. Si quiconque vous affirme qu'il faut (se) faire mal pour « casser la routine », c'est faux.

Et c'est dangereux.

Ne cassons rien. Nous avons déjà suffisamment cassé.

Douleur et superflu

La douleur n'est pas nécessaire.

Elle fait pourtant partie de ce que les femmes considèrent comme un événement relativement probable, avec leur nouveau partenaire mais aussi avec leur partenaire de long terme.

Nous avons rationalisé la douleur.

Alors que les chiffres commencent à poindre, nous haussons les épaules : une majorité de femmes ont eu mal, ont mal, auront encore mal. Un tiers d'entre elles pendant le sexe vaginal. Les trois quarts pendant le sexe anal. Ce qui n'empêche nullement les hommes de réclamer leur sodomie annuelle, sans se documenter toujours sur les modalités pratiques qui la rendraient au moins supportable (« être gentil » et « prendre son temps » sont des formulations adorables et complètement insuffisantes).

Les femmes enfantent dans la douleur, mais pas seulement.

La première expérience sexuelle est considérée comme une omelette dont elles sont l'œuf à casser… et les fois suivantes, peut-être ces œufs seront-ils encore cassés. Pas seulement par le viol mais par des

hommes qui prétendent aimer les femmes. Ils les casseront tout doucement, et ne s'excuseront pas. Ils trouveront ça piquant.

Nos représentations sont remplies de femmes emprisonnées, contraintes, fouettées, démembrées, violées. Mais aussi de leur contrepoint acceptable : des femmes dont les rictus orgasmiques s'apparentent à des spasmes de souffrance. Dont les râles sont des plaintes.

Ce n'est pas spécifiquement la faute des hommes (nous n'en sommes plus à un stade où distribuer des bons ou mauvais points aurait du sens) : les femmes performent cette sexualité-là. Elles produisent la représentation attendue du fil du rasoir entre plaisir et douleur, comme si ce numéro d'équilibriste constituait la seule forme de plaisir légitime et excitante. Elles refourguent cette camelote culturelle qui nous hante depuis (au moins) le rapt des Sabines : la femme ravie, dans les deux sens du terme[1].

J'ai opposé le sexe vanille et le sexe pimenté, mais cette division est beaucoup plus floue qu'on ne l'imagine.

La routine fait mal, parfois. Souvent.

La routine fait mal et, quand on s'ennuie, on se fait encore plus mal.

---

1. Une petite remarque pour les lecteurs qui pensent n'avoir pas le choix de leurs démonstrations de plaisir : les visages pendant l'orgasme changent selon que vous vous situez en Asie ou en Occident. Il n'y a donc rien de naturel dans nos expressions. Nous produisons un orgasme culturel et, en Occident, cet orgasme culturel est souffrant.

Ici, maintenant

Pourquoi n'a-t-on pas inventé de sexualités alternatives agréables ? de subversion joyeuse ?

Premièrement, parce que les hommes n'y ont aucun intérêt. Ce ne sont pas eux qui souffrent (qu'on m'épargne les quelques masochistes du dimanche qui traînent çà et là). Le monde du piment, tel qu'il se décline actuellement et dans le cadre hétérosexuel courant, donne aux hommes l'impression de prendre des risques, mais sans en prendre. Ou pas avec leur propre corps.

Deuxièmement, c'est une question de paresse. Prendre en compte le plaisir des partenaires exige de la compétence, et de l'empathie. C'est fatigant. Il faut accepter de renoncer (parfois) à une éjaculation nulle, obtenue en deux minutes, pour obtenir un orgasme partagé et plus puissant, en vingt minutes ou deux heures. Face à cet arbitrage, la plupart du temps, nous choisissons la médiocrité, rapide, qui n'oblige à aucune remise en question (nous avons beau nous plaindre de la routine, au moins elle nous rassure).

Troisièmement, la subversion joyeuse tarde à advenir parce que les hommes en charge des opérations

ont longtemps méprisé le plaisir des femmes (tout en prétendant les adorer). On ne peut pas traiter les femmes comme des animaux, des enfants, des anges, des muses, des poupées gonflables ou des esclaves, et prendre leur plaisir au sérieux. Ce n'est tout simplement pas compatible.

Quatrièmement, la peur de la compétence sexuelle (qui induit qu'on puisse être incompétent) a tendance à conduire les hommes à rester dans leur zone de confort, consistant à mettre leur pénis dans des orifices.

Je crois (veux croire) que la nouvelle génération d'hommes est prête à faire mieux que ses ancêtres. Je crois qu'elle ne veut plus acheter des plaisirs pathétiques sur la douleur des femmes. Je crois que ces hommes du présent sont prêts à apprendre, patienter, écouter.

Enfin, je veux croire qu'ils sont prêts à sacrifier des fantasmes ne répondant pas à des considérations éthiques de base (nous n'avons pas toujours le contrôle sur ce qui nous traverse l'esprit, mais nous disposons d'un minimum de contrôle sur ce que nous *y laissons perdurer*).

Car non, ce n'est pas « ok » de se masturber sur des femmes découpées en morceaux.

De tels fantasmes sont légaux, doivent le rester, peuvent s'exprimer : évidemment. Mais quand nous aurons cessé de nous enorgueillir d'être tellement subversifs, posons (osons) la question : dans quel univers est-il compréhensible d'être excité par une personne découpée en morceaux, ou humiliée, ou battue ? Mais enfin : ça ne va pas bien ?

Face au rouleau compresseur de ces fantasmes et de ces pratiques douloureuses, les femmes ont eu, jusque récemment, le choix entre deux options.

Certaines ont usé de leur instinct d'autoprotection (« Me faire taper dessus ? Euh, non, merci ») et se sont vu taxer de timidité.

D'autres ont sublimé.

Dans le passé, cela maintenait leur fierté au-dessus du niveau de flottaison : le christianisme les avait habituées à glorifier le pathos. Faute de pouvoir secouer leurs partenaires comme des pruniers, ces femmes récupéraient leur honte et leur souffrance, et s'en brodaient un étendard.

Plus récemment, les « aventurières de la sexualité » (il faut le dire vite) ont accepté une autre forme de sublimation : elles ont accepté la douleur comme prix à payer pour que les hommes éthiquement ambivalents fantasment – elles ont payé en prenant des coups, physiques ou psychiques, consentis ou pas. Certaines ont intériorisé cette équation au point d'en revendiquer l'évidence, la beauté, la justesse (« Oui, j'ai envie d'être importunée, et oui, j'ai envie d'être blessée pour que les hommes fantasment, c'est mon choix de femme libre, éclairée et intelligente[1] »).

---

1. Admirons cependant le génie de rationalisation à l'œuvre : revendiquer le côté agréable d'une émotion par définition désagréable, n'est-ce pas une consolation vieille comme le monde ? La même logique pousse les habitants de ghettos à clamer qu'ils

Une fraction infime de ces femmes sont masochistes. Les autres, la majorité, paient pour rien.

Cependant. Il est absurde de persister à faire comme si les choses étaient restées figées, comme si nous avions à remiser notre instinct de préservation au placard.

Nous n'avons plus à sourire, à nous prétendre un peu masochistes, un peu gris-nuancées. Nous n'avons plus à payer pour une littérature masochiste de complaisance qui contribue à entretenir l'idée que le sexe a un prix, et que ce prix est la douleur.

Nous sommes suffisamment solides, maintenant, pour cesser de confondre le crachat et la soupe.

Notons que les hommes ne paient aucun prix pour le sexe, jamais, ni pour leurs fantasmes.

L'éventuel coût financier (argument favori) est hors de propos. Payer en argent est plus agréable, socialement plus valorisé, que payer en douleur (les sceptiques m'en reparleront après s'être fait étrangler, gifler et mettre trois doigts par surprise – je donne cet exemple concret pour préciser la nature du prix à payer).

Nous n'avons plus à répéter cette ânerie voulant que la douleur soit un additif délicieux au plaisir (dont on se vanterait dans les salons élégants). Quelle abdication de la pensée rend ce rabâchage souhaitable ?

Si on y croyait, rabâcherait-on autant ?

---

y vivent mieux qu'ailleurs, ou les hommes éconduits à prétendre qu'ils n'étaient pas intéressés.

Sous tension

L'un des arguments préférés des tenants d'une sexualité pimentée comme réponse à la routine est que le piment crée une tension sexuelle : c'est le moment de la conversation où on nous rappelle que le risque zéro n'existe pas. Le piment, le danger, la souffrance seraient constitutifs de la vraie vie, celle où tu peux tomber dans un ravin, manger du chevreuil à même la bête ou mourir d'un rhume.

(Quitte à me répéter : le risque zéro *existe* en sexualité. Le risque sexuel zéro est le seul contexte que connaissent 90 % des hommes hétérosexuels, surtout quand ils ne jurent que par Sade et Bataille, alias les deux piliers de l'érotisme pour les nuls.)

La tension sexuelle, donc. Ajouter des émotions désagréables à la sexualité permet surtout d'expérimenter une plus grande *amplitude* sexuelle. Et c'est très bien. La plupart d'entre nous ne souhaiteraient pas traverser une existence aseptisée : la possible perte donne son sens à l'amour, les possibles défaites donnent la jubilation dans le succès. Parfait. Mais prétendre que seule la tension est intéressante, et que toute tension blesse, ce n'est pas de l'amplitude sexuelle. C'est de l'amputation.

De fait, la tension sexuelle a bon dos.

Elle incarne une forme aristocratique de plaisir, comme le montre le vocabulaire que ses adeptes emploient : troussage de domestique, prosternations, génuflexions, rituels, tâches de service, punitions, dégradations, appellations grandiloquentes, avec un usage prononcé des pseudonymes à particule. Notons bien qu'en sexualité, l'avantage, c'est que le ridicule ne tue pas. Ce qui permet à Gilbert Duchemin, alias Kristov van Cravash de Casteldark, de pavoiser sans une once d'autodérision en soirée « Vénus à la fourrure ».

Bien sûr, ces fanfreluches et politesses ne sont qu'un jeu. Et la tension sexuelle n'est qu'une manière de parler.

Oui, sauf que les manières de parler ne sont pas innocentes, et que nous choisissons nos jeux.

Oui, sauf que ni les unes ni les autres ne sortent du champ de l'éthique. La sexualité n'abdique pas devant le symbolique. Elle ne démissionne pas intellectuellement sous prétexte qu'on est entre adultes.

La tension implique (selon le dictionnaire) une contraction et une nervosité.

Lesquelles ne sont pas précisément des émotions compatibles avec l'épanouissement sexuel (on dirait même l'équation idéale pour perdre une érection).

Nous répétons cette expression, « tension sexuelle », en espérant qu'elle ouvrira la boîte de Pandore, sans nous demander si elle nous sautera au visage. Et,

surtout, sans nous demander ce que serait une sexualité *détendue*.

Nous sommes tellement habitués à parler d'élan, de pulsion, de conquête, à évoquer la passion amoureuse, la violence des corps qui s'étreignent, le choc de la rencontre, que nous associons la tension à la sexualité *souhaitable*.

Même quelque chose de physiologique comme l'érection est présenté comme une tension (c'est dur) alors qu'on pourrait envisager la chose comme un alourdissement, un gonflement paresseux et progressif des organes. Cette tension est une construction culturelle. Malheureusement, nous la médicalisons pour demander aux hommes des sexes toujours plus durs, et aux femmes des vagins toujours plus étroits (notons du reste que si les femmes sont un trou, par définition, aucune tension n'est possible).

Par ailleurs, notre imaginaire possède de nombreuses images de sexualité détendue. C'est donc que la chose doit être possible.

Ces images sont associées à la décadence et à l'indolence : les harems, les fins d'orgies romaines, les siestes crapuleuses, les grasses matinées en vacances, le jardin d'Éden, et même notre fameuse routine. Il y a là-dedans quelque chose de vaguement exotisé, de méditerranéen, qu'on décorrèle de notre quotidien mais qui n'est pourtant pas si loin (surtout si vous lisez cet essai à Marseille).

Violence ou indolence ? La question n'est pas là, personne ne nous demande de choisir notre camp.

Mais parler de l'absolue *nécessité* de la tension sexuelle pour que les choses deviennent intéressantes relève de l'aberration (ou alors j'ai mal compris le concept d'orgie romaine).

Quant à faire de la tension une obligation, pour amener des partenaires perplexes vers des émotions désagréables ou des pratiques non désirées, cela s'appelle de la manipulation et de l'intimidation.

Car le scénario de la tension sexuelle repose le plus souvent sur une transgression du consentement. « C'était tendu parce que je ne savais pas si l'autre était d'accord pour que je l'embrasse / je touche là / je pénètre ici. »

Ce moment d'hésitation est présenté comme délicieux.

Ce moment d'hésitation décrit parfois un viol.

Et sans aller jusque-là, mettons les pieds dans le plat : si vous pensez sincèrement que le meilleur moment, dans le sexe, c'est quand on monte l'escalier, soit votre technique de montage d'escalier mériterait d'être partagée avec le plus grand nombre, soit vous avez un petit rattrapage à opérer du côté de vos pratiques sexuelles.

Feel good, et alors ?

Sexualité vanille, pourquoi tant de mépris, pourquoi tant de haine ?

La fascination pour la sexualité pimentée s'appuie sur une attirance pour le vide, le dérapage, la possibilité d'un entraînement inexorable vers les extrêmes – à mille lieues d'une modération supposée guider le reste de nos existences.

Les émotions désagréables ressenties par le corps doivent être compensées par un surinvestissement cérébral : dans ce cadre, notre ressenti ne suffit pas. Il faut lui passer dessus. Il faut le mettre au moins un minimum en danger. Il faut lui préférer les plaisirs de l'esprit, qui s'achètent sur la souffrance des corps. La hiérarchie est claire.

Lorsqu'on remet en question ces codes, on se voit répondre qu'une sexualité heureuse et ambitieuse constitue le cheval de Troie d'un « *greenwashing* » de la sexualité, comme pour vendre des voitures électriques ou du tofu allégé.

Il s'agirait d'assainir (l'assainissement, une pratique absolument terrible, comme chacun sait) et de lisser

notre sexualité. Sauf qu'au risque de troubler l'héritage judéo-chrétien, il n'est pas héroïque de se faire mal. Il n'est pas formidable de ne rien avoir trouvé de mieux que le martinet pour se réveiller.

Le sexe vanille serait niais, parce que le plaisir rend niais. Le plaisir nous contente. Quand on est content, on ne cherche pas plus loin que le bout de son nez. On se vautre comme un cochon dans sa joie (alors que, comme chacun sait, personne ne se vautre, jamais, dans son insatisfaction).

Les gens heureux, lumineux, n'auraient rien à apporter à l'humanité[1]. (Alors que les personnes en dépression nerveuse ont en revanche tout le dynamisme nécessaire pour changer le monde, ahem…)

On peut deviner quel type de personne a intérêt à propager ce genre de raccourcis !

À cet argument, un contre-argument tout simple : qu'on appelle l'aspiration aux bonnes choses de la naïveté ou de l'instinct de survie… nous en avons besoin. Nous avons besoin d'explorer les arcanes

1. Les grands optimistes du passé se retourneront dans leur tombe : Leibniz, Platon, Françoise Héritier, Umberto Eco, Jorge Luis Borges, Michel Serres, Stephen Hawking, Gandhi, Montaigne, Alexandre Jollien, Joëlle Zask, Tal Ben-Shahar, Claudia Senik, Nicholas Rescher, le pape François, Christophe André, les transhumanistes, Steven Pinker, Bill Gates, etc. Notons que la même haine des bons sentiments s'applique à l'art littéraire, au contraire des arts musicaux ou picturaux, lesquels nous permettent d'apprécier Vivaldi ou Botticelli sans risquer la faute de goût.

du bien-être parce que l'opposé, c'est le mal-être, et depuis quelques millénaires je crois que nous avons bien mérité de passer à autre chose.

Le rejet des aspirations vanille passe également par l'étrange idée que la générosité est facile. Ah ?

Avons-nous mal interprété la nature des millénaires d'esclavage et de violence dont nous tentons de nous extirper ? La générosité est manifestement une exigence incroyablement élevée, que nous ne pouvons pas tenir pour acquise.

Le mot empathie a été inventé au XXe siècle.

Si la gentillesse et l'attention étaient si évidentes, le taux de divorces ne serait pas si élevé, ni le niveau des océans. Par ailleurs, nous sommes censés être des créatures de coopération – selon certains penseurs, ce serait même là notre seul avantage dans le contexte de l'évolution des espèces. Si c'est vrai, alors la générosité est la forme la plus humaine d'intelligence.

Réhabilitons donc cette sexualité « classique ».

La vanille est un parfum qui plaît à tout le monde : tant mieux, non ? En sexualité, disposer d'un tronc commun d'attentes permet la communication. Ces classiques permettent notamment de passer une première nuit ensemble qui ne soit pas un saut complet dans le vide. Nous pouvons être en désaccord sur les modalités de ce tronc commun. Mais en connaître les contours permet d'articuler son désaccord.

La vanille est une gourmandise parce que notre culture aime l'association des plaisirs de la bouche

(d'en haut) et des plaisirs génitaux (d'en bas) : notre tronc commun aime nous rappeler que notre corps est indivisible.

La vanille embrasse, lèche, lape, suce, mordille, avale, grignote, rit, glapit et ronronne, dans la célébration du goût sucré – le sucre rapide, vif, joyeux, qui nous énergise et qui graisse les rouages.

La vanille parle à notre côté glouton, païen, franchouillard : elle aligne en enfilade les péchés capitaux de gourmandise et de luxure, et nous irons au paradis.

La sexualité vanille inclut les mots, tempère le *dirty talking* par la confession, le compliment, la déclaration.

Elle trouve suspect qu'on ait plus d'imagination pour le mal que pour le bien, et que certains aient oublié que la sexualité pouvait servir à faire du bien – servir plutôt qu'asservir.

Enfin, la vanille se fiche qu'on la trouve ridicule. (Elle n'a pas de pénis à prouver.)

Bienvenue dans la zone blanche.

Exigences, compétences

Exiger une sexualité agréable laisse les incompétents sur le carreau.

Ce qui menace le *statu quo*.

Jusque récemment, personne ne demandait aux gens d'être compétents. On pouvait être médiocre : quitte à faire quelque chose de mal, autant mal le faire.

Le mauvais sexe pour les hommes se limite à n'obtenir qu'un orgasme moyen. Le mauvais sexe pour les femmes, c'est au mieux manquer de plaisir, au pire ruiner sa vie par une grossesse non désirée, par une infection, par un viol. Mais le mauvais sexe dans toute sa banalité consiste pour elles à avoir mal.

La compétence est dangereuse, bien entendu : elle ouvre le champ à l'incompétence. Et au jugement.

Si on peut être compétent, on peut échouer, et être tenu pour responsable. Dans ces conditions, il n'est pas innocent que nous refusions de définir ce qu'est la compétence – en langage des magazines, ce qu'est un bon coup. D'où des discussions interminables sur ce qu'est un mauvais coup (pour arrêter de tourner

autour du pot : si l'objectif de la sexualité récréative est de donner du plaisir, un mauvais coup n'en donne pas ou fait mal).

Le flou sur la compétence prend des formes diverses :

— Pour les femmes, on observe tout un discours du lâcher-prise. Ce n'est pas inintéressant, mais on encourage l'idée que l'orgasme s'atteint, pour les femmes seulement (comme c'est étrange), par une absence de connexion à soi-même. Personnellement, quand on me demande de m'oublier, je me demande toujours pourquoi.

— Pour les hommes, le discours met l'accent sur l'altérité fondamentale des femmes, qui seraient bizarres, émotionnelles, irrationnelles, qui auraient besoin pour pouvoir jouir d'éléments constamment changeants (l'amour mais l'aventure, mais un certain moment de leur cycle menstruel, mais une baignoire remplie de champagne, mais une certaine violence, mais beaucoup de tendresse).

Sans tomber dans la caricature voulant qu'on décerne des « permis de sexe » ou qu'on apprenne le cunnilingus en maternelle (à qui profite la caricature ?), il n'est pas absurde, en 2020, avec une tripotée de vecteurs d'excellente éducation au plaisir, de demander des amants compétents. Ce qui vaut évidemment aussi pour les femmes.

Si vous ne voulez pas être jugé/e, vous demandez que l'intelligence de vos partenaires ne s'exerce pas.

C'est une demande déraisonnable, qui insulte vos amant/es, et qui vous insulte vous-même.

Le problème n'est pas d'être jugé. Le problème est de faire le cancre par peur du jugement.

C'est à cause de cette logique que nous continuons d'observer des « fossés aux orgasmes » alors même que les femmes ont le même potentiel orgasmique que les hommes.

Pourquoi est-il si difficile de vouloir être compétent ?

Laissons de côté les accusations de prétention (il s'agit de pruderie mal déguisée : personne ne vous accuse d'arrogance quand vous prenez des cours de cuisine ou de hongrois, personne ne devrait vous accuser d'arrogance quand vous décidez de jouer de virtuosité au lit). L'intelligence sexuelle permet de réenchanter la sexualité, pas de la désenchanter. Elle donne du pouvoir sur soi et sur ce qui nous entoure. Elle n'est jamais une limite, mais une solution. En cela, l'intelligence sexuelle n'est pas différente de celle que nous exerçons au travail, aux échecs ou dans l'éducation des enfants.

L'incompétence nous renvoie à des embarras : les questions bizarres de l'enfance, les caresses maladroites de l'adolescence, les fiascos réguliers de l'âge adulte. Nous mettons tellement de notre individualité dans la sexualité que tout échec prend des proportions extraordinairement menaçantes.

Nous avons peur, en retournant à la case apprentissage, de ressentir les mêmes humiliations.

Mais c'est le contraire qui se produira, parce que cette nouvelle phase d'apprentissage ne vous est pas imposée. C'est vous qui la choisissez. Vous êtes en charge de ses paramètres. Par ailleurs, en vous plaçant en situation de novice, vous faites tomber les attentes, vous n'avez plus à impressionner quiconque.

En abordant votre montée en compétence avec humilité, vous ne pouvez qu'apprendre, jamais « rater ».

Par ailleurs, cette compétence ne broie pas votre individualité : la sexualité est un champ tellement large que vous pouvez décider de quelle manière, unique, personnelle, vous préférez briller.

En somme, vous n'avez rien à perdre.

Et vraiment tout à gagner.

Le droit à une sexualité ambitieuse

S'armer des compétences nécessaires à une sexualité de pur plaisir demande une ambition qui s'assume (au moins dans l'intimité du couple).

Certaines personnes seront dérangées.

Elles ont bien raison : une sexualité ambitieuse menace la paresse intellectuelle et émotionnelle voulant que la sexualité ne vaille pas qu'on lui consacre des efforts, ni même du temps. Elle nous met face aux ratés de notre empathie et aux lacunes de nos connaissances.

Nous pouvons pourtant revendiquer d'avoir des standards, et ajouter avec le sourire que ces standards sont très élevés – sachant que ces standards, nous les appliquons pour commencer à nous-mêmes mais aussi à nos partenaires, et à celles et ceux qui prétendent vouloir être nos partenaires.

Nous affirmons à la fois que la sexualité ne nous est pas due et que, quand nous y accédons, alors la médiocrité ne nous est pas due non plus.

Nous n'avons pas à mériter cette sexualité plus généreuse. La sexualité devrait être plus généreuse, point barre.

Cette ambition est mesurée parce que, pour obtenir des résultats, il faut pouvoir les quantifier, donc les mesurer. La sexualité, souvent renvoyée au mystère, s'apprend – ne parle-t-on pas de travaux pratiques ? –, et se ressent, et se jauge. Se sent-on bien ? Avant, pendant, après le rapport ? Émotionnellement, physiquement, intellectuellement, en soi-même, dans sa relation à l'autre, dans ses valeurs, dans sa vulnérabilité ?

C'est la médiocrité qui n'est pas raisonnable.

La crise économique ne peut pas être traduite en crise sexuelle comme on l'entend parfois : le sexe étant le plus souvent gratuit, il pourrait même constituer une forme de « rattrapage » face aux forces économiques qui nous heurtent.

Par ailleurs, l'ambition est subversive. On nous a suffisamment asséné qu'en sexualité on (se) couche (surtout les femmes), et que certains sont en dessous (toujours les femmes).

L'ambition peut-elle décevoir ? Oui. Mais si nous finissons effectivement par nous lasser, par atteindre un point de stagnation ou d'indifférence, au moins aurons-nous essayé – et nous aurons gagné quelques années, quelques aventures et beaucoup de complicité.

Concrètement, l'ambition n'est pas qu'une devise à graver au-dessus de son lit. Elle est soutenue par des actes et par des décisions : se donner la permission d'être ambitieux (personne ne vous la donnera), mais aussi vérifier si les partenaires sont susceptibles de nous accompagner dans cette voie. Il faudra, avant,

pendant ou ensuite, trouver des idées intéressantes, grappiller le temps et l'espace nécessaires à la mise en œuvre de ses intentions, préserver des plages vides pour exprimer sa spontanéité, mais surtout, surtout, apprendre, exercer sa curiosité, s'inspirer.

Je n'évoque pas là des vœux pieux et abstraits. Il existe des ateliers sexuels et des professeurs. Il existe une meilleure fellation de France. Les gastronomes s'intéressent à ce que font les grands chefs, surtout quand ils et elles réussissent nos recettes favorites. Quel est votre cunnilingus préféré, pourquoi, et quand exactement en avez-vous changé la recette pour la dernière fois ?

Il est possible de répondre : « Je sais ce qui marche. »

Mais l'ambition consiste à essayer de comprendre ce qui marcherait *mieux* ou *différemment*. Pour communiquer à distance, les signaux de fumée fonctionnent, mais le haut débit marche mieux, et quelque chose viendra qui marchera encore mieux.

Par ailleurs, l'ambition n'est pas une statue de marbre glaciale qui nous regarde de haut et ne se contente de rien. Au contraire. Elle prend des formes multiples qui s'adaptent à chaque caractère, et dont les attributs se complètent selon nos personnalités et les préférences de nos partenaires. Vous pouvez vous inventer anatomiste, scientifique, sociologue, révolutionnaire en signaux de fumée et hauts débits. Un partenaire aimant se montrer vous poussera vers un rôle contemplatif ; un timide, au contraire, pourrait bien éteindre la lumière et vous plonger

vers des expériences purement charnelles. On privilégiera la stratégie ou la tactique, le temps court ou le temps long, l'érudition ou le brouillon. Votre sexualité peut ressembler à un bonsaï dont vous ajusterez les branches tordues jusqu'à l'épure parfaite, à un baobab massif et vertical, à un bouleau strié de noir et blanc, à une orchidée, à la forêt amazonienne. Vous pouvez vous spécialiser (dans votre partenaire, dans une pratique, dans votre propre plaisir).

Si les artistes ont su réinventer le nu depuis des milliers d'années, en utilisant toujours les mêmes modèles, alors nous pouvons réinventer le sexe à hauteur d'une existence. Ce n'est pas trop demander.

Cette comparaison avec l'art n'est pas une coïncidence. L'ambition permet de revendiquer la qualification d'artiste, doté d'une sensibilité particulière.

Bien sûr que la sexualité est un art.

Bien sûr que vous avez un style, une touche, une signature.

C'est pourquoi ce livre n'est pas un guide pratique : la pratique, je vous la laisse. Des guides aux gourous, il n'y a parfois qu'un pas de trop.

Les ambitieux seront bien évidemment taxés d'arrogance. D'accord. C'est un qualificatif avec lequel on vit très bien, surtout quand on sait soi-même que l'ambition demande de l'humilité – alors que le manque d'ambition exige de l'humiliation.

L'arrogance, l'orgueil donnent de l'ampleur. Ne sommes-nous pas fatigués d'une sexualité qui nous réduit quand nous voudrions grandir ?

Cette ampleur s'étend de l'intérieur vers l'extérieur, du domestique vers le public, du mou vers le muscle, de la légèreté vers la solidité : ne renoncer à rien et nous approprier tout le reste. Du passé ne pas faire table rase, mais ajouter d'autres tables.

Et pour atteindre cette ampleur, une simple question, posée face à toutes les propositions sexuelles qui seront avancées : est-ce que ce choix (sexuel, émotionnel, sentimental) me réduit ?

Qu'y ai-je à perdre ?

Et pourquoi perdrais-je quoi que ce soit ?

Face à une pratique qui me dérange ou m'enchante, quel arbitrage me propose-t-on ?

Le sexe en échange de quoi, l'amour en échange de quoi, la dégradation en échange de quoi ?

L'ambition permet, enfin, de nous rassembler. Elle fait bloc.

Elle rejette les images rassurantes des femmes fragiles, aériennes et mignonnes comme des enfants, supervisées et initiées par des hommes qui prennent au lit un rôle qu'il faut bien qualifier de paternel.

Être sexuellement ambitieux, c'est être irréductible.

C'est assumer d'en demander mille fois trop.

Pour une érotique arrogante

Une érotique reine, alors : combattante et solaire.

Je sais que nous avons été élevés à ne croire raisonnable que le service minimal.

« Vise bas, la chute sera moins douloureuse. »

« C'est mieux que rien. »

Dans ce paradigme, nous pouvons espérer une sexualité *au moins*.

Je propose : au *plus*. Au *mieux*. Si nous ne sommes traités que de la manière dont nous acceptons d'être traités, il y a urgence à abandonner tout cynisme, à affirmer sans agressivité qu'on a des valeurs, qu'on vaut quelque chose qui est plus que la peau, et qu'à moins d'une certaine *qualité* nous passerons notre tour, merci.

La fierté n'est pas une attitude mais un programme, et ça ne sert à rien de parler fort si c'est pour ne parler de rien.

Petite digression : actuellement, les éléments dont on nous demande d'être fiers sont problématiques. La fierté semble exister hors sol : fierté globale, infondée, toujours exhibée, rarement intériorisée. Il faudrait être fier d'être un homme, par droit de

naissance, ou fière d'être une femme, par méthode Coué.

Doit-on être fière d'être née avec un vagin ? Pas plus qu'avec un pénis. Doit-on être fière qu'Hypathie ou Jeanne d'Arc soient des femmes ? On peut être fières pour elles, mais les agissements héroïques d'une personne dotée d'un vagin ne se transmettent pas automatiquement aux autres personnes dotées de vagin (même si ce serait amusant).

Quant aux valeurs « féminines » et autres fiertés décoratives, marchandisées et superficielles qui phagocytent notre attention (« jolis ongles, vraiment ») : il ne peut pas y avoir de double standard. La fierté « de femme » actuellement vendue en version tee-shirt obéit à des standards réduits, qui confortent et entretiennent le pouvoir des hommes.

Une fierté utile ne se conçoit qu'en regard de valeurs bien définies. Dont celle, cruciale, de la dignité.

Cette dignité se coule dans nos priorités et personnalités.

Elle est un optimisme qui, sexuellement, nous extirpe de la logique des plaisirs coupables, pour mieux nous faire entrer dans le monde des plaisirs flamboyants. Pas trop tôt.

Le sexe acculturé

Nous ne nous réconcilierons pas avec la sexualité sans pouvoir nous y intéresser.

Pour l'instant, cet intérêt est déprécié : on méprise les obsédés, on moque ceux qui ne « pensent qu'à ça ». Chaque nouvelle publication, chaque nouvel article suscite des réactions défensives (« Il ne faut pas intellectualiser », « Il n'y a rien à comprendre », « L'amour suffit »).

On ne dit pas d'un amateur de football qu'il est obsédé, on ne reproche pas à une amatrice de fromage de ne penser qu'au fromage – mais si on s'intéresse au sexe, alors apparemment on ne s'intéresse à rien d'autre.

Cette suspicion d'addiction légitime des poussées de censure qui ne manquent pas de surprendre en ces temps supposément libérés.

En outre, tout discours sexuel est accusé de motivations financières cyniques : il s'agirait de créer de l'audience, du clic, du scandale. On dénie même à la mieux documentée des enquêtes tout contenu effectif : le discours sexuel serait une enveloppe vide, à l'irrésistible capacité d'attraction.

L'existence même d'une culture sexuelle est contestée, ainsi que la possibilité de liens dynamiques entre sexualité et art, politique, économie, sociologie, santé, etc.

La sexualité appartient à la culture et rassemble de multiples sous-cultures, qui ont leurs objets, leur vocabulaire, leurs codes, leurs lieux de regroupement, leurs livres, représentations, textures, odeurs, émotions propres. Et bien sûr leurs pratiques. Même une position aussi basique que le missionnaire porte un poids culturel riche – en l'occurrence, dans la tradition chrétienne, l'idée que l'homme soit « au-dessus », pour prolonger la hiérarchie sociale jusque dans la chambre.

Commençons par les mots : question cruciale pour créer une culture sexuelle, puisque le langage structure notre pensée. La manière dont nous parlons de sexualité a tendance à tomber dans le jargon, l'enfantillage ou la grossièreté. Nous avons le choix entre médicaliser la sexualité, la ridiculiser, ou la rendre dégueulasse.

À titre personnel, je ne crois pas qu'il soit inutile de policer un minimum le langage. En tant que femme, je n'ai pas envie d'associer ma sexualité à des questions de nanas, de gonzesses, avec des nibards, de la teucha et du cul. Je ne trouve pas que niquer, ou baiser, ou être baisée, ou se faire casser les pattes arrière soient des expressions subversives : elles sont répétitives, ennuyeuses et offensantes.

Elles ne correspondent pas à la manière dont j'envisage mon corps.

Je n'ai aucune envie de renoncer au respect minimal accordé aux êtres humains – ni que dans un cadre sexuel, comme par hasard, ce respect disparaisse. Je m'interroge sur les motivations de toute personne expliquant, avec un grand sourire, que je ne devrais pas faire preuve d'attachement envers ma dignité.

Quand nous disons que la sexualité est triviale, qu'elle relève de la gaudriole, nous nous protégeons. En réalité, nous avons peur d'admettre que la sexualité est terriblement, terriblement importante.

À ce titre, nous pourrions nous réapproprier les mots médicaux, qui ont le mérite d'être précis : vulve, pénis, vagin, anus, clitoris, etc. Ils sont à nous, pas seulement aux savants. C'est de notre anatomie qu'on parle. Je pense qu'il est plus facile d'érotiser ces mots-là, en les ramenant dans le quotidien, que de débarrasser nos queues, bites, couilles et zézettes de leurs connotations. Parce que je pense qu'il est plus facile d'ajouter du sens à des mots un peu plats que d'en retrancher à des mots déjà hauts en couleur.

Cependant, ce sont là des choix qui se discutent. Nous pourrions inventer de nouveaux mots, ou utiliser des mots étrangers, qui existent déjà mais semblent à nos oreilles francophones moins chargés. Il est bien possible que nous finissions par réinventer avec délice la proximité linguistique et culturelle du français et de l'anglais : *clit, rock-hard, get down, have sex, fuck…*

Mais, bien sûr, les mots ne sont qu'un début.

Ensuite viendront les idées. Les connaissances ne tombent pas du ciel : elles surgissent quand on accepte de faire attention, quand on accepte qu'un sujet soit légitime et qu'il ne relève pas uniquement de forces naturelles. Or, pour l'instant, un certain discours perdure qui veut que les amants puissent spontanément trouver des terrains d'entente et que la communication non verbale suffise à tout (suggestion : nous sommes des créatures parlantes, profitons-en).

Dire que la sexualité n'est pas naturelle, c'est affirmer que nous sommes ignorants, qu'aucun câblage mental ou physique ne nous prédestine à savoir quoi faire de nos organes sexuels. Une telle conception rend humble. Cette exigence d'humilité nous pousse vers la connaissance, elle nous pousse à nous remettre en question, à sortir de notre zone de confort.

Si nous allons sur la Lune, nous pouvons réinventer la sexualité hors du trou. Et nous pouvons réinventer une culture sexuelle sémantiquement solide.

L’exigence amoureuse

Venons-en maintenant à l’aspect relationnel permettant de réparer nos sexualités. En l’occurrence, nous avons un formidable outil à notre disposition : l’amour.

Cet instrument, certains préfèrent s’en abstraire, pour vanter les mérites de relations sans attachement, sans « prise de tête », sans connaître le prénom des partenaires. Les Anglo-Saxons parlent d’amis « avec bénéfice » : quel bénéfice à avoir moins quand on pourrait avoir plus ?

Il y a les grands brûlés de l’amour, d’accord, et qui ne veulent plus y toucher. Mais il existe aussi un discours, aux apparences de sérieux, prétendant que les sentiments interfèrent négativement avec le sexe – précisément, que les sentiments vont rendre les choses ennuyeuses au lit.

De fait, les sentiments nous obligent à sortir de l’alternative ennui/douleur. Quand on aime sincèrement quelqu’un, on n’a pas envie de le/la faire souffrir. On n’a pas envie de le/la dégrader. On peut organiser des jeux de rôles autour de ces idées, mais seulement des jeux. Et bien sûr, la conception contemporaine

de l'amour-passion nous interdit aussi l'ennui : si on s'ennuie, c'est qu'on ne s'aime pas.

Nous voici bien embarrassés : le désir sexuel est considéré comme la preuve d'une vie amoureuse réussie, mais pour entretenir ce désir sexuel, il faudrait se livrer à des actes incompatibles avec la bienveillance qui caractérise également l'amour.

La tension se résout généralement par une forme de transcendance : « Je lui fais mal, au moins un peu mal, pour lui faire du bien, pour lui faire découvrir de nouvelles choses, pour renforcer le lien entre nous dans la souffrance et dans la honte. »

Ces rationalisations partent d'une bonne intention, mais demeurent objectivement indignes de notre intelligence et de notre honnêteté (utiliser l'argument de l'amour pour blesser quelqu'un, ou se laisser blesser, ne tient pas la route).

La meilleure manière de sortir de cette impasse est de se rattacher à la plus haute idée possible de l'amour : en refusant de s'ennuyer, et en refusant les émotions désagréables, parce qu'on est plus malin que ça.

Bien sûr, l'amour n'est pas la condition absolue d'une sexualité soucieuse de dignité et de bien-être. La bienveillance suffit. Ou l'éthique. Tout ce qui se situe sur un spectre qui va du respect à la vénération fonctionne. Ces préalables permettent de se livrer à l'autre dans de meilleures conditions, en obtenant a priori de plus amples permissions. Deux personnes qui s'aiment et se respectent pourront aller beaucoup

plus loin dans leurs explorations sexuelles : quand on donne plus, on obtient plus.

Ce préalable reste, à notre époque, étrangement subversif. On sera traité/e de « fleur bleue ». On se verra rappeler que l'amour rend stupide.

Traduction : ce qui nous fait du bien, ce qui garantit notre intégrité, rend stupide.

Ce retournement de pensée profite à deux types de personnes, qui peuvent se cumuler : celles qui ne sont pas aimables, et celles qui ne savent pas aimer.

D'où un « piment » pas piqué des hannetons : le *hate sex*, qui consiste à faire l'amour quand on vient de se disputer, ou avec une personne qu'on déteste, qu'on méprise, qu'on objectifie. Le simple fait qu'on puisse nous présenter cette « pratique » comme divertissante devrait nous alarmer.

Par ailleurs, cracher dans la soupe amoureuse en la qualifiant de simple mièvrerie revient à nier une part essentielle de notre nature humaine. Nous disposons dans notre extrême majorité d'un potentiel amoureux, qui nous exalte et qui sert les intérêts de notre espèce et de notre individualité. Ce n'est pas une question culturelle : il y a dans l'amour quelque chose qui nous transporte et nous fait du bien. Qualifier cette émotion de désordre, de passade ou d'infatuation ne nous rendra pas plus intelligents : cette émotion existe et fonctionne. On peut la refuser. Mais c'est dommage.

Qu'on dise du mal de l'amour précisément quand il devient possible devrait en outre susciter notre méfiance. Car jusque tout récemment, si les amours homosexuelles n'étaient pas permises (si tant est qu'elles le soient réellement aujourd'hui), les amours hétérosexuelles étaient pour leur part sabotées par les conditionnements culturels. Les hommes et les femmes recevaient une éducation différente, aux valeurs incompatibles. Ils pouvaient certes s'aimer, mais pas se comprendre. Ils et elles ne disposaient ni de passions partagées, ni de bases intellectuelles communes.

Si le respect existait (ce qui n'était pas toujours le cas), il s'agissait d'un respect différentialiste : on était respecté comme homme (ce qui permettait d'être une brute) ou comme femme (donc respectée comme un enfant).

À mon sens, la différenciation artificielle des genres oblitère la possibilité amoureuse, ou lui coupe sérieusement les ailes. Si l'autre reste complètement autre, comment peut-on se projeter ? Si nous ne nous reflétons jamais l'un l'autre, est-ce encore de l'amour ?

De fait, se prosterner devant le « mystère des femmes » ou la « part insondable des hommes » me semble constituer une émotion plus proche de la fascination qu'on pourrait éprouver pour un animal, une plante ou un coucher de soleil. De telles émotions réchauffent, certes. Mais elles impliquent une masse prodigieuse de doubles standards, d'incompréhensions et de conflits – on se complique terriblement l'existence.

Ce n'est pas mépriser les bénéfices de la distance que de douter des préconceptions binaires qui ratiboisent l'amour : l'altérité, on se la coltinera de toute façon. On n'a pas besoin du genre pour constater que l'autre garde son étrangeté radicale.

Même chose avec les stéréotypes.

Dans le BDSM, on a souvent recours au binarisme dominant/dominé (même s'il existe une catégorie « *switch* » quand on passe d'un pôle à l'autre). Alors même que les pratiques de domination sont censées apporter de la variation au « menu » sexuel, l'injonction à endosser des rôles verrouille dans de nouveaux carcans.

Deuxième exemple : le stéréotype de la maman et de la putain, qui pèse encore aujourd'hui lourdement sur les femmes. Cet imaginaire ampute notre potentiel amoureux et sexuel. Personne ne veut tomber amoureux ni de sa mère, ni d'une femme qui divise son attention. Nous retombons dans des pratiques verrouillées : la sexualité de la maman est vanille, celle de la putain est « noire ». Tant que ces images de la féminité continueront de dominer notre imaginaire, les hommes se verront enfermés dans leur propre dichotomie gentil/méchant, qui prend la forme du frustré et du bourreau.

Les mamans et putains, les frustrés et bourreaux, les dominants et dominés, les hommes et les femmes : tant que nous jouerons les caricatures, nous ne pourrons pas faire preuve de finesse. Tant que nous jouerons des rôles, nous ne serons pas pleinement humains – et pas pleinement aimables.

Si l'autre, en revanche, cesse d'être un stéréotype, si on ne peut plus le/la faire entrer dans des cases commodes, le champ amoureux s'étend.

Bien sûr, c'est compliqué : il faudra composer non seulement avec toutes les facettes d'une individualité, mais en plus reconnaître que cette individualité est en mouvement, avec ses contradictions, ses aspirations et son vécu. En aimant une personne pour ce qu'elle est, hors catégories, hors stéréotypes, on ne peut plus en « faire le tour » ou la connaître « par cœur ».

Se concentrer sur une personne dans sa complexité devient alors une formidable occasion de cesser de s'ennuyer. Bénéfice secondaire : il n'y a plus aucune raison de compenser cet ennui dans la souffrance.

Politique de l'unique

Quantité ou qualité ? Dans nos conversations, ça ne fait pas un pli : quantité. Avec combien de personnes avons-nous couché, et si nous sommes en couple, combien de fois couchons-nous ? Nous mesurons notre succès à l'aune d'un barème capitaliste : exit le « PIB du bonheur », tout sera question de gros chiffres.

Bien sûr, coucher avec mille personnes est une merveilleuse manière d'étendre le champ de son imagination, de son appréciation et de ses connaissances anatomiques. À une seule condition : avoir couché avec ces mille personnes… en leur prêtant toute l'attention qu'elles méritent, en leur posant des questions, en s'intéressant à elles. Ce qui demande quand même un certain investissement de temps. Or, au royaume des coups d'un soir, ce temps n'est pas donné. Il n'est souvent même pas envisagé. On s'enorgueillit de ne pas avoir fait connaissance.

Dans de telles conditions, avoir couché avec mille inconnus revient à n'avoir couché avec personne. On aura simplement accumulé les corps sans se poser de questions : c'est de la gymnastique – et encore,

en insultant les gymnastes. On n'amasse aucune connaissance. On n'apprend rien. C'est exactement comme être capable de se nourrir, mais sans jamais rien savourer : une convivialité réduite à de la mastication[1].

Par ailleurs, à chaque changement de partenaire, nous devons plus ou moins réinventer la roue. À quoi sert-il de répéter les trois mêmes pratiques « basiques » (pénétration, fellation, cunnilingus) avec cinquante personnes différentes ? Est-ce que le pénis du voisin va vraiment changer du pénis du mari ? Nos désirs de séparation des sentiments et du sexe apparaissent alors dans toute leur mesquinerie : garder le même contenu sexuel, en changeant les enveloppes.

C'est-à-dire : utiliser des corps différents pour nous dispenser d'être sexuellement créatifs.

On pourrait alors se demander si le détachement émotionnel ne serait pas une stratégie d'évitement qui ne dit pas son nom. Une peur, qui traite les autres de peureux. Une répétition sexuelle, qui traite les autres formes de sexualité de répétitives, tout en oubliant qu'on ne fait jamais l'amour avec une foule, ni avec une moyenne statistique.

---

1. Petite digression : en termes de discours sur la sexualité, nous mastiquons beaucoup. Nous n'aimons rien tant que décrire les va-et-vient, les aspects mécaniques. Imaginez si les critiques culinaires écrivaient leurs chroniques de la manière suivante : « J'engloutis les carottes braisées au gingembre sous quatorze gaillardes pressions des molaires, qui les firent littéralement gicler de saveur jusqu'au fond de ma gorge – ces carottes se souviendront de moi jusqu'à la fin de mon transit intestinal. »)

L'expérience sexuelle accumulée au contact de la masse ne possède qu'un seul intérêt : être mieux armé pour connaître la personne, singulière, au singulier, avec laquelle on interagit à un moment donné.

Cela ne signifie pas qu'il faille se limiter à la monogamie. Le polyamour[1] permet de donner du temps, du lien et du respect à plusieurs partenaires, de manière plus égalitaire qu'avec le libertinage, les orgies et autres déclinaisons mélangistes, échangistes ou frottistes. J'insiste sur le lien : l'attachement, considéré comme une forme de pruderie, est d'autant moins prude qu'il rend irremplaçable – auquel cas on n'a pas besoin de fidélité absolue. Parce qu'il y a du relationnel, on ne peut plus traiter nos partenaires par-dessus la jambe, on ne peut plus prendre son orgasme et sa validation sociale sans rien donner en retour. Le lien nous oblige à la générosité.

L'attachement sentimental permet en outre de sortir de l'obligation hautement sociale (au moins pour les hommes) consistant à remplir un tableau de chasse ou jouer les don Juan. Le tableau de chasse fait de nous des chasseurs ou des proies. Don Juan fait de nous des personnages de fiction, des incarnations, des rôles forcément limitatifs. Face à l'arrogance qui sous-tend l'idéologie de la conquête (« je suis un prédateur »), il ne me semble pas absurde de répondre

1. Comme son nom l'indique, le polyamour est une forme d'attachement permettant de vivre ses amours pour plusieurs personnes, en même temps et en toute transparence (contrairement à l'infidélité).

par une autre arrogance, celle qui refuse de jouer les victimes volontaires pour rassurer les bourreaux (des cœurs).

Refuser cette logique de prédation n'est pas si facile : de nombreuses voix réclament le droit de conquérir. Cependant, lorsqu'on se place au centre de sa propre sexualité, il n'est pas déraisonnable d'exiger une priorité – et par là même d'exiger la qualité. Si on a le malheur de tomber sur un partenaire qui nous explique qu'il a des « besoins », la belle affaire ! Être considéré comme unique est également un besoin, et sans doute un besoin plus légitime.

Nous n'avons pas, notamment en tant que femme, à faire perdurer la conquête parce qu'il faudrait bien « leur laisser ça ». Certains hommes aiment aussi taper leur conjointe ou leurs enfants, arnaquer leurs clients ou harceler leurs voisins : nous n'avons pas à donner aux prédateurs ce qu'ils veulent, sous prétexte que la domination les rassure (qui la domination ne rassurerait-elle pas ?). On n'a pas toujours ce qu'on veut, surtout quand « ce qu'on veut » consiste à réduire l'autre.

Cette idéologie de la conquête, cet attachement au barème des grands nombres, se traduit évidemment dans des contextes non sexuels : la plus longue carte de visite professionnelle, le plus de zéros sur son compte bancaire, le recours à la prostitution, mais aussi le maintenant contre demain, le soi contre les autres.

Y renoncer est terriblement relaxant. Plus besoin de courir dans tous les sens : on peut enfin considérer

sa sexualité comme un refuge, plutôt que comme une bête qu'on poursuit ou qui nous poursuit. On peut enfin exister dans son entièreté (ne parle-t-on pas de « se couper » de ses sentiments ?). On peut enfin sortir de la logique du capitalisme, de l'indifférenciation, de la concurrence, du tous contre tous.

Si j'insiste sur les bénéfices sexuels qu'entraîne l'attachement, c'est parce que l'attention portée au lien privilégié permet une connaissance chirurgicale du corps de l'autre. Nous acceptons le ou la partenaire non seulement dans ses dimensions érotiques et esthétiques, mais dans son intimité la plus profonde : de lui, d'elle, nous avons une connaissance millimétrée. Cela entraîne des rapports sexuels plus efficaces et plus inventifs.

Être traité de manière unique n'est pas (qu')une question de morale : c'est une question pratique.

Si on aime le sexe, on ne peut que dire : moi d'abord. Ou plus précisément : moi, *de préférence*.

Le couple comme espace de permissivité

Vous connaissez l'équation : le sexe aventureux, vibrant, jouissif, dangereux, constitue le prix à sacrifier pour accéder aux bénéfices du partenariat domestique.

C'est soit l'un, soit l'autre.

Au niveau purement logistique, l'« encouplement » permet d'avoir accès à un corps consentant (hors viol conjugal). La plupart des couples partagent le même foyer et le même lit. Sauf erreur d'aiguillage, ils se sont choisis pour tout un éventail de raisons parmi lesquelles se trouve l'attirance sexuelle – dans un cadre contemporain, par exemple si l'on s'est rencontré par une application de rencontre, cette attirance sexuelle peut avoir préexisté aux autres facteurs.

La monogamie permet donc de mettre toute son énergie sexuelle dans la pratique, plutôt que dans la recherche de nouveaux partenaires (ou de nouvelles chambres d'hôtel).

Mais surtout, la relation suivie permet de bâtir une relation de confiance. Sans anxiété ni doutes excessifs, sans devoir en permanence prouver ses compétences. De fait, la ou les premières nuits avec un/e inconnu/e

se résument le plus souvent à un exercice destiné à montrer patte blanche : les folles expérimentations nécessitent la délimitation des zones blanches respectives – et pour peu qu'on lise la presse, l'assurance que le partenaire ne nous découpera pas en morceaux dans une cave.

Les relations suivies permettent de meilleurs rapports sexuels, exactement comme l'entraînement au football permet de marquer plus de buts. Un dixième seulement des femmes ont un orgasme avec un nouveau partenaire, mais les deux tiers y parviendront après quelques nuits passées ensemble : les femmes « forment » leurs partenaires. Mépriser l'aspect relationnel de la sexualité, c'est se couper de nos capacités de progression – par indifférence au plaisir de l'autre, par certitude envers nos propres capacités (espérons que cette certitude soit méritée), ou par un incroyable optimisme voulant que la coordination sexuelle tombe du ciel, sans qu'on ait eu besoin de se parler ou de s'apprendre mutuellement (si nous utilisions la même stratégie pour bâtir des cathédrales ou des immeubles, l'architecture serait certainement une forme très plate d'expression artistique).

Le lien entre progression sexuelle et relation suivie, scientifiquement observé, met évidemment à mal les fantasmes orgiaques : il prouve que la quantité n'est corrélée à aucune expérience, que l'abattage n'est pas compatible avec la virtuosité (sauf à se projeter dans une réalité alternative où pratiquer une activité sans méthode ni attention donnerait des résultats probants).

On ne peut pas prodiguer une jouissance intime dans un cadre où l'on refuse l'intime.

Par ailleurs, quand on connaît les effets de l'anxiété et des doutes sur la libido, ou sur les érections masculines, les bénéfices sont énormes. En l'occurrence, l'affection permet de poser sa vulnérabilité là où elle sera récompensée, acceptée, là où elle nous fera grandir. Précisons : la vulnérabilité, ce n'est pas seulement faire preuve de faiblesse, ruminer les traumatismes du passé ou se vautrer dans ses angoisses. C'est aussi dire : « Quand tu touches, là, quelque chose se passe. »

Et dans le cas des personnes blessées : « Quand tu touches, là, quelque chose peut être guéri. »

Il existe un tronc commun de vulnérabilité à inventer, entre des hommes supposés ne jamais être vulnérables (quitte à passer à côté de possibilités sexuelles considérables) et des femmes supposées être vulnérables tout le temps (quitte à épuiser leurs partenaires).

Il se joue là quelque chose de profondément intime, à renégocier selon les attentes de chacun : l'attachement permet d'exprimer ses failles, et les failles sont précisément ce dont nous avons besoin pour escalader des montagnes.

Certains voudraient faire passer cette confiance pour un luxe, une coquetterie bourgeoise, une option dont on peut se dispenser. Elle serait, à leurs yeux, un cache-sexe posé sur la pruderie. Parlons donc un instant de ses applications concrètes : la confiance permet de se mettre à nu, d'écarter les jambes sans

honte, d'accepter de n'être pas parfait/e, d'éviter les regrets, de raconter ses fantasmes, de demander des actes sexuels spécifiques, de perdre son érection, de récupérer son érection, de se faire pénétrer à des endroits considérés comme sales ou franchement mauvais, de s'abandonner à l'orgasme sans pression, de se faire sentir, goûter et entendre, sans moquerie, sans brusquerie qui ne soit pas consentie, en laissant au vestiaire les doubles standards qui nous compriment : trop délicat ou trop sauvage, trop poilu ou trop glabre, trop expérimenté ou trop innocent…

Si cette petite énumération passe pour prude, on se demande quelle est la définition de la pruderie. Car le danger ne consiste pas seulement à se frotter à d'autres corps : il consiste aussi à offrir son corps plus complètement à une personne qui en sera digne (quelles sont les motivations des personnes qui préfèrent être indignes de confiance, ou qui trouvent cette demande excessive ?).

À mon avis, le couple réunit objectivement les meilleures conditions sexuelles.

Et non, il n'est pas forcément contaminé par le quotidien – sauf quand nous partons perdants et que nous le laissons être contaminé, parce que nous cessons de penser qu'une plus haute idée du couple est possible, et raisonnable, et viable.

L'enlisement n'est pas une conséquence du couple, mais de la manière dont nous « faisons » le couple. Si nous avons du mal à retrouver le désir, c'est parce que nous nous désinvestissons. Si nous avons du mal à nous confier, c'est parce que nous continuons de

considérer que certaines inclinations nous rendront moins « aimables » – manquant ainsi de confiance en l'amour de l'autre. Si nous nous ennuyons parce que l'autre est toujours le/la même, c'est que nous le/la regardons mal, et que nous l'enfermons dans nos préconceptions, en lui déniant son potentiel de réinvention.

L'ennui relève de la prophétie autoréalisatrice : celle-ci n'existe que si nous y croyons, elle n'existe que quand nous devenons nous-mêmes ennuyeux – ce que je ne souhaite à personne.

Au risque de bousculer les évidences, le couple est un système sexuel incroyablement permissif.

Dispersions

Parmi les injonctions de la sexualité pimentée, les fantasmes de sexe de groupe tiennent une place cruciale. Ils sont, statistiquement, parmi les plus répandus au monde – sociologiquement, ils sont normaux. En conséquence de quoi, il est considéré comme une évidence d'avoir envie d'un plan à trois. Les couples quadragénaires qui s'ennuient se voient gentiment suggérer l'échangisme.

Tout cela est formidable. Il n'y a aucune obligation à mettre sa sexualité et ses sentiments au même endroit, ni à mettre tous ces sentiments dans le même panier.

Bien qu'il soit souvent présenté comme innocent, je classerai cependant le fantasme du sexe de groupe parmi ceux qui instrumentalisent les émotions désagréables. En effet, les adeptes de ces pratiques ne mettent pas toujours en avant la seule multiplication des formes de jouissance : ils vantent la dissolution de soi. Les témoignages mentionnent ainsi souvent le désir de « se perdre », ou de se fondre dans la masse, ou d'y disparaître. C'est une option intéressante. Fascinante, même. Mais disparaître, s'engloutir,

s'anéantir, ce n'est pas pour tout le monde. S'oublier constitue une forme de danger autant que de régression. La disparition est une menace, voire un avant-goût de la mort. Il s'agit non seulement de retourner à la matrice, mais d'y perdre une partie de son humanité. Si l'on peut être n'importe qui, alors on n'est plus vraiment soi.

Je comprends qu'on puisse se lasser d'être soi. Mais une fois encore, ce n'est pas une évidence – si nous voulons être traités comme des numéros, il suffit d'aller dans les administrations ou au supermarché. Bien sûr, la proximité symbolique avec la mort peut donner l'impression d'être plus intensément en vie. Certes. Mais à condition de considérer que l'inverse est possible : face à la mort, on peut aussi se promener dans un parc pour regarder les bourgeons.

Il faudrait par ailleurs se demander d'où ces « libérations » proviennent. Quelle génération a glorifié ces pratiques ? Celle qui luttait pour l'accès à tous les corps, tout le temps, sans trop se poser la question du consentement. Qui peut s'offrir le luxe de la déshumanisation ? La génération qui s'est épanouie, enrichie et encanaillée durant les Trente Glorieuses. En outre, de quelle déshumanisation parle-t-on ? Celle de soi, celle des autres – ou celle des femmes, qui seraient bien gentilles de prêter leurs fesses à n'importe qui, sans que ce n'importe qui l'ait mérité ?

L'indignité est un loisir de personne digne.

Jouer à la plèbe, c'est plus facile quand on est riche, et jouer aux esclaves, plus envisageable quand on garde le contrôle.

Au risque de contrarier les stéréotypes, les orgies et autres *backrooms* sont rarement des espaces égalitaires. Au contraire, ils renforcent et mettent en lumière les inégalités.

Il y a ceux qui jouent et ceux qui perdent, et, dans les atmosphères feutrées, suffisamment d'indistinction pour prétendre que les deux soient homogènes.

Le sexe de groupe exige de baisser ses exigences : lors d'une orgie, ou autre partie fine, il y aura toujours des personnes qui nous plairont moins. Personnellement, je ne vois pas pourquoi on devrait s'infliger des personnes qui nous plaisent moins. Sauf si nous voulons nous punir de quelque chose.

Il est parfaitement légitime de vouloir se punir, mais dans ce cas, évitons les discours de libération.

Par ailleurs, le fait d'être interchangeable n'est pas tout à fait compatible (ni tout à fait incompatible) avec le respect. Ce dernier peut-il être indistinct ? À voir.

La même logique s'applique au plan à trois, supposément égalitaire, mais qui peut constituer une pression de couple et hors couple, pesant essentiellement sur les femmes.

Une question simple : par quel miracle les statistiques dénombrent-elles plus d'hommes s'identifiant comme gays que de femmes s'identifiant comme lesbiennes… tout en révélant plus de femmes bi-curieuses ou bisexuelles ? Parmi les lesbiennes, combien se retrouvent donc à coucher avec des hommes « quand même » ? Et parmi les bi-curieuses qui se laisseraient bien tenter par l'amour avec une femme,

quelle est la part d'encouragement social ? On sait que les jeunes filles subissent une forme de dressage homosocial : elles sont dès leur enfance socialisées dans une extrême proximité physique avec les autres filles (se tenir la main, se faire des câlins, s'écrire des déclarations sur le cahier de textes). Même plus tard dans leur trajectoire émotionnelle, les femmes sont poussées à trouver dans leurs amitiés féminines des formes de tendresse censées compenser la froideur de la masculinité traditionnelle. On induit l'idée que le cadre hétérosexuel ne comblera jamais les besoins d'une femme. Le plan à trois serait alors « tout bénéfice » pour un couple.

Cette bienveillance publique envers le plan à trois camoufle en fait une résurgence du fantasme de harem : les femmes sont encouragées à être partagées avec d'autres femmes… mais elles sont aussi censées jouir d'être partagées. Elles sont censées y gagner quelque chose.

Si c'était toujours le cas, ça se saurait.

Cette bi-curiosité « naturelle » des femmes doit être questionnée : certains désirs lesbiens sont sincères (évidemment). D'autres ne le sont pas, et ces derniers sont une forme de violence que les femmes s'infligent pour plaire aux hommes.

Cette violence s'autoentretient quand elle se normalise : parce que beaucoup de femmes acceptent l'idée d'un plan à trois avec une autre femme, leurs partenaires masculins les plus manipulateurs (parfois inconscients de leur manipulation) les mettent sous pression.

Il ne s'agit pas de limiter le champ des possibles, au contraire.

Le triolisme peut être vécu comme un moment extraordinaire (y compris dans des formes suivies, comme ça peut être le cas dans des cadres polyamoureux). Mais il peut constituer une forme d'oppression, ou une stratégie de domination : diviser pour mieux régner.

Les pratiques échangistes sont susceptibles de présenter les mêmes ambivalences. Certains couples tomberont fous amoureux d'autres couples. Certains membres de ces couples « feront un effort » et se sentiront profondément blessés. Le fait de se retrouver en compétition sexuelle implicite avec d'autres peut pousser à subir des rapports non désirés, des pratiques non désirées, ou à taire des douleurs physiques ou émotionnelles. Il ne s'agit absolument pas d'expériences sans risque, comme on aime à le répéter.

Les réserves exprimées ci-dessus n'impliquent nullement une injonction à la stricte monogamie. L'infidélité permet de garder des liens uniques.

Le monde des relations polyamoureuses permet, pour sa part, d'y ajouter le phénomène de « compersion » (qui consiste à se satisfaire du bonheur d'autrui, et à sincèrement être heureux que notre partenaire tisse ailleurs des liens profonds ou superficiels).

Reste, enfin, la monogamie pure et dure : on peut bien sûr décider d'arpenter la face nord de l'Everest. Il paraît que la vue est spectaculaire.

Contemplations

L'énorme désavantage que nous prêtons à l'attachement est l'habituation, supposément incompatible avec les élans du désir. Si c'est quotidien, ça ne peut plus être exceptionnel. Si c'est là, ça ne peut pas nous emmener ailleurs.

Cette habituation prend une forme très concrète, qui permet de préciser la nature du problème (et celle des solutions) : on ne se regarde plus. Tout se passe comme si, à mesure que le plaisir augmentait (parce qu'on se connaît mieux), le désir déclinait.

De fait, le désir constitue un enjeu extraordinairement important : une excellente raison de ne pas jeter l'éponge, de ne pas céder aux renoncements faciles. Évitons d'ailleurs quelques poncifs : la beauté n'est pas une question superficielle. Elle est admirée parce qu'elle est admirable. Elle attire notre attention – elle est faite pour ça. Elle nous coupe le souffle – et donne du cœur à l'ouvrage.

Bien sûr que le corps compte.

Comment célébrer cette beauté sans tomber dans les écueils d'une esthétisation absurde et obsessionnelle, telle qu'on la trouve dans les médias et les

réseaux sociaux ? En rappelant que la beauté est une coproduction. C'est-à-dire qu'elle s'ancre autant dans les corps que dans le regard que nous posons sur ces corps. Par chance, la beauté est suffisamment multiforme pour qu'on puisse la faire advenir : quand elle se cherche, elle se trouve.

Face à une attitude passive, voire consumériste, de la beauté, cette proposition a le mérite de nous rendre notre capacité d'action. Sauf à rejoindre les défaitistes du grand âge ou de la grande laideur, les chantres d'une nature humaine boursouflée et dégoûtante, tout le monde possède des pouvoirs de sublimation. Nous les utilisons tous les jours : en prenant des photos, en grattant les cordes d'une guitare… En fantasmant, même. Cette beauté est contagieuse, elle déborde du cadre, des pixels, des notes ou des mots pour se superposer à nos amants. Trop vieux, trop moche, trop gros ? Attention au « trop » plaqué sur n'importe quel comportement, n'importe quel détail sortant de la norme. À nous de prendre ce « trop » pour ce qu'il est : la marque de l'irréductible unicité de la personne qui partage notre lit.

Une telle conception permet de ne pas faire reposer toute la pression – et tout l'effort, et toute l'énergie, et tout l'investissement financier – sur une enveloppe charnelle qui de toute façon se modifiera avec le temps (je refuse de parler de dégradation). Embrasser la modification de nos partenaires constitue souvent un point de friction – on ne se regarde plus, par indifférence, mais aussi parce qu'on n'aime pas ce qu'on voit, ou qu'on n'aime pas le miroir tendu dans notre

direction. On pourrait pourtant décider de faire l'exact contraire, en laissant de la place au changement. Il paraît plus tenable dans le temps de ne pas considérer la beauté de l'autre comme celle d'une statue de marbre, ou comme acquise. Quoi, on voulait échapper à l'ennui ? Parfait, notre corps change, et notre phobie pour la vieillesse pourra être évacuée avec d'autant plus d'enthousiasme[1].

Ici, notre responsabilité individuelle de « regardants » doit s'opposer aux stratégies agressives de la publicité et de notre environnement culturel. Mais nous sommes capables de résister, de considérer la maturité non comme un délabrement mais comme une précision de ce que nous sommes, comme une mise en relief de plus en plus explicite de notre expérience humaine. La ride et le gras sont-ils autre chose que le très littéral approfondissement de notre corps, qui se sculpte, s'épure avec le temps pour mieux nous correspondre ? Aurions-nous voulu rester cette espèce de baudruche que nous étions bébé, cette surface lisse de notre adolescence, une carapace d'os, de muscles et de chairs intouchées ?

Sans marques, nous sommes une page blanche ; et si elle est blanche, elle est superficielle. Les personnes demandant à leurs partenaires d'être ou de rester des

1. Les femmes notamment font face à un effet épidémique du désespoir : enjointes de consommer du gémissement au même rythme que de l'antiride, elles se découragent mutuellement, quitte à propager elles-mêmes les clichés dont elles sont victimes. La « dégradation » devient alors une prophétie autoréalisatrice.

pages blanches leur demandent de stagner, de flotter dans une stase[1], de limiter leur ampleur vitale : cela en dit plus long sur leur propre regard que sur le corps de l'amant délaissé ou de l'épouse abandonnée.

Face à la tentation de la fuite ou de la haine de soi, la coproduction du désir nous rend notre corps réel, imparfait, bancal, foutraque, plutôt que le corps imaginaire. Cet enjeu est d'autant plus crucial que si l'on se réfère aux représentations culturelles ou médiatiques du moment, force est d'admettre qu'elles portent mal leur nom : en fait, elles ne représentent pas. Face aux pixels et autres retouches, face aux sélections drastiques exercées sur les corps dits présentables, notre peau nous laisse perplexes. Nos sexes, conformes à l'immensité des possibles, deviennent non conformes par rapport au pénis parfait, à la vulve parfaite – nos sexes parfaitement opérationnels, capables de produire les performances attendues, mais que littéralement nous ne reconnaissons plus.

La coproduction du désir permet en outre de sortir des ruminations épuisantes, susceptibles de lasser l'entourage, voire de le convaincre qu'effectivement nous sommes monstrueux, indignes d'amour et remplaçables.

En termes de sexualité, ces complexes ont des conséquences réelles : ils entravent le désir sexuel, mais aussi les réponses physiques de notre corps. Faire la paix crée les conditions d'un confort émotionnel

1. Arrêt, stagnation.

permettant d'accéder au plaisir, et tout simplement de se tourner vers l'autre. Si nous consacrions à l'admiration de notre partenaire la moitié du temps que nous passons à nous regarder nous-mêmes, nous serions surpris des résultats.

Cela induit un relatif renoncement au narcissisme. Pour faire la paix avec son corps, il faut être deux. Pour faire l'amour également.

Ainsi, une coproduction du désir permettrait de nous débarrasser des logiques binaires où la femme est un objet (et passe quatre heures par jour devant son miroir) tandis que l'homme joue les purs spectateurs (quitte à se rendre littéralement indésirable). Regarder vraiment, c'est dépasser les questions de féminité et de masculinité, de jeunesse ou de vieillesse, de minceur ou de grosseur, pour embrasser l'infinie variation de l'humanité. Plutôt rafraîchissant.

Le retour d'Apollon

Si faire l'amour sans envie n'est pas forcément une forme de violence, toutes les études montrent que les femmes sont celles qui subissent le plus souvent les conséquences du manque de désir.

Ce n'est pas un hasard, et le différentiel de désir des couples hétérosexuels perdurera tant que la libido féminine continuera de ressembler à un bateau incapable de rentrer au port – parce qu'il n'y a pas de port. Nous sommes en 2020, le désir féminin n'a pas de maison, peu de vocabulaire, et sa grammaire reste basique. Les lieux de légitimité culturelle comme les musées, les lieux illégitimes comme les publicités ou les vidéos musicales ne lui accordent qu'une place de niche. Ce sont les femmes qui sont nues.

Et pourtant.

Nous aurons beau répéter des milliards de fois que le désir d'une femme consiste à être désirée, ça ne fonctionne pas. Les chiffres sont sans appel. Il faudra bien finir par affronter cette dissonance cognitive : si les femmes désiraient être désirées, et en l'occurrence elles le sont (parfois trop), alors pourquoi n'ont-elles pas tout le temps envie de faire l'amour ? Pourquoi,

au bout d'un an de couple, se détachent-elles déjà de leur partenaire ?

Eh bien, parce qu'elles n'ont aucun support décent où poser leur désir : les hommes ne savent pas le susciter (non qu'ils soient de mauvaise volonté ou stupides, mais parce qu'ils ne disposent pas de techniques érotiques permettant de s'autoérotiser), et les femmes elles-mêmes ne savent pas comment inventer cette culture-là (un homme sexy, c'est quoi ?).

L'invisibilisation érotique des hommes est l'un des plus immenses ratés de la complémentarité imposée : ironiquement, cette fois, ce sont les femmes qui prennent toute la place – exposées partout, tandis que les artistes mâles voient leur œuvre enrichir la culture qu'on appelle commune, et qui est une culture mâle. Nous connaissons mieux le visage de Mona Lisa que celui de Léonard de Vinci. La Grande Odalisque nous expose ses fesses à longueur de posters ou de cartes postales, sans que le commun des mortels (c'est de moi que je parle) sache à quoi ressemblait Ingres. Nous savons que le pubis de *L'Origine du monde* est brun : quelle était la couleur des cheveux de Courbet ?

La prééminence du regard masculin est souvent justifiée par la naturalisation (« les femmes sont naturellement plus belles »), plutôt que par des évidences pratiques (« les femmes n'avaient que rarement accès au rôle d'artiste, et les bonnes mœurs verrouillaient leur production érotique »).

Encore aujourd'hui, nous devons endurer la division sauvage des corps, qui veut que le féminin et le

masculin restent strictement séparés – et que, malgré un corps composé essentiellement des mêmes éléments, il n'y ait là rien de commun, rien de transversal, aucune communication possible.

Cette binarité s'applique à l'appréciation esthétique du corps : le beau pour les femmes, l'indifférencié pour les hommes.

Comme ça. En bloc.

Au risque de heurter les partisans béants d'une supériorité esthétique féminine, affirmer que les femmes sont jolies, en tant que catégorie, c'est exactement comme dire que les Noirs aiment la samba.

Quand on demande pourquoi les femmes seraient plus belles, on se voit opposer une ramification obtuse : les femmes seraient courbes, les hommes seraient droits, et les courbes seraient plus jolies que les droites (ah bon).

Outre que c'est à ce diktat de la courbe qu'on doit l'obligation faite aux femmes de se conformer à une silhouette en sablier, nous réduisons alors leur beauté aux marqueurs sexuels secondaires du féminin – des seins, des fesses, des cuisses, donc du volume, en contraste saisissant avec une génitalité perçue comme creuse (les faiseurs de catégories ont manifestement du mal à décider si « la » femme est un trou ou une sphère).

En outre, pour rendre pleinement désirable l'anatomie masculine, il faudrait renoncer à cette stupéfiante association du rectiligne et du masculin. Il n'y a pas de droites sur le corps des hommes, ou en tout cas pas de droites spécifiques aux hommes (rappelons

que les femmes aussi disposent de tibias, d'angles de la mâchoire ou d'arête du nez).

À vrai dire, si vraiment la courbe incarnait notre idéal de beauté (ce qui demeure hautement contestable), il se trouve que la musculature masculine fait apparaître cette figure géométrique bien plus souvent sur les hommes que sur les femmes. Nos fiers gaillards sont bourrés de renflements, il suffit de les regarder pour s'en rendre compte : pectoraux pour les sportifs, nichons pour les autres, abdominaux, ceintures de graisse, biceps, triceps, quadriceps, côtes apparentes, rotules saillantes, la liste exhaustive trouverait facilement sa place à l'index du dictionnaire anatomique.

Si les hommes se distancient de la courbe, ce n'est nullement par aveuglement, ou par comparaison avec le corps féminin, mais par association de la courbe et de la mollesse – donc du pénis au repos.

L'idée d'hommes au corps rectiligne induit un corps en érection constante. Encore aujourd'hui, le mou comme état naturel du masculin reste un impensé. Quand les hommes dessinent des pénis, ils les dessinent en érection, dans un déni parfait du biologique – y compris quand ils sont enfants et impubères.

Ce corps dur n'est pas confortable, pas tenable, et franchement, pas fréquentable. C'est un corps-bâton aux membres rigides, un os unique, du crâne aux orteils, non articulé. Un squelette qui a raté l'existence de sa peau, de la musculature, de ses cartilages, de ses organes.

Parce que les femmes sont la courbe, l'homme se retrouve assigné à la platitude, et depuis cette étendue plate, on ne voit rien.

Pas de relief, un horizon indifférencié.

On s'ennuie.

Certains hommes prétendent être prêts à récupérer un semblant de verticalité érotique, à embrasser leur dimension d'objet érotique. Mais d'une part ils sont rares, et d'autre part leurs tentatives restent très timides. Le jugement des autres hommes, leurs moqueries, leurs débordements, leur violence rappellent vite les dissidents à l'ordre, faisant de l'expérimentation érotique une activité socialement dangereuse, voire mortelle.

Cependant, la plupart des hommes n'essaient même pas, et sont ébahis qu'en refusant de se montrer désirables, ils ne soient pas désirés. Réexpliquons : si on veut du désir, il faut le susciter, donc s'engager physiquement dans un acte de séduction – et en l'occurrence de séduction passive (qui n'exclut pas la séduction active, ce n'est pas fromage *ou* dessert). Or l'exercice de la séduction passive demeure perçu comme une castration ou une féminisation.

Cette position de réception reste majoritairement exclue, avec véhémence, pour des questions identitaires.

D'où une attitude défensive face à un désir féminin présenté comme défaillant : « Ce n'est pas nous qui ne sommes pas désirables, c'est vous qui ne savez pas désirer. »

Traduction : ces hommes ne sont pas intéressés par le désir féminin. Ils n'en ont pas besoin : les femmes se forcent.

Cette attitude, des deux côtés du couple hétérosexuel (des hommes qui ne font pas d'effort, des femmes qui font l'effort de coucher sans désir), n'est pas compatible avec une vie érotique de longue durée : les femmes se désinvestissent, donc on s'ennuie, et on comble cet ennui avec des émotions désagréables.

Bien sûr, en l'état des lieux, la position d'objet de désir ne ressemble pas à une partie de plaisir. Elle demande du temps, de l'argent, de la contrainte. Elle est répétitive. Et puis, si les femmes souffrent de la pression sociale les engageant à s'embellir, pourquoi les hommes devraient-ils souffrir également ? Si c'est là le prix à payer pour susciter du désir, n'est-il pas trop élevé ?

Commençons par dédramatiser : les femmes qui s'infligent de constantes séances d'épilation, de maquillage et d'amaigrissement le font souvent par narcissisme.

Ne tombons pas non plus dans la caricature : personne ne demande la perfection, personne ne rêve d'un monde peuplé d'apollons autocentrés. Nous sommes d'accord : les conditions d'accès aux pages beauté des magazines sont excessives. Le piédestal sur lequel se tient, magistrale, la féminité est trop étroit pour qu'on y fasse grimper les hommes. Mais si nous en faisons descendre les

femmes, elles pourront être *avec* eux plutôt qu'au-dessus – et les hommes, en relevant leur pouvoir de séduction, se hisseraient dans leur direction. Nous pourrions nous retrouver à mi-distance : moins de pression pour les femmes, plus de pression pour les hommes – un arbitrage raisonnable entre les efforts fournis pour être désirable, et le désir effectivement obtenu.

Rappelons au passage qu'égalité n'est pas synonyme d'identité : les gens ne deviendront pas « tous pareils ». Ils disposeront juste de 7,5 milliards de modèles de beauté plutôt que d'un seul.

En opérant un meilleur partage du désir, nous sortirions de la dichotomie importunées/importuneurs. En effet, ces hommes érotisés permettraient de laisser la libido féminine s'exprimer : en la suscitant, en l'entretenant, en s'en montrant dignes.

Car si regarder est une position d'homme, parfois jusque dans l'outrance (« Je ne peux pas m'empêcher de déshabiller les femmes du regard dans la rue, toutes les femmes, tout le temps[1] »), la réappropriation du scopique est un enjeu de femme. Aujourd'hui encore la plupart des femmes continuent de se priver de regard, parce qu'elles intègrent le regard masculin sur elles, parce que ce regard-là prend toute la place, et/ou parce qu'elles ont intériorisé les théories

1. Ironiquement, notre culture dit qu'une bite n'a pas d'œil, que le pénis est borgne, et que les hommes voient avec leur queue. La multiplicité des métaphores sexuelles nous permet de choisir la version qui nous arrange sur le moment.

psychanalytiques les plus rétrogrades concernant leur rôle de pur objet du désir.

On appelle *spectatoring* cette tendance à ne pouvoir se considérer que de l'extérieur. Ce phénomène perturbe la réponse du corps au désir et au plaisir : à force de serrer les fesses sous prétexte de s'embellir, on se regarde agir au lieu d'agir.

À l'inverse, si les femmes avaient plus d'occasions (et de raisons) de regarder les hommes, elles pourraient s'oublier. Elles jouiraient plus facilement.

Encore faudrait-il que ce regard soit accepté, suscité et bien reçu. Malheureusement, certains hommes punissent les femmes quand elles regardent. Par des noms d'oiseaux ou pire. Il faudrait baisser les yeux. Ces hommes demandent aux femmes d'être sexuellement « généreuses » – c'est-à-dire de les désirer *quand même*.

Il faudrait les désirer dans la force et la vulnérabilité, quand ils se laissent aller, quand ils sont sales. Il faudrait les désirer oublieux et informes, les cheveux gras, coulants, absents, pas trop rasés, dépenaillés, avec des poils leur sortant du nez, des oreilles, bref, « relax ». (La libido féminine aussi est « relax ».)

Ce n'est pas de la masculinité, c'est du manque de respect.

Demander du désir dans des conditions pareilles est une plaisanterie.

Il faudrait que les femmes ne remarquent pas.

Qu'elles passent outre.

Qu'elles jettent leur attention et leur libido au hasard.

Ou, pire encore, qu'elles accordent leur amour juste parce qu'on a été conciliant, ou qu'on a offert des fleurs, comme si on pouvait acheter du désir avec une autre monnaie que le désir.

Dans les faits : une femme « au-dessus » des réalités charnelles élémentaires va aussi être « au-dessus » de sa libido.

Que ceux qui se plaignent des mille rebuffades imposées par les femmes, toujours trop prudes, jamais assez disponibles, se posent la question : suis-je baisable ? Me baiserais-je ?

Si la réponse est non, y remédier.

Les femmes arrivent très bien à remédier.

Et remédier ne suffit pas : encore faudrait-il augmenter. Sublimer.

Impossible de faire un effort ? Très bien. Chacun ses priorités. Il faudra en revanche cesser de se plaindre quand l'absence d'effort entraîne une absence de récompense.

Mâle Éros

Comment créer une érotique masculine ?

Cette révolution viendra des personnes et des représentations.

Du côté des représentations, cela signifie qu'en plus de chanter, peindre, écrire leur amour pour le corps féminin, les artistes hommes auraient beau jeu (à court, moyen, long terme) de s'attaquer à leur propre pouvoir érotique, sans se planquer derrière un quelconque « risque gay » (les artistes femmes ne rechignent pas à peindre des femmes, ni à se mettre elles-mêmes en valeur).

C'est tout aussi vrai pour les artistes femmes, qui dans leur immense majorité ont intériorisé le *male gaze* – elles mettent prioritairement en scène des corps féminins. Il est de notre responsabilité, comme autrices et plasticiennes, mais aussi comme comptables ou boulangères, de dire aux hommes qu'ils sont beaux, de les peindre, de les filmer, de les décrire. Si nous ne produisons pas ces œuvres, en masse, en grand, nous ne convaincrons jamais nos partenaires et camarades, pères et frères, fils et soupirants, de

leur pouvoir érotique[1]. Si 10 % des instagrammeuses photographiaient leur conjoint plutôt que de prendre des selfies, les imaginaires auraient déjà entamé leur décolonisation.

Mais bien sûr, il n'y a pas que les représentations. Les individus devront renoncer à quelques fausses évidences.

Pour commencer, les hommes – majoritaires – doivent cesser de se prétendre incapables d'évaluer la beauté d'autres hommes, parce qu'ils y seraient aveugles (comme si la reconnaissance d'une esthétique mâle allait les rendre non seulement narcissiques, mais homosexuels).

Ensuite, ils devront prendre en charge leur part dans la production de la beauté.

Et pour cela, renoncer aux stratégies d'autosabotage érotique constamment mises en œuvre, comme le refus de la mise en scène de soi (seules les femmes devraient être décorées), le refus d'une séduction passive (séduire passivement est une autre forme d'initiative sexuelle) ou le surinvestissement narcissique de la seule personnalité (aucune excellente conversation ne peut annuler le fait qu'en matière de sexualité, c'est essentiellement avec l'enveloppe charnelle que se produit l'interaction).

---

1. Nous pourrions nous reposer sur la créativité gay (qui est passionnante et de grande qualité), mais 1) ces œuvres ont tendance à être disqualifiées par les hommes hétérosexuels, qui ne se sentent pas concernés, 2) la vision d'un homme gay ne remplace pas la vision d'une femme hétérosexuelle (les imaginaires ne se superposent pas toujours). Par ailleurs : ce n'est pas très gentil de leur laisser tout le boulot.

On ajoutera à cette liste la très pernicieuse célébration de femmes supposément non visuelles (une assomption que l'imagerie cérébrale a mise en pièces depuis longtemps), ainsi que la glorification des femmes « intelligentes », « au-dessus de ça », sous-entendu au-dessus du corps des hommes (mais jamais au-dessus de leur propre corps de femme, Jésus Marie Joseph).

En renonçant à tous ces mythes, les hommes sauront réinventer un pouvoir érotique qui ne serait plus fondé sur l'agression ou l'insistance. Il n'y aurait pas de conquête : la séduction reposerait sur la coopération.

Ces pionniers bénéficieraient conséquemment de la bienveillance de leurs compagnes – et, si tout se passe bien, de leur gratitude. Ce n'est pas à un jeu de massacre que j'invite, au contraire : la condition de la bienveillance est tout simplement qu'on *essaie* de la susciter. Ne pas essayer, c'est dire que les femmes n'en valent pas la peine.

À cet effet, je demande aux hommes non seulement qu'ils se donnent à voir, mais qu'ils se soumettent au jugement esthétique des femmes.

Oui, c'est difficile. L'érotisation de soi est une générosité : sans vulnérabilité, pas de courage possible.

Le lâcher-prise face au jugement est cependant incontournable, parce que l'exercice de l'esprit critique des femmes ne peut pas être considéré comme

un problème : il est une évidence. Il n'y a pas de carte blanche au désir, pas de raccourci.

Nous avons évidemment une opinion sur ce que nous voyons, entendons, sur ce qui est déversé dans l'espace public et privé. Bien sûr qu'une femme remarquera la taille du pénis, les lacunes intellectuelles et les petits défauts : c'est la condition pour remarquer les qualités.

Le désir féminin suscité ne sera jamais inconditionnel, et tant mieux. L'idéalisation, la piédestalisation sont de mauvais services à rendre au désir.

La non-idéalisation permet d'aimer les hommes en entier, de les prendre en entier : les embrasser dans toutes les strates et versions imaginables, en désamputant le désir, en recollant le dedans et le dehors, le corps et l'âme, et l'intelligence, et les projections imaginaires, et les déploiements que le futur rendra possibles, et tout le vécu passé qui a sculpté cette apparence unique et spécifique.

En rendant leur regard aux hommes, nous leur rendrons aussi leur corps : un désir en longueur, largeur, profondeur.

Enfin, sans doute aurez-vous remarqué que je n'entre pas dans les détails des modalités de cette érotisation. Cet oubli est volontaire.

Déjà parce que j'aime être surprise.

Ensuite parce que je souhaite voir émerger l'inverse de l'apparition de codes rigides : illogique, donc, d'en émettre moi-même. L'objectif est la liberté, le fourmillement, l'expérimentation, l'amusement, la

diversité. Je serais désolée de voir les masculinités du futur ressembler aux moules taille unique des héros hollywoodiens, des androgynes romantiques ou des *bad boys*, des stéréotypes ou autres images soignées-glacées des magazines.

Enfin et surtout, je laisse les modalités concrètes de cette transformation aux premiers intéressés, parce que nous autres femmes, créatures désirantes, ne pouvons plus effectuer le boulot des hommes à leur place, superviser l'intime comme c'est déjà le cas dans le partage de l'espace domestique.

C'est une question de charge sexuelle qui répond à la question de la charge mentale : les hommes se sont suffisamment *déchargés* de la production du désir jusqu'à présent.

Face à ce chantier, la seule charge incombant aux femmes consiste à ne pas coucher sans en avoir vraiment envie. Le désir, plus que notre agencement anatomique ou les sex-toys ou la chambre à coucher, est l'outil essentiel dont nous disposons pour engager une vie sexuelle réellement épanouissante.

Sans réclamation radicale du désir, il n'est pas utile de poursuivre la lecture de cet essai – les suggestions pratiques qui y seront déclinées ne peuvent exister dans l'indifférence à l'autre, dans la tiédeur érotique ou, pire, dans le dégoût.

Permettez-moi d'insister : nous ne pouvons pas lâcher sur ce point. Renoncer au désir, c'est renoncer à tout le reste.

Autour du regard

Tout occupés que nous sommes à considérer la sexualité comme prioritairement une affaire de conquête d'orifices, nous en venons à oublier que dans le trou on ne voit rien, que, des *backrooms* aux bandeaux, des ambiances feutrées aux lumières éteintes des chambres à coucher, nous nous heurtons constamment à une érotique de l'aveuglement.

Les savants parlent des délices du voilé-dévoilé, des extases de la frustration, de l'invisible comme condition du désir.

Ce paradigme implique des conséquences que nous sommes censés accepter sans les questionner. Par exemple, que la frustration soit une bonne chose. Par exemple, que nos corps soient si problématiques que leur révélation, dans toute leur nudité, casserait le désir. Par exemple, qu'il faille des contraintes physiques (la suppression totale ou partielle d'un sens) pour mieux jouir.

Je propose au contraire de rendre sa place à cette forme d'échange – à l'embrassement par le regard, à la consommation par le regard.

Nos timidités sont bien sûr compréhensibles. Elles permettent des jeux sexuels intéressants. On peut

jouir de se perdre dans le noir, de se perdre dans le corps de l'autre.

Reste que la honte et la culpabilité sont des émotions désagréables, sans parler des conséquences pratiques de l'aveuglement sur notre gestuelle (quand on ne voit pas ce qu'on fait, quand on se crispe, des pratiques sexuelles parfaitement indolores peuvent devenir douloureuses).

Nous sommes dignes d'être regardés parce que, dans notre nudité, non pas seulement épidermique mais aussi émotionnelle, nous sommes aimables.

Nous sommes également suffisants, et passionnants. Inutile de nous recouvrir, de constamment jouer de reculades et de pas en arrière (sauf si ça nous amuse).

Nous pouvons nous offrir le luxe d'être frontaux – et nous offrir tout court. Il ne s'agit pas d'un rêve de transparence où nous n'aurions rien à cacher : il s'agit au contraire de l'absolue certitude qu'en nous demeurera toujours quelque chose de caché, parce que nous sommes plus que nos corps, et parce que nos corps eux-mêmes sont parsemés de mystères, de contradictions, de traces du passé, des sursauts de notre inconscient.

Enfin, j'aimerais avancer l'idée que l'impossibilité de « faire le tour » d'une personne constitue l'une des raisons essentielles pour lesquelles nous désirons être regardés : nous aimerions, enfin, être vus. Et nous savons intuitivement que nous ne serons jamais, réellement, vus.

Parce que nous ne sommes pas réductibles à notre peau, nous pouvons la donner en toute simplicité.

Bien sûr, nous ne possédons qu'un seul corps. Mais il existe mille manières de l'admirer.

Corps complexes

Quand nous pensons à notre corps, les individus profondément visuels que nous sommes ont tendance à se focaliser sur l'épiderme (et je ne vous jetterai pas la pierre : c'est ce que je viens de faire pendant quatre chapitres).

Cependant, pour créer une culture sexuelle complète, il importe justement de compléter cette « vision » – de lui faire prendre de l'ampleur.

Pour commencer, ce corps n'existe pas en autonomie, et la prolifération des réseaux sociaux, des expositions et des médias nous pousse à une comparaison permanente. Elle prend des formes différentes selon le genre : corps athlétique (pour les hommes) ou éthéré (pour les femmes). Cette comparaison ne s'effectue pas entre pairs, mais avec les personnes appartenant au groupe perçu comme supérieur (les copines plus belles, les stars, les modèles). C'est un biais cognitif classique, mais qui nous réduit, et dont nous pouvons nous débarrasser.

Sexuellement, si nous voulions être justes envers nous-mêmes, nous devrions nous comparer aux morts : plus que les moches, les gros ou les invalides,

ce sont les morts qui n'ont pas accès au sexe. Si vous êtes en capacité de lire ces lignes, si vous respirez, vous êtes qualifié/e pour le sexe.

Le corps qui va interagir sexuellement est vivant. Il nous donne « l'impression d'être intensément en vie », selon la formule consacrée : un cliché, mais aussi une réalité fondamentale (quoi que les adeptes de la pulsion de mort en pensent).

À ce titre, le corps sexuel mérite notre gratitude, et mérite de voir sa capacité d'action étendue au-delà d'attentes finalement très circonscrites.

Ce corps peut jouir du sexe sans partenaires, et ce n'est pas une option misérable du tout.

Ce corps peut jouir du plaisir des autres, même à distance.

Il peut jouir de donner du plaisir – et d'exercer ses compétences en plaisir.

Il peut jouir en dormant.

La vision esthétique du corps, quoique socialement cruciale, peut en effet créer un surinvestissement de la peau contre le nerf – or c'est le nerf qui donne du plaisir. En l'occurrence, nous n'avons pas à choisir entre le voir et l'agir, seulement à nous saisir de tout le spectre des possibles. C'est-à-dire prendre toute la place, au lieu de nous tasser dans des standards étroits.

Ce corps sexuel s'apprécie par les cinq sens : il se regarde, se touche, se sent, s'entend et se goûte[1]. La

1. Or nous savons à quel point la symbolique de l'oralité impacte notre érotique : dévoration mutuelle, baisers, fantasmes d'engloutissement, métaphores culinaires, sexe savouré, etc.

focalisation sur le ressenti permet de sortir des tentations spectatoristes. Cet outil permet en effet de bloquer les pensées négatives (« je suis moche et indésirable ») pour concentrer notre attention ailleurs.

Le corps dépasse sa simple dimension anatomique. Il s'augmente par des ornementations (bijoux, vêtements, tatouages, piercings), mais aussi par des objets de type cyborg (lunettes, montres, smartphones, implants). Nous ne sommes pas « plus vrais » ou « plus authentiques » quand nous sommes désornementés : nous naissons nus, mais nous grandissons habillés, et ces objets font partie de nous (on peut parfaitement utiliser une machine ou une poupée pour se connecter à sa propre humanité).

Cela fonctionne même avec la lumière : notre corps n'est pas un bloc dont il n'existerait qu'une seule réalité. Sur Internet, il existe un grand nombre de vidéos qui démontrent comment un simple projecteur, orienté différemment, nous fait changer de visage. Nous ne sommes jamais les mêmes, de jour en jour, de minute en minute. Si nous nous ennuyons, si nous voyons toujours la même chose et que nous commençons à nous désintéresser de nos partenaires, c'est parce que nous cessons de faire attention. Le regard est une compétence. Elle s'acquiert, et s'entretient.

Par ailleurs, la manière dont nous voyons les corps est culturelle. Une personne très religieuse du Moyen Âge se serait considérée comme un sac immonde d'organes : elle aurait teinté son désir sexuel de répulsion. Un millénaire plus tôt, les disciples de Platon auraient affirmé qu'un beau corps est le signe d'une

belle personne : ils auraient projeté des valeurs sur l'apparence. Nous-mêmes avons tendance à nous adonner à d'autres formes de projection : nous associons beauté et santé (désolée : de nouvelles études montrent que les femmes ne sont pas plus attirantes parce qu'elles sont en bonne santé[1]).

Conséquemment, nous ne voyons pas les mêmes corps qu'il y a cinq mille, cinq cents ou cinquante ans. Notre émotion érotique est différente – elle est unique. Le corps n'est pas tant une donnée physique qu'émotionnelle et intellectuelle. Le corps est une chimère mêlant le regardant, le regardé et la culture.

Selon vos intérêts, peut-être inclurez-vous dans votre jugement esthétique des concepts comme l'index de masse corporelle, la circulation sanguine ou la fibre musculaire (je donne ces exemples parce que nous sommes obsédés par la santé, mais j'aurais pu utiliser la ressemblance avec des célébrités, la comparaison avec des œuvres d'art, les métaphores culinaires telles que « la peau crémeuse », etc.).

D'autres cultures auraient comparé le même corps avec des représentations divines ou animales.

Dans quelques années, le *mapping* et la réalité augmentée nous permettront (nous permettent déjà,

1. Au passage : selon les mêmes études et contrairement à nos idées reçues, nous ne trouvons pas non plus les femmes plus belles quand elles sont plus féminines. Ce que nous pensions avoir appris de la psychologie évolutionnaire doit toujours être replacé dans l'histoire des avancées scientifiques, donc pris avec des pincettes.

soit dit en passant) de modifier l'apparence de nos amants. Il est parfaitement possible que nous vivions les dernières heures d'une sexualité non augmentée, permettant un investissement contemplatif en passe de devenir obsolète. À ce titre, la lassitude dont nous nous plaignons aujourd'hui est une denrée qui pourrait bien être perdue dans cinq ou dix ans – de la même manière que, sans y prêter attention, nous avons perdu les plages d'ennui auxquelles nous étions habitués dans les files d'attente ou le métro.

Ce partenaire dont on connaît chaque recoin « par cœur », on le regrettera.

Et même sans casque virtuel ni usages technologiques : rien qu'en vieillissant, rien qu'en laissant passer les jours, nous regretterons cette version-là de cette personne-là.

Le corps, enfin, outre les considérations charnelles, se dépasse. Il est constamment, inconsciemment, dépassé : nos partenaires constituent des canevas sur lesquels nous projetons des concepts, des intentions, des souvenirs, d'autres personnes parfois.

Nous désirons au-delà de l'autre – en dépit et avec tout l'amour du monde. Nous aimons cette personne pour ce qu'elle est, et pour ce que nous y déposons – la comparaison avec d'anciens amants, la placidité d'un lac, l'os du bassin qui dépasse de manière incongrue. Cette densification du corps, la multiplication des affects dont nous l'enrichissons sont parfois présentées comme de petites formes de trahisons. Elles permettent, au contraire, un désir qui s'écrit au pluriel.

N'en déplaise aux amoureux tristes, l'autre va continuer de nous échapper, exactement comme nous nous échappons à nous-mêmes.

La distance nécessaire au désir n'est pas tant une question de pas en arrière que de multiplication des approches : plutôt que de jouer sur la frustration, la rétention de soi, les mascarades du mystère (« il ne faut pas trop se dévoiler »), nous pourrions apprendre à décliner notre désir sous des angles tellement variés que ces entrechats ne serviraient plus à rien.

À trois conditions : 1) faire confiance à notre imagination (et renouveler notre univers fantasmatique), 2) offrir l'espace dont l'autre a besoin pour changer, 3) prendre nous-mêmes cet espace, et nous autoriser le changement.

Le couple cesse alors d'être une prison pour permettre l'absolue fluidité.

Ce projet est politique, subversif : si nous reprenons en main notre regard, si nous faisons du regard une composante *active* de notre existence, alors nous cessons d'être paresseux, d'attendre que le désir tombe du ciel. Auquel cas on ne s'ennuie plus. La contemplation nous fait tomber dans un puits sans fond. Elle nous fait échapper au fatalisme, à la routine, au désenchantement. Elle brise la prophétie autoréalisatrice voulant que le désir, « ça ne tient pas ».

Pour le dire clairement : nous n'avons encore rien vu.

Le sexe en paix

Nous avons regardé notre corps différemment. Notre partenaire, différemment.

Comment déconstruire sa sexualité – et la reconstruire ?

Ce n'est pas comme si l'on pouvait, en claquant des doigts, s'acculturer ou prétendre exister hors contexte. Le vocabulaire, la grammaire structurent notre imaginaire. En ce qui concerne notre génitalité, cet héritage est essentiellement négatif. Reconnaissons-lui cependant une diversité incroyable de mots et de métaphores : de quoi bricoler, couturer, sampler, moquer, détourner, recomposer.

Il faut de toute façon *faire avec* : le passé n'est pas remplaçable (et ce remplacement ne serait pas souhaitable). Les processus de reprise de pouvoir demandent non pas un évitement mais une confrontation.

Le sexe féminin est associé à l'obscurité (le continent noir), à l'humide, aux fruits de mer mais aussi aux fruits de terre (pêche, abricot), au sucré (bonbons et berlingots), aux fleurs, aux écoulements, à la chaleur, à la douceur, aux labyrinthes et mille-feuilles,

à la viande, aux lieux de passage, à la bestialité féline, et on pourrait continuer longtemps la liste.

Le sexe masculin est associé à l'architecture, au courage, aux légumes, au bois, aux armes, à l'univers de la mécanique, à la conquête, au grotesque, à la potacherie, à la compétition, etc.

Si large que soit cet imaginaire, il nous trahit.

Le gland du sexe masculin laisse perler du liquide séminal pendant la période d'excitation : il mouille. Le pénis débande : il n'est plus érigé, il trompe ses ambitions d'obélisque. Il retombe : est-ce une lâcheté, un manque de vaillance ?

Accompagnée de tous ces codes sémantiques, une débandade n'est jamais juste une débandade. On aimerait pourtant qu'elle puisse l'être : cela nous reposerait.

Quant à la vulve du sexe féminin, elle révèle sous la douche des muqueuses aux textures quasiment plastiques. Froides. En état d'excitation elle se gonfle, change de couleur. Si elle était aussi fragile qu'on le laisse entendre, pourquoi craint-on toujours qu'elle ait des dents ?

Impossible de reconquérir une certaine innocence, impossible de sortir des rapports figés de pouvoir, sans questionner aussi le « foutre ». Le sperme masculin n'est pas un déchet, n'est pas une immondice qu'on crache à la gueule des femmes, n'est pas un outil de marquage de territoire comme un chien pisserait sur son carré de jardin[1]. Il peut aussi être

1. Si vous utilisez votre sperme pour marquer votre territoire, je suis au regret de vous informer qu'il part à l'eau, même sans savon.

une offrande. Quand un homme jouit, il pourrait dire « C'est pour toi » ou « Je t'adore », plutôt que « Prends ça, salope ».

Nous choisissons presque toujours la pire option.

Quitte à teinter notre imaginaire.

Quitte à oublier que ce n'est pas la seule option.

Accepter son sexe avec sérénité, c'est pouvoir considérer la masse intimidante de ces stéréotypes, et ne pas les laisser phagocyter notre espace mental. Puisque nous ne les ferons pas disparaître, nous pourrons en rire, les enrichir, les renégocier, choisir d'autres métaphores.

Cette réappropriation des mots et des imaginaires est une réappopriation des corps.

Il s'agit d'un processus intime, non externalisable. Les influenceurs, les célébrités, les experts, le mouvement *body positive* ne peuvent pas effectuer le boulot de la manière chirurgicale qui convient à des vécus uniques. Nous ne pouvons pas dissoudre nos sexes dans la masse. Se réapproprier sa vulve, son pénis, ses seins, n'est pas une expérience directement transmissible. Si on nous dit comment faire, si on nous prend par la main, nous risquons de nous retrouver dans le sexe d'un ou d'une autre.

Certains auront besoin d'une vision purement anatomique et désinvestie des organes.

D'autres créeront leurs propres codes, en ne se refusant aucune fantaisie. Si vous décidez que votre pénis est un alien, pourquoi pas. Si vos seins vous rappellent les collines de votre enfance, parfait. Si votre anus évoque une méduse, amen. Les comparaisons

hasardeuses ne sont bizarres qu'avant de passer le cap des habitudes : nous parlons ainsi sans problème de complexes du homard, de vibrateurs appelés « lapin » ou d'anulingus rebaptisés « feuilles de rose ».

Ces réappropriations s'ajouteront à notre héritage, avec la satisfaction de savoir que nous ajoutons à la culture, et ne retranchons rien.

Les miroirs du plaisir

Faire la paix avec son sexe permet de faire la paix avec son corps réel, dans son potentiel de plaisir réel – et transgressif.

Ce n'est pas un corps aspirationnel, ou normé. Ce n'est pas un corps qui se coule dans des rôles.

Quelques exemples : le corps des hommes peut être pénétré, par l'anus. Leur pénis peut être sexuellement pénétré, par l'urètre. Leurs seins peuvent pousser et, sous certaines circonstances (décrites par la littérature médicale), allaiter[1]. Il ne s'agit pas de choquer en normalisant des pratiques rares (d'ailleurs, la pénétration des hommes par l'anus n'est pas rare) : c'est la réalité du corps, et cette réalité-là fait apparaître les frontières que nous avons posées sur l'exploitation de notre potentiel de plaisir. Nous avons collectivement décidé de ne pas utiliser le corps des hommes dans son entier. Nous l'avons amputé, exactement comme nous avons excisé culturellement les clitoris.

1. Les cas sont extrêmement rares mais, quoi qu'en disent les censeurs, un téton est un téton.

La liberté d'utiliser notre corps réel, avec son potentiel réel, nous est encore déniée.

Ce n'est jamais le bon corps, la bonne peau, les nerfs performants, les hormones bien balancées. Les pénis nous semblent trop flaccides, les seins trop coulants, les rides trop ridées. Nos représentations de la sexualité donnent l'impression que l'accès au plaisir sexuel se mérite par la jeunesse ou la performance : ces conceptions ne nous laissent aucune chance. Elles ne prennent pas en compte notre anatomie. Elles sont arbitraires et excluantes.

Notre corps aspirationnel est minuscule et monolithique (Mars, Vénus, un pénis, un trou), tandis que notre corps réel est vaste.

De fait, pour atteindre l'orgasme, il n'est pas nécessaire d'engager le corps entier. Nous pouvons nous contenter de stimulations mécaniques : ça marche très bien.

Mais on sait, par des recherches portant sur des cohortes de milliers d'individus, qu'un empilement de pratiques diverses augmente drastiquement les chances qu'une femme ait un orgasme. Plus le répertoire est large, mieux la sexualité se porte. Environ 9 femmes sur 10 jouissent si on cumule baisers, stimulation du clitoris et stimulation vaginale. Si on part du principe que les baisers démontrent des sentiments ou au moins de l'attention, alors la jouissance atteint son sommet quand une femme est touchée intérieurement, extérieurement et émotionnellement.

Quand on parle de plaisir, il n'y a aucune étanchéité entre le corps et l'esprit, entre le dedans et le

dehors. Il n'y a aucune compartimentalisation qui tienne.

Ce corps réel, nous persistons à le démembrer : en valorisant les coups d'un soir, on supprime les émotions, et régulièrement on se débarrasse du clitoris. En plaçant toujours le pénis au centre, on oublie d'utiliser ses doigts. En parlant de membre, on oublie le pénis réel (selon le Larousse, les membres sont disposés par paires servant à la locomotion et parfois à la préhension, ce qui exclut à la fois le pénis et les testicules).

J'aimerais insister sur ce point : malgré notre hallucination collective à ce sujet, le pénis réel est flaccide. Même si un homme arborait une érection pendant une heure chaque jour (toutes mes condoléances), son pénis serait toujours à 95 % flaccide (et même à 95,16 %). Il est donc temps de représenter les pénis, dans les toilettes et dans nos têtes, comme ils le sont dans la peinture classique et dans vos canapés : au repos.

Conséquemment, débander n'est pas un drame mais un retour au réel. Si vous êtes une personne possédant un pénis : vous n'assurez pas quand vous êtes en érection, vous assurez quand vous êtes flaccide (mais peut-être vous *rassurez-vous* en érection).

On pourrait bien sûr arguer que la nature humaine (et pas uniquement masculine) consiste justement à échapper au réel. Soit. Mais la sexualité n'est aspirationnelle que dans nos fantasmes ou sur nos écrans : il faudra bien, dans le réel, composer avec le réel. Nous en serons d'ailleurs récompensés. Les érections interminables ne servent à rien. Les érections trop grosses font mal. Un pénis qui débande permet la grâce de

l'érection[1], qui passe (dans le corps ou les mains de ses partenaires) et repasse (dans le temps).

Les pénis qui ne débandent pas sont utilisés comme armes de guerre.

Les pénis conquérants produisent ce que produisent les conquêtes : de la douleur (et éventuellement, quand ça marche, quand l'empire ne s'écroule pas en cinq minutes ou deux générations, de la gloriole).

Les pénis indébandables sont évidemment remplaçables par des godemichets.

Les pénis qui ne débandent pas sont morts.

Un pénis de taille normale tient dans une main, ce qui permet d'utiliser la deuxième pour autre chose.

Un pénis normal ne déchire pas les muqueuses de son amant, ou de son amante.

La prostate permet de stimuler le pénis de l'intérieur : ça aussi, c'est le vrai pénis, appartenant au vrai corps.

Les femmes ont des érections : ça aussi, c'est le vrai corps.

Il y a urgence à nous rassembler, d'un bloc : sans découpler la prostate et le pénis, le clitoris et le vagin, les seins et les fesses, dans des oppositions absurdes. Faire l'amour ne se résume pas à un coulissement ou à des plaquages d'imaginaires sur des situations concrètes : il faut retourner au réel, en acceptant d'apprendre de lui. Sans demander à tout contrôler. Sans catégoriser. Sans nous rassurer, en somme. Ne voulions-nous pas prendre des risques ?

---

1. Lire absolument, à ce sujet, l'autrice suisse Barbara Polla et son *Éloge de l'érection* (Le Bord de l'Eau, 2016).

Mars et Vénus : la fin d'un exil

Il ne me semble pas que quiconque ait essayé, mais à ma connaissance et selon la littérature scientifique disponible, pour l'instant, il est impossible de faire l'amour à des astres flottant dans le ciel.

Or de Mars et Vénus, on ne sort pas, ou péniblement[1].

Ces stéréotypes ne sont pas seulement liés au genre, mais aux pratiques de désir et de plaisir.

Le symbole féminin que nous connaissons (♀) est, ironiquement, emprunté à Vénus. Une déesse puissante, certes, incarnant la civilisation, certes, mais aussi et principalement l'amour et la beauté. Être une femme se limiterait alors à faire joli, aimer et être aimée[2]. Les hommes ne sont pas mieux lotis avec Mars, dieu de la guerre et de la violence – qui aurait

---

1. *Les hommes viennent de Mars, les femmes viennent de Vénus* est un best-seller de John Gray, paru en 1992, dont les fondamentaux feraient plutôt sourire aujourd'hui.

2. Cela dit, et pour faire bonne mesure, nous pouvons aussi nous référer à sa naissance : Vénus serait née de l'émasculation de son père Ouranos… et le cliché de la femme coupeuse de pénis ne sort pas de la cuisse de Jupiter.

été élevé, ça ne s'invente pas, par Priape. Son surnom signifie « chargé, rempli, lourd, fécond[1] ».

Selon certaines versions de ces mythes, les enfants que Vénus et Mars conçoivent ensemble (malgré le fait que ces dieux soient frère et sœur) sont Deimos et Phobos, c'est-à-dire la Terreur et la Crainte.

Les identités meurtrières ne s'arrêtent pas là, puisque les deux planètes se trouvent chacune d'un côté de la Terre dans le Système solaire...

Si on pousse la logique jusqu'au bout, l'espèce humaine se trouve au milieu de ces deux pôles – mais à lointaine distance.

Ces femmes aimantes et ces hommes violents, comme catégories, ne laissent pas de place à l'individu. Ces codes culturels induisent pourtant des conséquences concrètes : sous la carte, le territoire disparaît. Les amants deviennent littéralement aveugles à l'autre, parce qu'ils attendent certains comportements au lieu de se laisser surprendre.

Mars et Vénus font de mauvais amants, qui arrivent en territoire conquis.

Mars et Vénus nous empêchent de faire preuve d'empathie, parce que l'autre n'opérerait pas sur la même base que nous (rappel : les organes sexuels masculins et féminins se forment chez l'embryon depuis une base commune).

Mais surtout, il faut se demander à qui profitent les stéréotypes. Il y a un intérêt à rendre l'autre cryptique : si on cesse de considérer la moitié de la

1. Merci Wikipédia.

population comme compréhensible, nous voici tous ignorants. Cette ignorance donne du pouvoir aux « décrypteurs », qui sont nombreux[1].

Pourtant, en sexualité, nous n'avons pas besoin de décrypteurs, tout simplement parce que le sexe constitue une forme de communication. Il n'y a rien de mystérieux. Il n'existe aucun savoir mystique supérieur. Si nous avons des doutes ou des lacunes, nous pouvons faire des expériences ou poser des questions.

Face à cette inexploitable simplicité, les exploiteurs sont contrariés. C'est pourquoi certains tentent de rendre la sexualité obscure.

Plus précisément, les femmes seront artificiellement « obscurcies ». Elles seraient le continent noir, elles n'existeraient pas « vraiment » (« sur le plan symbolique »), elles seraient un trou, elles seraient autres, leur sexe serait invisible, et cette invisibilité se transmettrait à tout le champ du sexuel (par contagion du néant, j'imagine).

Si je peux me permettre : pour voir un sexe de femme, c'est facile, il faut juste que la partenaire soit nue et écarte les jambes.

Si vous n'arrivez pas à voir les lèvres, le pubis, le clitoris, le périnée et l'anus, il est temps de rendre visite à l'ophtalmo.

---

1. Ainsi, les religions du Livre – celles qui reposent sur un clergé – sont apparues dans des sociétés analphabètes. Autres exemples : nous sommes soumis aux machines, parce que nous ne codons pas. Nous sommes vulnérables devant les technocrates, parce que la loi est opaque.

Par ailleurs, le sexe masculin est partiellement interne, notamment les vésicules séminales (qui produisent une partie du sperme), la prostate (pour les super-orgasmes) ou encore les glandes de Cowper (qui produisent le liquide prééjaculatoire).

L'altérité Mars-Vénus, homme-femme, qui sous-tend notre système de représentation, crée ainsi des blocages sexuels profonds. En oubliant que les genres se situent sur un continuum profondément transgenre, le sexe féminin perd son extériorité, le sexe masculin perd son intériorité. Le champ des possibles érotique s'en trouve considérablement réduit. Pire encore, nous sommes d'une maladresse terrible (que nous attribuons à l'opacité, alimentant ainsi la boucle).

Avec Mars et Vénus, nous abordons le corps de l'autre avec la mauvaise carte routière – ou spatiale. Pas étonnant qu'on ait du mal à arriver où que ce soit.

Deux contre l'infini

Parmi les idées qui nous savonnent la pente, l'androgyne cher à Platon induit une complémentarité « naturelle » entre hommes et femmes. Si le mythe paraît sympathique, ses conséquences ne le sont pas. D'ailleurs l'androgyne, symbole de la conciliation des sexes, s'écrit au masculin.

Cette charmante idée de complémentarité crée de toutes pièces le sentiment d'incomplétude (« il me manque quelque chose, et tout est dépeuplé »). Elle est une prophétie autoréalisatrice.

Parce qu'elle affirme que nous devrions vouloir quelque chose qui nous dépasse, que nous ne sommes que des moitiés, elle ordonne le manque.

Parce qu'elle est fondée sur la démarcation Mars/Vénus, elle n'est pas franchement gay-friendly, trans-friendly ou queer-friendly.

Par ailleurs, la prétendue complémentarité camoufle une énormité : ce que nous considérons comme la normalité sexuelle, c'est le masculin. Nous définissons par exemple la libido masculine comme la norme : les femmes ne « désireraient pas assez », elles « n'auraient

pas de pulsions ». Il manque la seconde partie de la phrase : « par comparaison avec les hommes »...

Le masculin n'est pas neutre. Mais aussi, le masculin n'est même pas masculin. Il connaît mal son corps. Il n'est pas tenable, même et surtout pour les hommes.

Comment s'envisager hétérosexuel si la normalité est masculine ? Quand les codes nous empêchent de communiquer, il faut changer de codes – plutôt que de renoncer à la communication.

Plus on incarne son sexe, plus on se replie dans cette petitesse.

Plus on embrasse sa féminité ou sa masculinité, moins la rencontre est possible – puisque l'autre de toute façon ne nous comprendra jamais.

Le genre est un renoncement au dialogue. Il ne permet même pas un dialogue avec soi-même, qui réconcilierait les différentes couches de nos propres contradictions.

La complémentarité est une invention. Elle n'est pas naturelle. La contester ne constitue pas une atteinte à la réalité. Un homme et une femme ne sont pas plus complémentaires qu'un homme et un homme, un homme et une vaginette, une femme et un robot... Par ailleurs, on n'a pas toujours envie de complémentarité, parce qu'on se porte très bien de manière autonome.

Proposons une prémisse alternative : plutôt que de partir du principe que nous sommes incomplets, partons du principe que nous sommes intègres – mais

pas étanches : nous sommes poreux au monde, à la météo, aux émotions des autres, aux plantes, etc.

Parce que nous sommes pleins et complets, nous pouvons nous débarrasser des dualités pénétrant/pénétré, actif/passif, hétérosexuel/homosexuel, homme/femme et même victime/coupable (nous sommes allés jusqu'au bout d'une logique sinusoïdale où il faudrait être noir ou blanc).

Deux options, objectivement, c'est nul. Étroit. Mesquin.

Surtout quand ces assignations sont tellement saturées d'obligations qu'il ne reste aucune place ni pour l'individu comme irréductible, incorruptible, insouillé, ni pour l'individu comme capable d'émancipation.

Si de plus en plus de jeunes gens se définissent comme transgenres, au point qu'on puisse parler d'une épidémie, c'est bien que les genres font un sale boulot.

Nous valons mieux que ça.

L'anatomie se dépasse, se subvertit, se recompose, s'ignore.

La surenchère perpétuelle du féminin et du masculin, la confrontation systématique des genres sont non seulement une sottise mais un épuisement.

Contrairement à ce que les fatalistes voudraient nous faire penser (et surtout faire advenir), rien ne s'oppose à ce que nous sortions du binaire.

Nous sommes sortis des grottes, notre cerveau peut penser le multiple. (Mieux vaut tard que jamais.)

Depuis la sortie de ces grottes, nous avons inventé des formes de disharmonie musicale et les improvisations du jazz. En peinture nous célébrons le cubisme, l'abstraction, le détail perturbant. Notre architecture contemporaine est bourrée d'asymétries. Nous adorons les mouvements fragmentés du ballet contemporain : comment la cassure révèle la beauté, comment nous pouvons être caressés dans la discontinuité.

Même Ikea vend des tasses qui ne tiennent pas droit.

Le problème, c'est que nous confondons la hiérarchie avec la solidité.

Nous confondons la structure avec la verticalité.

Si nous avons des mots différents, c'est bien que nous pouvons nous mouvoir autour de ces nuances.

Une nouvelle libération sexuelle est nécessaire. Celle de Mai 68 n'a pas eu lieu : s'il s'agissait de libérer les femmes des angoisses de l'enfantement pour continuer à leur infliger des rapports sexuels médiocres, s'il s'agissait d'interdire d'interdire pour le plaisir de transgresser, si on pensait tout subvertir mais qu'on a gardé une énormité aussi balourde que le genre, alors on n'a rien libéré. On a juste une contraception qui fonctionne mieux qu'avant. Mais cela est affaire de reproduction, pas de sexe.

Or, en sexe, rien n'a changé.

Nous mettons juste des pénis dans plus de vagins, d'anus et de bouches.

La bonne nouvelle, c'est que la sortie des logiques binaires n'est pas une abstraction qui viendrait d'obscures autorités académiques. Nos jeunes, quand ils

ne tombent pas au fond du trou pornographique (ou peut-être justement parce qu'ils y sont tombés tôt et en ressortent encore plus vite), s'inventent trans ou bisexuels, polyamoureux, pansexuels, cyborgs. Armés de sex-toys, ils sont en train d'ériger la masturbation au rang d'art. Ils peuvent s'identifier comme non binaires, mais aussi comme éléments, animaux, avatars, gnomes ou elfes, minéraux ou végétaux.

On aurait beau jeu de mettre cela sur le dos de la crise d'adolescence : il n'est pas plus absurde de vouloir être un caillou que de vouloir être une femme. D'ailleurs, même si elle existe depuis suffisamment longtemps pour que nous soyons habitués à ses absurdités, la mascarade de la féminité est bien plus compliquée à mettre en œuvre que la minéralité.

Ne parlons même pas de la masculinité, qu'il faut remettre en jeu tous les jours : non seulement il est presque impossible d'être un vrai bonhomme, mais le rester constitue un sacerdoce.

Face à la condescendance des adultes (« Ah, ces garçons qui mettent de l'eye-liner »), qu'on songe à nos propres adolescences : combien de fois avons-nous entendu les garçons dire qu'ils préféraient la compagnie des filles (« pour avoir de vraies conversations ») ou les filles se vanter d'être des garçons manqués ?

Le monde binaire est en plein écroulement, malgré une propagande pro-hétérosexualité, pro-couple monogame, pro-genre, plus intense que jamais (insérez ici vos recommandations parentales préférées, vos séries et chanteurs à succès, et votre

bienveillance sanitaire, clamant d'une voix unique qu'il est impossible de s'épanouir sans complémentarité, donc sans amputation de soi).

Face au chant du cygne, la résistance du monde binaire reste intense. Nous conservons une attraction pour le double, notamment dans la langue française[1].

Mais aujourd'hui, nous ne pouvons plus faire l'économie de la complexité. Même (surtout ?) si elle paraît rassurante dans les moments de doute.

Il s'agit de trouver l'infini en chacun : non seulement nous prendre comme nous sommes en tant qu'humains, mais nous prendre avec nos contradictions, errances, surprises, pulsions, nous prendre de la naissance à la mort avec toutes les variations possibles de notre peau et de nos élucubrations.

On sait que l'être humain lambda change d'avis selon qu'il a faim ou pas, selon son groupe de pairs, selon la musique qu'il entend ou la météo.

On sait qu'il y a plus en commun entre les cerveaux de deux peintres, homme et femme, qu'entre deux cerveaux d'hommes pris au hasard.

L'altérité à laquelle les conservateurs ont si peur de renoncer sera toujours là, même si on essayait de l'arracher[2]. Leurs leçons de morale vantant la « dif-

---

1. Rappelons que la binarité masculin/féminin ne se retrouve ni en anglais ni en allemand, qui connaissent le neutre. La langue danoise, pour sa part, compte deux genres, sans féminin ni masculin : le neutre et le commun.

2. Cette altérité est bien plus menacée par la globalisation, par le capitalisme ou par la production culturelle de masse que par la contestation des mascarades du genre.

férence » seraient plus appréciables s'ils cessaient de limiter leurs expériences amoureuses, amicales ou sexuelles à leur classe sociale, leur tribu, leur ethnicité, leur religion, leurs valeurs, leurs centres d'intérêt et leur budget – en somme, s'ils exigeaient d'eux-mêmes la générosité qu'ils demandent aux autres.

Le genre serait la seule « vraie » différence, la seule qui soit intéressante. De quel droit ? Et par quelle paresse intellectuelle ?

Le culte de l'altérité nous rend en outre parfois aveugles à ses débordements. Il nous fait accepter des inégalités que nous n'accepterions jamais hors de la chambre à coucher : fétichiser les non-Blancs alors que nous prétendons être *colorblind*[1], faire mal aux femmes alors qu'on les aime, trouver sexy le handicap alors qu'on se fiche pas mal de l'intégration des personnes handicapées dans la société… et bien sûr, prétendre ne rien comprendre aux gonzesses (même quand elles parlent en français avec des phrases simples).

En nous débarrassant de conceptions genrées de la sexualité (et de la vie en général), non seulement nous n'allons perdre aucune altérité, mais nous allons récupérer la similarité. Si les hommes, femmes, homos, hétéros, transgenres et autres queers habitent enfin sur la même planète, alors la rencontre est possible. Alors l'empathie est possible. Alors l'amour et le

1. Aveugles à la couleur de peau.

désir hors des clous sont possibles (parce qu'il n'y a plus de clous).

Dans ce monde multipolaire qui advient, nos axes seront bien plus larges que « le » masculin ou « le » féminin, permettant de décliner des masculinités et féminités plurielles, méandreuses, interrompues, chroniques, mais aussi des supermasculinités ou des superféminités, tant les imaginaires du surhomme et de la surfemme ont gardé leur pertinence culturelle aujourd'hui – sans qu'on puisse pour autant les accoler à des superpénis ou des supertrous.

Après des millénaires à penser homme *ou* femme, fromage *ou* dessert, il me semble que nous sommes prêts à accueillir le *et*, qui ajoute au désir plutôt qu'il n'en retranche. Après des kilomètres de papier imprimé pour parler des hommes contre les femmes, il est plus que temps de faire *avec.*

Et si on demande l'absolue altérité, je rappelle que c'est la mort – le mutisme.

Cette non-binarité se traduit sexuellement. Il ne s'agit pas de nier la spécificité des corps, mais de cesser de lier ces spécificités à des pratiques, des attitudes, des sentiments, ou pire encore à des valeurs.

Être pénétré n'implique pas un rôle passif et les hommes qui propagent cette idée le sauraient s'ils prenaient de temps en temps un doigt, un pénis ou un objet dans les fesses. La personne active lors d'une fellation n'est pas la personne pénétrée. Une personne pénétrée donnant l'ordre à son dildo humain de la pénétrer est en charge de l'action. Les exécutants ne sont pas toujours ceux qui donnent des ordres. La

pénétration est une pratique parmi d'autres, et une pratique demandant deux *acteurs*.

Face à la complémentarité, je propose de devenir des *partenaires*.

Sexuellement, une de nos principales réticences tient à l'idée de fusion sexuelle « facile » (hop, ça s'emboîte). En partant du principe que la nature est (relativement) égalitaire plutôt que (forcément) complémentaire, on prend conscience que les deux sexes ont du plaisir dedans et dehors. Ils s'emboîtent de cent manières possibles. Et nous rapprochent de mille manières possibles.

Découpages et intégrité

Le corps n'est pas découpé en genres, il n'est pas non plus découpable en morceaux.

En tant que femme, je ne suis pas un trou, pas un vide. Je suis pleine, non castrée, intègre.

Cette plénitude est fluide. Elle est en mouvement, ne condamne pas à la stase – elle préfère l'ex-stase.

La plénitude s'émancipe des trous et des bosses, des coups et des bosses, des gouffres et fossés entre nous.

La plénitude est à la fois outil et objectif sexuels.

La condition de cette plénitude est que nous prenions nos corps dans leur entier et que plus jamais on ne coche les cases (barrez les mentions inutiles) clitoridienne, vaginale, utérine, anale, buccale, mammaire, épidermique, auditive, visuelle, cérébrale – comme ni notre corps pouvait se prémâcher en suivant les pointillés.

Les racines du clitoris entourent le vagin, qui réagit lors d'un contact anal. Un regard peut faire mouiller. L'orgasme peut amener aux larmes ou au fou rire, ça dépend des fois. Tout est lié, innervé, énervé, énergique. Nos jouissances sont des mots-comptent-triple.

La sensation vient de partout – dedans, dehors, subtile, brutale, Nous jouissons dans le sommeil : par pure pensée. Sans les mains. Sans le corps.

Il est absurde de nous diviser en mots-clés et zones d'intérêt : seins, cul, jambes, lèvres, objet sexuel, créature sexuelle désirante. À l'heure des coupes franches, nous valons plus que la somme de nos parties.

Notre culture de la boucherie a fait suffisamment de dégâts, elle a suffisamment découpé les femmes en morceaux, catégorisé leurs orgasmes, elle a suffisamment été invalidée par la science.

Notre culture a suffisamment donné de noms aux pénis, comme s'ils étaient autonomes.

Nous en avons assez des bites sur pattes, des têtes de nœuds.

Nous en avons assez de la sexualité en noir et blanc qui dit que c'est soit la pénétration, soit les préliminaires.

Nous en avons assez de faire l'amour à des « parties génitales » : le monde n'est-il pas une immense partie génitale ?

Poser ses limites

Nous voici donc irréductibles. C'est un bon début.

Nous pouvons passer aux travaux pratiques. C'est-à-dire définir la zone blanche, plutôt que la laisser flotter dans le flou artistique.

Ce n'est malheureusement pas chose facile.

Nous l'avons constamment entendu lors des récents événements (#MeToo, etc.) : ne pas vouloir être importunée, c'est du puritanisme. Refuser le harcèlement, c'est un réflexe d'oie blanche. Dénoncer les abus, c'est de la délation. S'en prendre aux agressions et aux viols, c'est mal comprendre la zone grise, qui serait la seule zone intéressante.

En l'occurrence, la zone blanche est effectivement une zone limitée, mais seulement sur un de ses bords : celui qui frôle la zone grise. Le reste de son territoire, jusqu'à preuve du contraire, est infini. Son horizon est constamment repoussé et réinventé : par vous, par moi[1].

1. Ironiquement, sur la très complète *Human Sex Map* (Carte de la sexualité humaine) visible sur Internet, la zone blanche est représentée comme une minuscule île paumée à la périphérie du sexe pimenté et de ses vastes territoires. Dommage.

Notre fascination pour l'exploration de la zone grise a de quoi surprendre : nous la connaissons par cœur. Nous connaissons notamment l'arrière-goût amer qu'elle nous laisse en bouche – elle offre des jouissances, quand elles existent, qui font grincer des dents. Elle demande de s'asseoir sur des exigences éthiques basiques. Elle présente comme des évidences des comportements pas du tout évidents : forcer quand ça coince, foncer quand on n'est pas sûr, réfléchir quand il est trop tard.

Les autres options, combinant la confiance et le frisson, la sécurité et la découverte, existent parce que nous posons des limites : nombreuses, et précises. Pour celles et ceux qui n'ont pas froid aux yeux, notons bien que rien n'empêche de donner carte blanche – et d'aborder la sexualité comme une ordalie. (Ce qui ne nous tue pas nous rendra-t-il plus forts ? Que les téméraires se frottent à cette idée.)

Nous avons par ailleurs tendance à opposer un peu rapidement le danger et l'absolument sécure, la prise de risque et le *safe sex*, ce qui fonctionne dans le dictionnaire mais pas toujours dans la réalité de notre vie psychique, laquelle n'aime rien tant qu'errer d'une contradiction à une autre en chamboulant nos certitudes. La sécurité peut donner le vertige, faire peur – parce qu'en toute sécurité justement, on pourrait bien faire tomber ses limites. La confiance permet de prendre des libertés. Toutes les libertés ?

Bien sûr, nous avons, et aurons, des doutes, des inconforts. Mais c'est une bonne nouvelle : un doute

n'est pas un mur sur lequel nous serions condamnés à nous casser les dents. Un doute attend seulement d'être pensé, ou expérimenté.

Avec méthode.

Soit nous aimons une pratique, et nous devons faire passer cette information.

Soit nous n'aimons pas une pratique, et nous la refusons en exprimant notre degré de refus : est-ce une limite dure (non négociable) ou molle (« reparlons-en dans trois semaines ou trois ans ») ?

Soit, enfin, nous aimerions tester une pratique qui nous place dans un état d'ambivalence, et nous pouvons exprimer ces doutes à nos partenaires. On a le droit de ne pas savoir avant d'avoir goûté. On a aussi le droit de ne toujours pas savoir après avoir goûté...

L'expression de ces ambivalences relève de pratiques simples d'organisation.

Si nos doutes émergent sur le moment, nous devons avoir créé un cadre sexuel qui permette des interruptions, des pauses et des « retours d'expérience ». C'est-à-dire que nous aurons ménagé *au préalable* une place pour nos doutes, en utilisant le consentement continu.

De quoi s'agit-il ? Loin des clichés associés à cette idée, le consentement continu signifie seulement que le partenaire doit s'informer, tout au long de l'expérience, de la manière dont celle-ci est reçue : si des raccourcis sont bienvenus, ils auront lieu plus tard, lorsque la pratique sera répétée et au moins vaguement balisée. Le fait de pratiquer le sexe en couple permet d'avoir des deuxièmes et millièmes chances : profitons-en !

Par ailleurs, l'information n'est pas forcément échangée de manière verbale : quand on se connaît, un contact visuel, des expressions faciales ou physiques (une crispation, un haussement de sourcil) peuvent permettre de vérifier si l'enthousiasme est encore présent – ou du moins de savoir s'il est temps de poser la question.

Le consentement continu, amplement caricaturé par ceux qui n'y ont pas intérêt (or, une personne qui n'a pas intérêt à s'assurer du consentement, ça s'appelle une menace), se voit régulièrement accusé de contractualiser le sexe, voire de transformer le couloir vers la chambre à coucher en lieu de négociation impliquant de parapher des alinéas. Outre que ces fameux contrats n'existent nulle part ailleurs que dans l'imagination des collapsologues du sexe, la caricature oublie un détail : ne pas se mettre d'accord, notamment dans un contexte inégalitaire, c'est tolérer et valider l'abus. Si on a le droit de tout faire, alors on se donne le droit de mal faire et de faire mal.

Envisageons donc les choses de manière plus réaliste : le consentement continu n'est pas une contrainte mais la condition de notre formation continue. Si nous demandons comment l'autre se sent, nous saurons mieux faire la fois suivante. Nous connaîtrons mieux les actes efficaces, et ceux qui plombent l'excitation (le consentement ne casse pas l'ambiance, comme on l'entend parfois ; la douleur et la honte en revanche cassent l'ambiance).

Même si l'actualité des dernières années a donné lieu à de nombreux débats concernant le

consentement, j'ajouterai encore un point : ce consentement est subversif. Notamment pour les femmes, et notamment dans un cadre amoureux.

Nous avons toutes et tous appris que l'amour vrai garantit du sexe impeccable, et qu'il consiste à se donner entièrement. Parfois sur un mode sacrificiel (on aime même et surtout quand ça fait mal, même et surtout quand on n'a pas envie).

Notre idéal amoureux joue contre le consentement. Il est temps de rétablir la compatibilité de ces concepts : un amour éthique consiste à ne pas vouloir prendre plus que ce que l'autre veut nous donner… ni à donner à quiconque le contrôle de sa zone blanche. De toute manière, c'est votre corps : même en essayant de toutes vos forces de vous en débarrasser, vous en conserverez toujours les clés.

J'insiste encore un moment : confier la responsabilité de sa sexualité à ses partenaires (« Fais tout ce que tu veux ») produit des romans d'amour passables et des relations pas terribles. C'est une pression qui pèse lourd sur les épaules du partenaire en charge (on appelle d'ailleurs cela la « charge sexuelle »). C'est, pour ce partenaire, le risque constant de devenir à son insu un tortionnaire ou un abuseur. Comble de l'ironie, les interactions sexuelles que l'on voulait ainsi étendre se retrouvent limitées : si c'est toujours la même personne qui a le pouvoir, il manque au moins 50 % des scénarios possibles. Ce programme apparemment très sexy (« je suis à toi ») produit des résultats décevants sur les moyen et long termes.

Pour prouver son amour ou manifester le caractère orageux de son désir, nous pouvons au contraire

régner sur notre zone blanche avec une poigne de fer, un gant de velours, une moufle, une pince, un gant de boxe, un bras en acier chirurgical, trois doigts, tout ce que nous voulons – mais en gardant le pouvoir, donc en gardant son potentiel de friction sexuelle.

Par ailleurs et puisque nous évoquons les aspects émotionnels du consentement, parlons de gratitude : la sexualité de nos partenaires ne nous doit rien, ces organes ne nous sont pas acquis, la permission ne va pas de soi – elle est une offrande, terriblement romantique, et terriblement sexuelle. Offrir en partage son corps, ses fantasmes et sa vulnérabilité demande du courage ; témoigner d'un peu de reconnaissance ne serait donc pas un luxe, surtout si nous nous rappelons que la distance est nécessaire au désir. Nous coupons alors court à une idée reçue : ne pas avoir toutes les permissions ne casse pas la « magie », mais au contraire la maintient.

Les limites posées dessinent le territoire de la permission. Elles permettent, paradoxalement, d'éviter les contraintes.

Concrètement, les conditions potentiellement négociables incluent des limites temporelles, spatiales, émotionnelles, physiques, symboliques, ainsi que des limites de langage, de pratiques et tout simplement de confort.

Les limites seront bien sûr renégociées dans le temps : la zone blanche est mouvante.

Contrairement à ce qu'on pourrait imaginer, le consentement est compatible avec l'improvisation, du

moins si le partenaire est connu (ou si les termes du rapport sexuel sont clairs). Il suffit d'improviser lentement, pour que l'autre comprenne ce qu'on s'apprête à faire, et dispose du temps nécessaire pour dire non ou interrompre l'interaction. À cet effet, il faudra bien entendu s'abstraire des représentations héritées du cinéma où la passion s'exprime par la précipitation (rassurez-vous : prendre quelques secondes de plus pour entamer, continuer ou terminer un geste ne vous mettra pas en retard pour attraper le dernier métro).

Le même processus peut être employé dans un processus de séduction : si vous voulez embrasser quelqu'un sans lui demander sa permission explicite (car, après des siècles de mariages arrangés, notre culture n'aime rien tant que les accélérations plus ou moins contrôlées), approchez-vous lentement. Au pire, l'autre pourra s'écarter. La tension sexuelle y gagne en intensité, et la capacité d'action des partenaires est maintenue.

Et quand la négociation ne fonctionne pas ? Déjà, ça arrive (voyons le verre à moitié plein : la négociation fonctionne plus souvent en sexualité qu'en géopolitique).

Si les désirs d'un des partenaires se situent hors limites, il faudra y renoncer. Il est plus facile de renoncer à une pratique que de se forcer et d'en assumer les conséquences.

Par ailleurs, il s'agit de sexualité. Nous ne « décevrons » pas nos partenaires d'une manière globale : dire non à un mot, un geste, un désir, ne signifie pas

qu'on rejette l'individualité de la personne en bloc et sur sept générations. Si votre partenaire est ultrasensible, assurez-vous de verbaliser précisément l'objet de votre refus (« J'ai très envie de toi, mais il est hors de question que tu me tires les cheveux »).

Si la pratique de tel ou tel acte est plus importante que l'amour ou le désir portés à une personne, ce qui peut effectivement arriver, il faudra se séparer : vous êtes sexuellement incompatibles. Une fois encore, même si nos ego sont fragiles, une impasse sexuelle n'est pas un échec personnel de grande échelle. La tristesse temporaire, et légitime, des laissés-pour-compte servira certainement leur bonheur ultérieur : les partenaires de jeu qui préfèrent le jeu aux partenaires ne sont de toute manière pas adaptés à des relations aussi exigeantes que celles du couple moderne. Ils et elles sont de simples amants. C'est bien aussi.

Céder sur ses limites (ou « essayer pour voir ») n'est pas une option raisonnable. Les partenaires qui vous font céder ne respectent pas votre intégrité.

Votre intégrité a le droit d'être arbitraire. Ne pas avoir envie est un motif suffisant. Manquer de motivation est un motif suffisant.

Les actes sexuels se négocient, pas l'intégrité. Il n'est pas tenable intellectuellement et physiquement de ne pas se placer au premier rang de ses propres préoccupations, surtout quand ces préoccupations concernent notre corps – c'est-à-dire notre intimité la plus radicale (le corps n'est pas une enveloppe charnelle qu'on remise au placard après repassage).

Au risque d'enfoncer une porte ouverte : si les amants passent (pour certains au moins), notre corps ne va nulle part. Cette chair que vous aurez transgressée, vous allez devoir vivre avec. Certaines transgressions concernent des broutilles, d'autres peuvent blesser durablement – mais nous ne savons pas toujours à l'avance s'il s'agira d'une petite égratignure ou d'un traumatisme.

Si vous ne savez pas où se trouve telle ou telle limite, ça ne coûte rien d'attendre. S'il coûte à votre partenaire d'attendre, ce n'est pas un partenariat – donc pas un partenaire.

Enfin, voici un autre verre à moitié plein : les limites sont une question de résistance, des jeux de constriction et pression… Elles sont un jeu. Et elles sont un plaisir.

Se méfier des limites nous réduit à des orifices à prendre, des peaux à travailler, au détriment de tout ce qui en nous résiste : les muscles, la profondeur, la structure, la colonne vertébrale, la solidité.

Les limites permettent la reprise d'ampleur des femmes, auxquelles on demande parfois des formes de bonsaïsation (« c'est plus charmant quand c'est petit et tordu »).

Les limites rendent aux hommes la permission de dire non – sortant du rôle de soldat sexuel toujours prêt à partir au combat, disponible sur commande, prié de se soumettre au désir des femmes en cas d'opportunité sexuelle (« Je ne suis pas un homme facile, je fais l'amour quand je veux… pas seulement quand je peux »).

Et bien sûr, les limites créent la tension sexuelle. Cette friction nous réchauffe.

Don et résistance

Cette extension de la zone blanche demande de la générosité : en temps, en attention, en moyens.

Autant de dons qui n'existent que dans leur dimension provisoire : des prêts.

Le don total est pourtant attendu. Des femmes, notamment : « la vraie femelle se donne, spontanément, parce que c'est à ce prix qu'elle est heureuse ». Certains experts prétendent que leurs orgasmes exigent ce don – cet abandon. D'autres déclassent leur plaisir physique, moins important ou légitime qu'une nébuleuse « jouissance intellectuelle ». (Auquel cas ni l'ennui ni la douleur ne sont graves, puisque au moins l'éternel féminin est préservé. L'éternel féminin a bon dos.)

Les hommes s'en tirent culturellement mieux, quand ils ne sont pas piégés dans un double discours pas piqué des hannetons : soit que leur nature consisterait à prendre plutôt que donner (par exemple, hors conquête, leur libido s'immolerait par le feu), soit qu'ils devraient se couler dans le rôle de l'homme prodigue qui subvient à tous les besoins tant qu'on lui taille des pipes.

Au-delà de ces figures du conquérant et du patriarche, certains déserteurs choisissent le dévouement altruiste façon carpette, sacralisant la sexualité, partant d'un sentiment impeccable : « Mon plus grand plaisir, c'est d'en donner. » Écartons un instant le soupçon d'opération de relations publiques (même s'il n'est pas toujours infondé). Les recherches montrent qu'en effet certains hommes placent le plaisir de leurs partenaires loin au-dessus du leur. Exactement comme certaines femmes « généreuses » oublient leurs propres intérêts.

Cela pose plusieurs problèmes.

D'abord, parce que le don fonctionne à sens unique, les partenaires se retrouvent privées de toute initiative.

Ensuite, la question qui fait mal : ces hommes qui veulent « donner », sont-ils réellement compétents ? Si ce n'est pas le cas, leur gentillesse se transforme en pression pour les partenaires : pour faire plaisir à l'homme qui aime donner du plaisir, il faut en prendre. Quand ça ne marche pas, il faut en prendre quand même. Faillir à l'orgasme, c'est faillir au couple. Sans surprise, les deux tiers des femmes et un quart des hommes ont déjà simulé.

Certains hommes se sentent obligés de donner, pour ne pas passer pour des salauds, pour casser les accusations de masculinité toxique. D'autres au contraire utilisent l'orgasme des femmes pour valider cette même masculinité – et au passage pour se faire mousser devant les amis, se parer de gages de talent et de bonne conduite.

Certains dons sont des trahisons, ou avancent masqués dans l'espoir d'obtenir quelque chose en échange : un troc qui ne dit pas son nom, et qui camoufle ses contours exacts.

Quand le don est tenu pour acquis, non questionné, répétitif, quand il enferme dans des rôles, et pire encore quand il devient abusif, alors les amants peuvent contrebalancer ces injonctions, voire ces menaces, par des stratégies de résistance.

Non, tu ne prends pas, non, tu ne donnes pas.

Au plaisir d'offrir, on peut répondre par le refus de recevoir.

Cette résistance joueuse (pas nécessairement conflictuelle) regorge d'opportunités de tension sexuelle, dénuées de négativité, sans drames artificiels destinés à « piquer » le désir de l'amant.

Si la générosité du partenaire fait vaciller notre dignité (où qu'on choisisse de placer cette dignité), alors la dignité prime.

En amour, on n'est pas obligé de tout faire. En amour, on a la liberté de moins faire.

À voix nue

Le consentement, depuis plus de deux ans, a focalisé l'attention publique. Pour d'excellentes raisons. Cependant, de nombreux observateurs ont fait remarquer que le consentement ne fait que répondre au désir exprimé par l'autre. Il renvoie nos partenaires au second rôle, et renvoie notamment les femmes à une organisation sexuelle où elles ne font que disposer – consentir, c'est une autre manière de disposer, plutôt que de proposer.

Proposer n'est pas une forme de mendicité : on parle de *force* de proposition.

Mais proposer, c'est plus facile à dire qu'à faire. Surtout quand notre culture ne possède qu'un répertoire étroit (on ne sait pas quoi proposer) et valorise l'opacité. Ainsi, on entend que proposer revient à « casser l'ambiance », une assertion dont les conséquences sont dommageables, puisque certains préfèrent l'abus au rejet, au prétexte que demander est trop difficile, trop intime, engendrant possiblement trop de déception. Cette fragilité revendiquée nous pousse à placer notre narcissisme au-dessus du bien-être de nos partenaires, quitte à excuser les comportements de transgression.

La première condition d'une communication sereine consiste à ne pas s'infantiliser mutuellement. Traiter les femmes comme des princesses, c'est rendre la communication impossible parce que leurs désirs seraient spéciaux. Traiter les hommes comme des princes charmants embrassant de belles endormies, ou comme des pygmalions[1], c'est estimer qu'ils sont en charge du savoir sexuel, auquel cas je tiens à faire deux remarques : 1) si c'était le cas, ça se saurait, 2) si c'était le cas, il ne s'agirait pas d'une position particulièrement agréable.

Parce que le recours aux enfantillages et aux codes des contes de fées nous entrave, certaines communications entraîneront des tensions. Il faudra donc accepter que les conflits existent, et soient stimulants, et soient *souhaitables*.

Quand un couple ne sait pas gérer ses décalages sexuels[2], il ne lui reste que l'évitement, le mensonge, le « don de sa personne » et leur corollaire : la montée en pression façon cocotte-minute.

Vous savez déjà comment cette histoire se termine.

Refuser le conflit, c'est dire que l'autre nous importe finalement moins que le confort consistant à se taire.

Refuser de batailler sur le terrain du sexe, c'est sous-entendre que le sexe n'est finalement pas très important.

---

1. Amoureux qui conseille et façonne la femme pour la conduire au succès.

2. Par quel miracle serait-on tout le temps sur la même longueur d'onde, à la seconde près ?

La réinvention d'une forme de communication viable nous force à évacuer les codes du porno *mainstream* (qui brille rarement par des pratiques verbales élaborées ou attentives au consentement) et les débris du monde de Mars et Vénus (les femmes ne pourraient pas parler frontalement de sexualité sans qu'on brandisse des étendards de bonne conduite).

À voix nue, nous serons vulnérables – mais que faire de sa vulnérabilité ? La réponse que je propose est simple : ça dépend de l'endroit où on la place.

Vulnérabilité et fierté ne s'opposent pas de manière binaire (qu'on pense à la suprême arrogance des martyrs chrétiens), mais une vulnérabilité mal ordonnée brouille le dialogue. Non canalisée, elle dévore notre couple, qui devient le déversoir de nos angoisses.

Ainsi, lorsque les conjoints cohabitant se retrouvent, leur premier réflexe consiste souvent à exposer toutes leurs mésaventures, anxiétés, contrariétés, exaspérations, tous leurs griefs, doutes, cauchemars, parfois avant de s'être dit bonjour[1].

Le couple est perçu comme un espace bienveillant (amen), mais pour le désir, le fantasme du jouet cassé, de la victime à réparer est extraordinairement répétitif, limité et destructeur. Il compromet par exemple la prise d'initiative.

1. La sociologie montre que les Français sont plus susceptibles de se plaindre que les autres – de même qu'ils consomment plus de calmants. Si c'est culturel, nous pouvons y échapper. Il suffit de faire changer la culture.

On peut trouver des formes de résilience qui ne nuisent pas au cadre de bienveillance : dire qu'on a mal, mais dire aussi qu'on va s'en sortir. Raconter que la journée a été nulle, mais que la personne aimée permet de couper le cycle des microagressions.

Et évidemment, commencer par dire bonjour.

Pouvoir parler implique une écoute non cacophonique, sans réponse systématique. Si le dialogue engagé porte sur les désirs et les modalités du plaisir, il faudra accepter soi-même d'apprendre. Non, nous ne connaissons pas notre partenaire « sur le bout des doigts », non, nous ne sommes pas les meilleurs amants de l'univers… À l'inverse, non, l'autre n'est pas mystérieux ou compliqué ou hors de notre portée intellectuelle. Sa différence et sa spécificité doivent être reconnues comme légitimes, naturelles et bienvenues.

Si l'autre ne parle pas, posez des questions.

Si l'autre est taiseux ou timide, soyez créatif : communiquez par papier, par gestes… par application mobile ?

Cette communication exige en outre l'acceptation radicale de la parole des autres. Cela ne signifie pas que nous devions tout croire, ou que nous ne puissions pas manifester nos doutes, mais nous ne pouvons pas répondre non quand quelqu'un nous parle de son ressenti sexuel.

Si cette recommandation semble tomber sous le sens, elle est pourtant loin d'être adoptée – et loin

d'être réellement intériorisée. Par exemple : les gens ont le droit de préférer les hommes, les femmes, les relations polyamoureuses, les escapades dans l'infidélité, la texture du latex, le sadomasochisme, les sous-vêtements en soie ou le passage des testicules à la râpe à fromage. Ils ont aussi le droit d'être attirés par les enfants ou les animaux, tant qu'ils ne passent pas à l'acte (les personnes dont les orientations les rendent susceptibles d'être lynchées n'ont pas choisi de se placer dans une telle situation). Les gens ont le droit de se considérer eux-mêmes comme de l'autre sexe ou d'aucun, comme des tigres du Bengale ou comme le panneau « Lyon, 241 km » sur l'autoroute A7.

Que ces insaisissables « autres » sortent de la norme, qu'ils contredisent les informations que notre première impression nous renvoie, n'est pas pratique. C'est vrai. Peut-être devrons-nous modifier quelques pronoms (ille, el, toutes).

Ce n'est pas pratique, mais ça n'est pas négociable. La course du Soleil autour de la Terre n'est pas pratique non plus, et nous coûte en électricité un « pognon de dingue ». Les cravates, la bureaucratie, l'abolition de l'esclavage ne sont pas pratiques. Nous acceptons constamment des inconforts et la renégociation des privilèges.

Nous n'avons pas le choix, parce que l'alternative consiste à refuser à des humains non seulement leurs sexe, genre, orientations ou préférences, mais provoque aussi une hécatombe fantasmatique en règle.

Les discours intolérants, en effet, suscitent chez nos partenaires des rétentions : ils prennent note que,

face à vous, ils ne pourront jamais tout dire. Juger la sexualité des autres, c'est aussi juger celle de votre partenaire – et recréer des omertas.

Enfin, quand nous acceptons radicalement cette parole, nous acceptons aussi qu'elle se situe sur une trajectoire susceptible de changer.

Pour résumer : nous ne pouvons pas coller d'étiquettes, certains ne portent aucune étiquette, ou en portent trois mille et peuvent les modifier d'une seconde à l'autre, sans justification. Tant mieux pour ces personnes, tant mieux pour nous : leur liberté garantit la nôtre.

Clean talk

Parmi les grands classiques du sexe pimenté, on trouve le *dirty talking*, littéralement le « parler sale ». Ce *dirty talking* existe en deux versions.

De notre côté de l'Europe, il s'agit de parler avec des mots grossiers ou insultants pour se donner du cœur à l'ouvrage. L'insulte concerne le plus souvent les femmes : ne changeons pas une équipe qui perd[1].

Quelle est la connexion entre s'insulter et se motiver (à part à l'armée, pour faire des pompes) ? Cette connexion n'existe que si le sexe est une agression, en conséquence de quoi ce « parler sale » renforce le lien entre sexe et agression.

On invite, et provoque, une violence acceptable.

On joue par ailleurs avec des fantasmes pas forcément partagés, ou potentiellement embarrassants, comme l'inceste (« *Call me daddy* »).

---

1. Pour la petite histoire, le double discours de la vulgarité a été étudié par des chercheurs de l'université de Bretagne, qui ont décortiqué ce qui se dit dans la pornographie. Les rôles sont bien répartis, puisque les femmes verbalisent des encouragements grossiers comme « *Fuck me* » tandis que les hommes insultent les femmes.

Évidemment, ces insultes ne sont pas formulées dans une optique consciente d'agression : le code sexuel stylise et opacifie le sens concret des mots que nous utilisons.

Ce n'est pas ce qu'on veut dire.

Mais on le dit quand même…

Ce « parler sale » est employé pour décoincer des partenaires : la vulgarité est censée fonctionner comme une fatalité (on ne sait pas dire autrement) et comme une porte d'entrée vers des comportements vulgaires (ce qui n'est pas innocent). Elle comporte en effet une valeur performative : quand on traite sa conjointe de salope, on espère qu'elle se comportera comme telle. On espère qu'elle jouira comme une salope, qu'elle en voudra encore, et qu'elle en voudra plus fort – permettant à son mâle d'exprimer via le rapport sexuel sa domination (rappel : nous appelons « à-coups » les oscillations du pénis, comme s'il s'agissait de se taper dessus).

Dans cette optique, le « parler sale » permet aux hommes 1) de se sentir (plus) désirés, ce qui révèle la pauvreté de leur érotisation, 2) de pénétrer comme des bourrins sous les applaudissements du public.

Cette version du « parler sale » rend donc le sexe à la fois symboliquement dégradant et potentiellement physiquement douloureux. Qu'on en recommande l'usage dans les magazines pour jeunes filles interpelle. Peut-on exiger le respect sans être taxé de pruderie ? Je crois que ce n'est pas trop demander.

Aux États-Unis, le *dirty talking* recouvre plutôt des phrases descriptives ou des encouragements parfaitement pragmatiques : « Mets un doigt là », « J'ai très envie de toi ».

Les mots ne sont pas grossiers : le qualificatif de « sale » est alors employé en rapport avec les actes, y compris quand ces actes ne portent aucune charge transgressive. C'est sale parce que c'est du sexe.

Dans ce contexte américain, le *dirty talking* condamne carrément toute la sexualité. Il infantilise au passage les participants, car c'est aux enfants qu'on répète toujours « Ne touche pas ça, c'est sale ».

Peut-on parler de sexe sans tomber dans ces travers ? Évidemment.

Notre premier interlocuteur, c'est nous-mêmes… à condition de se poser ce genre de questions. Ce qui n'est pas le cas quand le sexe est perçu comme une entité figée, se résumant à quelques pratiques auxquelles il faut se conformer parce que « c'est comme ça » (gagnons du temps : le sexe, c'est « comme vous décidez »).

Dans un royaume dont vous édicteriez toutes les règles, comment se passerait le sexe ? Où placeriez-vous les frontières ?

Cartographier à deux vos cartes du Tendre peut constituer une manière ludique de se découvrir mutuellement. Cependant, c'est plus facile en parlant.

Si verbaliser ses désirs rend vulnérable, il faut considérer cet inconfort comme un investissement. Une nuit sans communication, c'est pénible. Mais

une vie entière sans jamais avoir pu dire ce qu'on ressentait ou ce qu'on espérait, c'est tragique.

Plus on attend, plus c'est difficile.

Idéalement, il faudrait dire tout ce qui nous passe par la tête, tout de suite, à chaque nouvelle relation, sans laisser aucun automatisme s'imposer par défaut. Chaque nouveau/nouvelle partenaire aura admis notre spontanéité.

Cela dit, il n'est jamais trop tard pour s'y mettre.

Vous pouvez recourir aux rêves érotiques pour initier le dialogue (n'hésitez pas à inventer des rêves, personne n'ira vérifier), mais aussi à des compliments (« Ton scrotum est tellement chatoyant que... »), à la fiction (en parlant d'une scène qui vous aurait plu, déplu ou ennuyé/e), à la non-fiction (en étant en accord ou en désaccord avec un discours... comme celui de ce présent ouvrage), ou même à des objets (en passant devant une boutique érotique, qu'elle soit physique ou en ligne).

Par ailleurs, sans doute avez-vous déjà connu cette expérience consistant à découvrir une nouvelle idée au moment où vous parlez : la solution se présente rien qu'en exposant le problème.

En sexualité, c'est la même chose. La parole débloque l'inspiration. Comme votre partenaire aura des questions (ou des ajouts, ou des réticences), vos idées vont rebondir. Ce sera stimulant, et pas seulement sexuellement.

Par exemple : quels mots voulez-vous employer pour désigner les rapports sexuels et les organes génitaux ?

(Voir sa vulve qualifiée de chatte ou son pénis de Popaul, quand on déteste ces appellations, c'est embêtant.)

Quand vous en viendrez à ce que vous aimeriez qu'on vous fasse, et ce que vous aimeriez faire à l'autre[1], dites-le parfois de manière générale, parfois en entrant dans les détails les plus croustillants. Il est très excitant de voir un programme sexuel se dérouler dans notre imaginaire, un peu comme quand on commence à saliver en lisant un menu.

Si vous êtes d'humeur joueuse, dévoilez ce programme idéal quand vous êtes à distance, pour que votre partenaire ait hâte de vous retrouver (si vous êtes d'humeur timide, ça marche aussi : par téléphone, lumière éteinte, après un cocktail...).

La distance permet en outre d'amplifier la temporalité de l'érotisme : on peut faire monter l'excitation par messagerie (ces préparatifs peuvent advenir des mois en avance tout autant qu'en montant l'escalier) ou par photos (à condition de ne jamais faire figurer son visage sur la photo[2]). On peut dévoiler ses plans pendant un dîner dans un lieu public, en sachant que pour l'instant rien n'est possible.

On peut parler sans dire, on peut parler pour stimuler l'imagination de l'autre : « Mais qu'est-ce que je vais te faire ce soir... »

---

1. Évitez le mot « vouloir ». Vous ne « voulez » pas des pratiques, sinon vous pressurez.

2. Les statistiques de partage de photos érotiques donneraient des sueurs froides au champion du monde de sauna.

On peut laisser des points de suspension.

Parmi les choses qui se verbalisent trop rarement : pensez à expliquer pourquoi vous avez envie de faire l'amour – en général, et/ou à ce moment précis. Par émotion esthétique, par passion, parce que vous avez besoin de tendresse ou d'action ? Le pourquoi de l'envie donne envie.

Enfin, ne parlez pas seulement avant, mais aussi pendant et après : comment ça va ? Comment c'était ? Cela ne signifie pas que vous soyez tout le temps en train de bavarder, mais que vous vous préoccupez du déroulé des opérations – même après l'orgasme (sauf si vous vous endormez).

Et si vous n'avez pas le courage de vous livrer à ce que les réactionnaires appelleront un déballage (bizarrement, on ne déballe que le sexe, jamais la philosophie ou les matières nobles), rappelez-vous que l'audace suscite chez les êtres humains correctement câblés de l'admiration. Ce qui est un bon début quand on essaie de motiver les troupes, ou d'embarquer les camarades de jeu pour une nouvelle aventure.

Enfin, faut-il tout dire ? Peut-on parfois simuler ?

La question est mal posée : personne ne peut « tout dire ». Le terrain inconscient est trop énorme, le désir trop sauvage.

Bien sûr, la simulation répétée avec tous les partenaires crée de l'incompétence et entretient une

logique où les femmes (surtout les femmes) sont là pour faire plaisir physiquement et émotionnellement.

Cependant, s'il s'agit de mascarades épisodiques, il n'y a aucune raison objective de se priver de cette ressource, sauf à défendre une sexualité de la transparence intégrale. Feindre l'orgasme n'est pas plus grave que porter un soutien-gorge pigeonnant ou un débardeur flatteur pour les biceps.

D'autant que, paradoxalement, la simulation peut révéler la vérité du sentiment : la principale raison avancée par les simulatrices est qu'elles souhaitent préserver les sentiments de leur partenaire… Ces mensonges en disent plus long que de vrais orgasmes.

Surprise (?) (!) (...)

Mais alors, y aura-t-il des surprises ?

Bien sûr. C'est d'ailleurs en acceptant la routine qu'on trouvera le plus de motifs d'étonnement. Savoir où l'on va permet de se rassurer quand le monde est compliqué : la routine sort nos sexualités d'une organisation de type supermarché, dont nous serions de simples consommateurs, perplexes, contraints de constamment renouveler, constamment choisir au sein de rayonnages où les produits changent de place, d'emballage, d'ingrédients, alors qu'on voulait simplement sa confiture de fraises.

Le problème de la routine n'est pas tant de savoir où l'on va que de toujours le savoir, et d'être aveugle aux autres routes.

Parce qu'il existe d'autres routes que celle du script.

Le script étant lié à l'obtention progressive de l'orifice désiré (embrasser, caresser, pénétrer, estimer que le rapport est terminé quand le trou a été consommé), se débarrasser de notre obsession pour les orifices nous débarrasse automatiquement du script. Ce dernier devient inopérant.

On pourra choisir de le suivre malgré tout, mais cette routine ne sera plus la seule voie possible, ni la plus légitime ou la plus prioritaire.

Si l'on entre dans la chambre à coucher dans un contexte de coopération plutôt que de complémentarité, avec des partenaires dont les sexes sont autre chose qu'une excroissance et un trou voués à s'accoupler, alors on peut prendre en compte la totalité du contexte sexuel : deux personnes avec du désir, des exigences, des envies et pas forcément d'idées fixes.

Si l'équation inclut des inconnues plutôt qu'un positif et un négatif, alors on n'a aucun moyen de savoir où le rapport va aboutir.

On ne sait pas qui sera au-dessous ou au-dessus ou actif ou passif, non seulement parce que ces catégories sont absurdes, mais parce que ça n'a pas d'importance. Au grand théâtre sexuel, il faudra se débarrasser du programme, des obligations, des éclaireurs et des sièges assignés.

Évidemment que nous aurons des surprises.

La sexualité pourra se faire charnelle plutôt que figée dans la pierre : renégociée, réarrangée, réimprovisée, faite de tentatives, d'échecs, de subites envies, de confiance à étendre.

Et l'autre comme terrain de jeu : terrain glissant, actif, en éruption, et qui pourrait nous surprendre en retour. Après tout, même la routine est un jeu sexuel comme un autre.

Danse et faux pas de la séduction

Bien sûr, se préoccuper de routine et de surprises exige de disposer de partenaires (quoiqu'on puisse se débrouiller seul).

Cette étape est propice à tous les paradoxes : nous adorons parler des délices de la séduction… laquelle nous plonge dans un état d'anxiété tragicomique. On se demande comment aborder, quand rappeler, s'il faut rappeler, on ne sait pas comment interpréter un regard, un corps, un message…

Les hommes, sommés de faire le premier pas, se retrouvent à demander l'heure à des inconnues alors qu'ils ont leur téléphone à la main. Les femmes, sommées de faire semblant de ne pas y toucher, se retrouvent à faire semblant de résister pour ne pas « se donner » trop vite.

Alors, délice ou angoisse ? À part pour quelques privilégiés, la balance penche clairement du côté de l'angoisse.

De fait, la séduction telle qu'elle nous est actuellement proposée consiste en une série plus ou moins fluide de petites transgressions – notamment celle qui consiste à priver les femmes de leur espace mental en

interrompant des dizaines de fois par jour leur cheminement de pensée (il n'y a pas que l'espace physique dans la vie).

Non seulement cette stratégie donne peu de résultats, mais elle prend un temps fou. Au point qu'il faudrait parler de charge de séduction[1].

Si les hommes sont placés par défaut dans une position de « sympathiques » importuneurs (pardon pour l'oxymore), c'est parce qu'ils sont culturellement encouragés à séduire sans leur corps. Redisons-le : c'est faux. Si l'on doit « convaincre », alors cette insistance suscitera de l'aigreur et du ressentiment à long terme : au premier conflit, l'autre se rappellera qu'il/elle a accepté cette relation contre son premier jugement. Je ne doute pas qu'une quantité astronomique de couples rétorqueront que, sans cette insistance, ils auraient raté « la plus belle histoire de leur vie ». Si c'est le cas, la belle histoire aurait quand même pu bénéficier d'un beau commencement.

Coucher *en dépit* du corps, ou par pitié, constitue un fâcheux départ.

Si la libido féminine a tendance à plonger dans les choux, inutile d'en chercher plus loin les raisons.

Et pourtant. Les hommes (comme catégorie) dépensent une énergie incroyable à tenter de séduire sans leur corps. On me demande constamment des stratégies de séduction. Très bien, en voici une : pour

1. Notons au passage que si nous étions capables de nous contenter d'un/e seul/e partenaire, nous aurions peut-être moins d'occasions d'importuner, et d'être importuné/es.

attirer quelqu'un physiquement, rendez-vous physiquement attirant. Il n'y a pas de raccourci, parce que c'est ça, le raccourci.

Par ailleurs, cette obligation que ressentent les hommes d'initier la séduction de manière verbale masque la réalité de qui conquiert qui. Les femmes initient la séduction devant leur miroir le matin : elles ont plusieurs heures d'avance. Les hommes n'initient à peu près jamais réellement l'interaction. C'est juste une histoire que nous nous racontons.

Il me semble que nous pouvons faire mieux que ça. À condition de sortir du double discours.

Le premier (le seul ?) code de la séduction que les femmes apprennent consiste à faire « un pas en avant, deux pas en arrière ».

« S'il t'intéresse, ignore-le, ça va susciter son attention. » (Ou son indifférence, ou son soulagement.)

« S'il te plaît vraiment, ne le regarde pas – ça va le rendre fou. » (Quelle femme exactement, lisant la presse, aurait intérêt à rendre fou un homme ?)

Les femmes sont placées en position de surveillantes. Une position de pouvoir, certes, mais épuisante, invisible, et qui les prive d'un rôle de conquérantes : dans la réalité, il s'agit évidemment d'une co-conquête (rangeons nos porte-avions).

En l'occurrence, nous nous épargnerions pas mal d'embarras via l'utilisation d'une communication « plate » pendant la phase de la séduction, qui saurait affirmer « tu me plais », « pas mal mais il faut

encore me convaincre », ou même des phrases plus explicites : « Ah bon, qu'est-ce qui te fait penser qu'il serait intéressant que nous passions la prochaine nuit ensemble ? »

Si nous voulions de la tension, en voilà.

Si nous voulions un peu de frisson, en voilà aussi.

Cette solution permet différents styles, différentes approches, plus ou moins langoureuses ou joueuses – elle permet de prendre son temps, ou d'accélérer à loisir.

Bien sûr, les rejets seront verbalisés. Il n'y a pas de zone grise, ce qui épargne des formes de confusion (ou de retournement de couteau dans la plaie) : pour la personne éconduite, la douleur est moindre. Par ailleurs, lors d'une séduction explicite, le harcèlement est tout de suite identifiable. Quelqu'un a vraiment posé la question, vraiment reçu une réponse : si il ou elle passe outre, alors il y a un problème.

Cette séduction en zone blanche exige de mettre sa vulnérabilité sur la table. Tout rejet n'est pourtant pas une blessure. Si nous communiquions nos désirs de manière plate, nous n'aurions pas le temps d'investir émotionnellement une relation inexistante. Nous aurions beaucoup moins mal.

Effectivement, poser des questions et obtenir des réponses nous place dans un univers de transaction. Mais cet univers, c'est celui dans lequel nous vivons.

Nous pouvons répéter des milliards de fois que l'attirance est magique, que tout est question d'alchimie ou de sens du vent, mais ça n'est pas vrai, les princesses n'épousent pas les crapauds, les princes

n'épousent pas les souillons, et encore heureux pour les princesses et les princes – pourquoi nous mettrions-nous spontanément dans la position des crapauds et des souillons ?

(Les contes de fées manifestement n'aiment pas les classes intermédiaires.)

Si vous êtes un crapaud, vous ne coucherez pas avec la princesse, et si vous êtes un gentil crapaud plein de persévérance, vous ne coucherez pas non plus avec la princesse. Si vous êtes un crapaud très riche ou très prestigieux, vous êtes probablement un prince-crapaud, auquel cas la princesse ne s'abaisse pas. Mais surtout : vous pouvez cesser d'être un crapaud. Relever son potentiel d'attraction est beaucoup moins compliqué que tordre la réalité du désir.

En outre, le rejet ne remet pas en cause votre personne dans son entièreté : c'est la relation qui ne fonctionne pas. Vous ne pouvez pas prendre personnellement quelque chose qui est interpersonnel, ou alors versez aussi du sel sur la plaie quand vous vous coupez.

Enfin, tout rejet est transitoire. Il y aura d'autres occasions, parce qu'il n'y a pas d'âme sœur qui vous attend quelque part : personne ne vous attend, mais de nombreuses personnes, célibataires ou disponibles, sont en train de ne pas vous attendre… ce qui vous donne du pain sur la planche (et de la focaccia, et de la pita, et du corn bread).

Votre audace s'en portera d'ailleurs mieux : si vous risquez moins, vous pouvez risquer plus souvent. Vous pouvez frapper à plus de portes – et sans importuner personne.

Fantasmes de transgression

Parmi les fantasmes archifréquents des femmes, mais aussi des hommes, on trouve le fantasme de viol – subi. Cette fréquence s'explique par un intérêt spécifique : ce fantasme permet de se déresponsabiliser totalement (comme des enfants), pour rendre acceptables des désirs qui nous semblent inavouables.

Mais le sont-ils réellement ?

Au contraire du viol réel, sa forme fantasmée implique une jouissance : les violeurs imaginaires sont de beaux inconnus, de belles dominatrices.

Même quand le fantasme implique des actes qui seraient douloureux, le corps réel est préservé.

Même quand le fantasme implique des violeurs moches ou puants, nos yeux et notre nez sont préservés.

On ne risque ni blessures, ni infections, ni grossesse, ni pitié, ni mauvaise réputation.

Reste un certain évitement dans le désir : la jouissance est inassumée, prise contre son gré, par honte de voir ses souhaits les plus secrets exaucés.

Si nous sommes libérés sexuellement, pourquoi avoir honte de désirer de la violence, du plaisir anal,

du plaisir avec une personne du même sexe, du plaisir contraint, habillé, dehors, en public, dans un parking, chez soi, les yeux bandés, les yeux ouverts, en groupe, dans un recoin ? Le fantasme de viol définit les contours de nos conflits de valeurs.

Il est parfois, aussi, instrumentalisé pour rationaliser des viols ou des abus dans le couple. Puisque de toute façon on aura mal, puisque de toute façon le partenaire est plus fort, puisqu'il faut bien lui donner ce qu'il veut, alors le fantasme de viol (et de domination, et de sadomasochisme) permet d'éviter des remises en question narcissiquement douloureuses. Quoi qu'en disent les dénonciateurs d'un féminisme revanchard, se poser comme une victime, même après les débuts du mouvement #MeToo, frise le suicide social (« Tu te victimises », « Tu cherches de l'attention »...), alors même qu'il s'agit d'une donnée objective (on est une victime quand on nous a fait du tort). Ce discours antivictimaire produit des stratégies d'évitement du réel : « Je ne veux pas être une victime, donc je prétends aimer quand ça fait mal, donc je prétends qu'il n'est pas grave qu'on me force la main. »

À ce titre, et même si la liberté fantasmatique doit rester absolue, banaliser les fantasmes de viol nous empêche d'agir sur le réel. Et de lutter contre la culture du viol.

Avoir une sexualité qui met son clitoris, son pénis et ses tripes au même endroit que son cerveau, et au même endroit que ses valeurs, revient à *aligner* sa

sexualité. Au lieu de constamment jouer sur le fil du malaise.

Ce n'est pas pour le plaisir des lignes droites et des fantasmes bien rangés que j'insiste : nous méritons une sexualité intellectuellement et physiquement *confortable* – à court terme, quand on ressent une forte excitation, mais aussi à long terme, quand il faudra être capable de se regarder dans le miroir.

Ne pas regretter ses nuits permet de vivre de plus belles journées.

Je propose donc le revers du fantasme de viol : le fantasme de consentement – et, dans la foulée, le fantasme de confession : on ne se fait pas arracher la jouissance, et on ne l'arrache pas non plus.

On ne donne pas d'ordres, on ne suit aucun ordre, on ne joue ni la maman ni la putain, ni les soumis ni les bourreaux : on accepte de demander, et on accepte que la personne dise non, ou qu'il faille négocier. On demande en acceptant ses responsabilités. Si nous voulons être pénétrés par des inconnus, analement, violemment, par surprise, dans un endroit sordide : avec les bons partenaires, nous pouvons le dire, sans nous cacher. Au lieu de nous faire arracher la jouissance, nous arrachons nos timidités et nos hontes, pour obtenir une jouissance du même ordre – mais alignée.

Psychologiquement, nous aurons remplacé la lâcheté par le courage (notre amour-propre appréciera) et, physiquement, nous pourrons passer du fantasme aux actes concrets (les conditions seront réunies).

Demander permet d'obtenir ce qu'on veut. Précisément, si nous faisons preuve de précision. Avec des surprises, si nous avons volontairement dessiné des zones d'imprécision. Ce qui n'est le cas ni en arrachant, ni en se faisant arracher quoi que ce soit.

Nous entendons souvent que les fantasmes sont transgressifs par nature. C'est sociologiquement faux. Parmi les désirs les plus répandus (donc les plus contagieux), parmi les rêveries qui occupent le sommet des hit-parades érotiques, on trouve les très vanille « faire l'amour dans la nature » ou « faire l'amour avec quelqu'un qu'on aime et/ou désire follement ».

Certains mentionnent tout simplement le fait de « faire l'amour sans culpabilité ». C'est dire l'espace qu'il reste à parcourir !

Very close contact

Quels sont les exemples qui viennent spontanément à l'esprit en termes de variation des contacts pendant les rapports sexuels ? Plutôt des pratiques abrasives : tenir les poignets, mordre, exprimer sa passion par des mouvements plus rapides et plus appuyés…

Pourquoi pas. Mais attention à ne pas confondre la passion et l'empressement : ce n'est pas plus intense parce qu'on saute toutes les étapes ou qu'on manipule ses partenaires comme des poupées. Cet empressement doit être questionné. De fait, il s'agit d'un code culturel venu du cinéma : pour ne pas faire durer une scène indiffusable, les réalisateurs ont tout intérêt à suggérer l'élan érotique par une gestuelle qui concentre en quelques secondes ce qui prendrait, au minimum, plusieurs minutes. Cette ellipse est contagieuse : parce que nous avons peu d'autres modèles de sexualité que ceux du cinéma… nous pratiquons quasiment toutes et tous une sexualité elliptique. (Le cinéma pornographique propose ses propres distorsions temporelles.)

La pop culture enjoint donc aux amants de se jeter l'un sur l'autre comme des bêtes sauvages

(rappel : le sexe décivilisé n'est pas meilleur que le sexe sophistiqué – en admettant que ces catégories soient étanches). Par ailleurs, on peut se jeter l'un sur l'autre sans faire mal, sans arracher les vêtements avec brutalité, et sans cavaler vers une pénétration.

Aller vite, c'est satisfaire notre imaginaire. Aller lentement, c'est satisfaire la réalité anatomique – moins aisément modifiable.

Recalibrons donc cet imaginaire : pour l'instant, nous avons tendance à associer le temps long et l'ennui. Mais qui manque d'entrain, le partenaire qui se débarrasse du sexe en deux minutes, ou celui qui lui accorde vingt minutes ou même deux heures ?

Dans ce paradigme consistant à expédier les bonnes choses (sans parler d'expédier les politesses), le toucher devient brouillon, parce qu'il masque (mal) l'étroitesse de notre répertoire sexuel.

Prendre du temps implique de savoir quoi en faire.

Notre manque de répertoire nous catapulte vers une situation ambivalente : nous payons des services de toucher (physiothérapies, massages, hammam, etc.), nous achetons le temps d'une personne qui nous fera du bien, nous dépensons de l'argent pour profiter d'un endroit qui sent bon et dont la musique nous ramollit joyeusement le cerveau. Alors que nous pourrions inclure tous ces éléments à notre vie sexuelle.

Cette détente ne fait pas de nous des êtres superficiels : quantité d'études montrent à quel point le toucher constitue une forme fondamentale de soin. Brûler l'étape sexuelle consistant à se toucher, comme

on le voit au cinéma, c'est nous dénier une attention dont nous avons un besoin vital.

Si nos caresses manquent d'imagination, voici une suggestion de programme.

Plutôt que la contrainte, la liberté des corps qui s'entendent et se détendent, qui sont autorisés à se relâcher, grossir, vieillir, couler et paresser.

Plutôt que la seule main, on peut toucher avec ses avant-bras, ses pieds, sa paume, le bout de ses doigts, ses poings, le corps entier, le corps-à-corps.

Plutôt que de chercher à toujours « contenir » nos expérimentations pour des raisons d'hygiène, on peut utiliser des draps spéciaux permettant d'en mettre partout (pourquoi pas ?) en utilisant des gels et huiles ultra-liquides, colorés, parfumés (voire des produits alimentaires si vous avez faim et que vous aimez les fantasmes des années 1990).

Plutôt que de s'aplatir comme en salon de massage, on peut augmenter l'expérience, selon sa fantaisie, d'équipements divers permettant de disposer le corps selon les angles qui nous conviennent, et les zones auxquelles nous voulons accéder.

Au-delà du contact strictement peau à peau, le corps peut être mis en contact avec des exfoliants, des éponges, des pierres, des serviettes, des fruits et légumes, des ventouses, des techniques d'acupression, et bien sûr des appareils dédiés (dont les sex-toys).

Nous pouvons jouer sur la texture (satin et velours, cuir et dentelle, métal et verre, fourrure et poils, etc.) et

les variations de température (pas forcément avec le légendaire « jeu du glaçon », mais aussi en réchauffant ses mains, en utilisant des patchs pour sportifs, en jouant avec l'air conditionné ou des ventilateurs).

Plutôt que les coups (même les coups « gentils » du sadomasochisme télévisuel), nous pouvons privilégier l'absolue quête du plaisir, la revendication farouche de son droit à ne souffrir de rien.

Plutôt que l'étranglement, la respiration (jusqu'au tantra pour les adeptes).

Plutôt que les morsures, griffures et pincements, des baisers, effleurements et massages.

Plutôt que le toucher rêche, la grande glissade[1].

Plutôt que l'étourderie, l'attention, voire le toucher en pleine conscience.

Au-delà du pur sexuel, le corps peut se brosser, s'effleurer, se chatouiller, se câliner, se sucer, s'embrasser, s'étirer, se presser, s'assouplir, se pétrir, se gratter, se pomper. On peut lécher, goûter, huiler, chatouiller, réchauffer, refroidir, effleurer, serrer, caresser, frotter, laver, agacer, tordre.

Tout cela se combine. Non, vous ne ferez pas « le tour de la question » – jamais.

---

1. Une suggestion pour des sensations à la fois nouvelles, agréables et étonnantes : les gels ultra-glissants japonais, type Nuru. Ces derniers sont conçus pour être dilués dans de l'eau et restent fluides pendant une éternité (rien à voir avec les lubrifiants classiques des pharmacies). Le corps-anguille ne produit alors plus aucune aspérité du tout : une forme d'apesanteur, en somme.

Massage matters

« Rapport sexuel » : cette formule implique une intentionnalité spécifique et des organes spécifiques. Nous avons toutes et tous entendu parler de personnes capables de jouir quand on leur caresse la nuque ou les pieds. Nous avons pourtant tendance à nous focaliser sur ce qui fonctionne le plus efficacement, quitte à nous découper nous-mêmes en zones érogènes ou non érogènes : c'est compréhensible, mais ça ne marche pas à tous les coups. Lors des mauvais jours, même un pénis peut devenir non érogène. La sensualité n'aura pas disparu pour autant.

Nous instrumentalisons nos zones érogènes, et dans la même logique, nous instrumentalisons l'art du massage lui-même. Nous le découpons lui aussi en morceaux : il y aurait les massages pour se détendre, et ceux pour jouir (lors des massages à *happy ending*, la fin justifie le reste du processus).

Puisque nous aimons les surprises : pourquoi ne pas commencer un massage sans savoir où il va nous emmener ? Quand vous massez, vous interagissez avec les profondeurs du corps et pas seulement la peau : vous dé-fétichisez. Vous prenez la personne

receveuse en compte dans son intégralité. Vous agissez sur son stress, sur ses blocages, sur sa musculature, sur son ossature, sur son élasticité, sur sa résilience, sur le très basique besoin d'être touché/e.

Masser, c'est tout vouloir de ses partenaires, et tout donner.

Plus besoin de « faire des concessions » pour être accepté/e, plus besoin d'être raisonnable. Plus besoin de se sentir insuffisant/e. Le massage nous ramasse sous les mains de l'autre, il nous rassure, on y perd le réflexe de se cacher. Le corps s'ouvre.

À ce titre, le massage peut détendre, exciter… ou les deux en même temps. Sexuellement, cette combinaison fait des miracles. Le massage autorise des pratiques qui habituellement heurtent notre timidité : prolongé, il fait accéder à un état de rêverie et d'abandon propice aux expérimentations spontanées.

Les techniques du massage érotique sont accessibles partout sur Internet, y compris en vidéo (certaines sont remarquablement bien faites). Attention cependant aux formes parfois répétitives des conseils donnés, notamment quand il s'agit de se rapprocher progressivement des parties génitales. Bien sûr, il est intéressant d'annoncer à l'avance où vous voulez en venir, afin de créer un effet d'anticipation. Vous pouvez commencer en haut, en bas, opérer des allers-retours, faire bouillir d'impatience votre partenaire.

Vous pouvez ne pas afficher la couleur, et laisser venir.

Vous pouvez éviter complètement la zone génitale.

Vous pouvez changer de rythme, de force, de technique, de zone, d'intention.

Vous pouvez masser le devant du corps comme le dos du corps, et prendre votre partenaire, littéralement, à l'estomac. Le visage se masse, les fesses, les genoux, et même l'interstice entre les orteils.

Vous pouvez jouer sur des niveaux d'intensité allant de l'effleurement à la brutalité contrôlée.

Vous pouvez vous inspirer de la liste à rallonge de massages déjà existants (et qui va au-delà du combo massage suédois-massage thaï).

Si vous vous sentez perdu/e, le mieux est encore d'aller vous faire masser, pour comprendre quel type de pression produit quel type de réaction (a priori, nous sommes tous à peu près câblés de la même manière).

Si votre massage « dégénère » (je vous le souhaite) : les testicules se massent, la vulve, la raie des fesses. Et bien sûr, l'intérieur du corps : le rectum, la prostate, le point G, comme il vous plaira – et comme il plaira à votre partenaire.

Enfin, la manière dont nous percevons le massage est qu'il produit un gagnant et un perdant : la personne receveuse est celle qui bénéficie du service, du plaisir, de la détente. Cet a priori est limitant – ne serait-ce que parce qu'en couple, on s'adonne plus volontiers aux activités qui bénéficient aux deux partenaires, sous peine d'abandonner ces activités.

Offrir un massage permet de se plonger dans un état méditatif, de s'oublier, de penser à sa respiration, de se concentrer sur sa propre excitation. Cela permet de regarder sans être vu/e en retour (pour les voyeurs et voyeuses). Les plus machiavéliques en profiteront pour jouer avec les nerfs de leur partenaire : déraper, ou pas ? Rester chaste, surprendre par un attouchement complètement sexuel quand l'autre ne s'y attend pas ? En ouvrant la porte à certains jeux, le massage peut provoquer un sentiment de toute-puissance très érotique pour le donneur ou la donneuse (et pas inutile, quand on a vécu le martyre au boulot toute la journée).

Enfin, si vous avez du mal à garder votre attention focalisée plus de deux secondes sur un objet, voici une excellente occasion de réparer votre relation au temps : le massage crée une pause, un espace qui résiste aux constantes stimulations du monde contemporain. Autant dire que la logique perdant/gagnant n'a aucun sens : on gagne, à tous les coups.

Éloge de la lenteur

Économie de l'attention, tout se joue là. Alors que les stratégies publicitaires se raffinent, que les divertissements se font irrésistibles et que les notifications ont envahi nos vies, la sexualité – déjà accusée de susciter l'ennui par ses codes répétitifs – fait face à une concurrence sans merci.

Au vu du déclin du nombre de rapports sexuels dans le monde occidental (aux États-Unis, en Angleterre, en Allemagne, jusqu'au Japon), certains n'essaient même plus de résister. On met le sport dans son planning et dans ses bonnes résolutions, rarement le sexe.

Les sondages montrent que nous aimerions faire l'amour plus souvent. Nous ne nous créons pourtant pas de plages sexuelles.

Les pédiatres disent que les enfants ont besoin d'ennui : le sexe aussi. Il n'est pas innocent que paresse et luxure se suivent parmi les péchés capitaux – pas innocent non plus que l'effort physique ait été utilisé pour ruiner les libidos.

Sur ce point, il n'y a pas de raccourci possible : on n'obtient rien de bien sans y consacrer du temps.

Soit dit en passant, parmi les *upgrades* problématiques qu'on nous vend en permanence, le *quick sex*[1] tient une place de choix. Dans la catégorie des pratiques contre-productives, on a rarement vu mieux (« On va faire comme d'habitude mais en se pressant, après quoi on balancera un tournedos Rossini dans le mixeur pour s'en faire un milk-shake qu'on descendra d'une seule gorgée en regardant la télé »).

À qui profitent les étreintes furtives ? Aux hommes. La pénétration expéditive constitue le meilleur ratio entre investissement et jouissance masculine. (Le *quick sex* peut contribuer à diverses formes de plaisir émotionnel, bien sûr. Mais sur le plan physique, c'est une modalité d'action qui profite quasi exclusivement aux hommes.)

Si nous sommes si réticents à rallonger la temporalité sexuelle, ce n'est pourtant pas seulement par égoïsme masculin ou par manque de temps (on l'a[2]), ou parce qu'on cherche à se défiler du devoir conjugal. C'est aussi parce qu'on ne sait pas comment occuper ce temps.

Une heure pour faire l'amour ? Mais on ferait quoi ? Eh bien, vous n'auriez pas d'autre choix que de sortir des choses déjà apprises, faites et refaites.

---

1. Le *quick sex* ou *quickie* consiste à faire l'amour comme on courrait un sprint, mais sans l'ambition de gagner la moindre médaille.

2. Vous êtes en train de lire cet essai, par exemple.

Avec une, deux, trois heures d'amour devant vous… vous ralentiriez.

J'ai écrit que cet essai n'était pas un guide sexuel. Je me permettrai cependant une « vraie » recommandation, qui fonctionne pour toutes les pratiques, quelle que soit votre sexualité, si tordues et délicieuses que soient vos préférences : ra-len-tis-sez.

Si vous pensez que vous allez lentement, ralentissez encore.

Le temps que la machine du désir se mette en route, que les érections pointent, qu'une rêverie s'installe.

Si votre mari se trouve actuellement à quatre pattes sur le lit, attendant d'être honoré par vos soins, faites-le patienter au moins un quart d'heure avant de lui donner ce qu'il veut (vous remarquerez qu'il en voudra subitement nettement plus).

Si vous devez pénétrer analement votre partenaire, massez lentement, circulairement, de haut en bas, sans pénétrer (il faut absolument résister à cette envie du trou). Si vous prenez une demi-minute à parcourir son sillon fessier, vous n'êtes pas un escargot : vous faites preuve d'attention.

Si vous opérez une fellation ou un cunnilingus ou une masturbation, même chose. Personne ne vous attend. Ralentissez. Faites moins souvent l'amour mais, quand vous le faites, soufflez. Laissez les secondes se dilater. Ces interactions naviguent sur les eaux du contemplatif et du méditatif : il existe de nombreux adeptes du sexe en pleine conscience.

Au niveau le plus extrême, vous pratiquerez ce qu'on appelle l'*edging* (littéralement, se tenir sur le bord de l'orgasme), qui consiste à flirter avec les limites du plaisir : vous amenez votre partenaire tout proche de la délivrance, avant de faire intentionnellement retomber la pression (techniquement parlant, vous retournez à la phase de plateau qui précède la phase orgasmique). Si vous maîtrisez bien les signes précurseurs de la jouissance, vous pouvez enchaîner les allers-retours pour construire un maximum de pression sexuelle, comme dans une cocotte-minute. Quand on se relâche enfin, les effets sont spectaculaires ! Et quand on ne relâche pas, cela s'appelle de la privation volontaire d'orgasme (dont une variation consiste en des orgasmes « ruinés[1] »).

Malgré tous ces avantages, on ne manquera pas de défenseurs d'un Graal orgasmique obtenu en deux minutes chrono (pourquoi pas, mais en termes de pure efficacité, rien ne vaudra jamais un vibromasseur).

Et effectivement, la pression temporelle peut constituer un jeu, quand on est hyperfonctionnel/le, quand on connaît parfaitement son corps, et quand aucun des partenaires ne tombe de fatigue. Vous pouvez mettre la charrue avant les bœufs : personne n'a jamais écrit dans un code de la sexualité qu'il faudrait d'abord embrasser, puis se déshabiller, puis

1. Mais nous sommes là dans le domaine du BDSM : ces informations sont en ligne si vous souhaitez en savoir plus.

mettre des excroissances dans des endroits divers et variés.

Il n'y a pas d'ordre, mais des désirs, pris en désordre.

Et pourtant, les adeptes du *quick sex* résistent. Ils n'ont pas le temps. Deux heures, ça n'est pas réaliste. Ils induisent l'idée que la sexualité est une activité dont on peut (doit ?) se débarrasser « vite fait, bien fait ». Exactement comme d'une corvée.

Cette résistance est biaisée. Sauf à élever cinq enfants en bas âge, nous avons toujours le temps de la sexualité. Pour rappel, les Français passent trois heures et quarante-deux minutes par jour devant leurs écrans, à quoi s'ajoutent quatre heures de tâches domestiques diverses et variées pour les femmes (deux heures et demie pour les hommes).

Ce n'est donc pas une question de temps, mais de priorité. Malheureusement, notre culture sexuelle ne nous permet pas de faire du sexe une priorité sans passer pour une personne obsédée et frivole – voire vantarde. Cette situation est d'autant plus inconfortable que nous admettons volontiers que le partenaire est une priorité (le vocabulaire le démontre : « âme sœur », « moitié », « trésor »). En conséquence de quoi l'interaction charnelle avec ce partenaire devrait faire partie des priorités. Suffisamment pour, au moins, passer avant les publicités, le shopping ou les réseaux sociaux (sauf accord des partenaires sur la nature asexuée de leur couple).

Il ne s'agit pas d'une mise sous pression, bien au contraire : espacer les rapports peut permettre de

dégager du temps, et du manque, et du désir. En jeûnant sexuellement, ne serait-ce que quelques jours, on « recharge » son énergie sexuelle. Ce jeûne est déjà une réalité pour la plupart des couples (ceux qui sont ensemble depuis plus d'une année, en tout cas). Il s'opère symboliquement avec les règles, il apparaît pendant les intervalles entre deux week-ends, il s'appuie sur les éventuels déplacements qui créent de la distance.

Plutôt que dire que la sexualité est en pause, pourquoi ne pas penser qu'elle est en charge ?

Enfin, prendre le temps de la sexualité ouvre nécessairement la question douloureuse, souvent mal vécue, du temps très long. Et avec lui de l'ennui, du manque de nouveauté, des brèches narcissiques. Je ne crois pas qu'il existe de fatalité à ce sujet (certains couples le démontrent brillamment) : d'abord parce qu'on peut découpler le désir de son aspect purement visuel (si on le réincorpore dans le domaine du toucher, on ne vieillit pas), ensuite parce que la question de l'ennui est une question de répertoire (et l'objet de cet ouvrage est notamment de démontrer que nous nous trompons de question quand nous parlons d'ennui).

Le temps du vieillissement est une autre manière de prendre le temps de la sexualité… et ma recommandation est la même : si c'est long, ralentissez encore plutôt que de courir aux solutions faciles (et insatisfaisantes).

L'orgasme du tout au trou

Sortir du trou, c'est bien. Sortons maintenant du troc.

Au risque d'enfoncer quelques portes ouvertes, l'orgasme est perçu comme le barème d'un rapport sexuel réussi – une exigence pas inutile, surtout en ce qui concerne le plaisir féminin (longtemps tassé sous le tapis)... mais une exigence pourtant insuffisante.

Ainsi, en 2007, des chercheurs américains ont demandé à 1 549 cobayes les raisons pour lesquelles ils ou elles faisaient l'amour[1] : ils en ont trouvé 237. Soit une éblouissante variété d'égoïsmes, d'altruismes, de tensions, d'interactions avec les partenaires... et une solide dose de pragmatisme (parmi les réponses citées, notons les remarquables « j'avais froid », « je voulais brûler des calories », « je voulais que mon partenaire n'ait plus envie de coucher avec une autre personne », « je voulais emmerder mes parents » ou encore « la personne était célèbre »).

1. Cindy M. Meston et David M. Buss, « Why humans have sex », *Archives of Sexual Behavior*, 2007, 36, p. 477-507.

Cette amplitude de raisons aboutit possiblement à 237 états d'esprit différents, combinables, contradictoires… qui ne se limitent absolument pas à la béatitude post-orgasmique. Parfois, on n'a pas envie d'orgasme.

Revenons un instant sur cette amplitude émotionnelle, parce qu'il est rarement question de ce potentiel. Si notre intention est trop claire, trop focalisée sur un objectif, nous risquons fort d'obtenir ce que nous désirons – au détriment du reste. Le script n'est pas seulement sexuel, il est aussi émotionnel, et ce répertoire n'est pas moins étroit que celui de notre routine baiser-caresse-pénétration.

Si j'insiste, c'est parce que, dans ce menu émotionnel, on peut avoir l'impression que certaines options s'excluent mutuellement. Si on cherche le soulagement d'une pulsion, alors les sentiments passent à la trappe ; s'il s'agit de *hate sex*, alors pas question que s'y mêle une expérience artistique.

Il faudrait choisir, donc renoncer.

Tout cela est très sage, mais en embrassant même les plus triviales de nos motivations, nous ouvririons la voie à un chaos émotionnel passionnant : des « séances » joyeuses où surviendraient des moments de nostalgie, d'intelligence, des considérations pratiques, des idées originales, du souci, de la jubilation, des sursauts de maladresse ou d'innocence, des caresses qui font rire, des jouissances qui finissent en larmes – et pas forcément des larmes de tristesse.

Certains voient Dieu quand ils font l'amour, d'autres ne voient rien. Certains voient leur partenaire, ou des notes de musique, ou des taches de couleur.

Ce mille-feuille émotionnel n'est pas cantonné à la sexualité : il reflète une appétence pour une définition stricte de ce que devrait être une existence humaine. « La » vie satisfaisante s'obtient-elle par la poursuite du bonheur, ou par celle de la complétude ? Préférons-nous accepter la gamme d'émotions la plus large possible, quitte à prendre quelques risques ?

En sexualité, doit-on courir à l'explosion, ou laisser la porte ouverte à des expériences non orgasmiques, même si nous serons parfois déçus, perplexes, consternés ? Nos sexualités doivent-elles être productives en termes de plaisir ? Sur cette ligne d'assemblage aboutissant à l'orgasme, qu'arrive-t-il aux ouvriers qui désertent ?

Quoi qu'on décide de répondre à cette question (à laquelle rien ne nous oblige à répondre, soit dit en passant), les « sorties de route » permettent une forme d'authenticité, parce qu'elles se recombinent avec nos humeurs du moment – que ces dernières viennent de notre intériorité ou d'éléments extérieurs.

À ce sujet, une petite digression : une solide portion d'entre nous utilisent des substances pour atteindre des états modifiés de conscience lors de leurs interactions sexuelles. Ce champ s'étend du *chemsex*, mêlant rapports et drogues, au cocktail partagé au bar avant de ramener un inconnu chez soi.

Le discours médiatique sur ces sujets est plutôt infantilisant. Les ivresses et autres expériences cocaïnées, hallucinées, extasiées, herbalisées, sous somnifères ou nicotine, font pourtant partie du panorama sexuel contemporain. Sans entrer dans le détail des risques et bénéfices associés à chacune de ces substances, une sexualité adulte repose sur des décisions d'adulte. Auquel cas il n'est absolument pas absurde de se renseigner sur ce sujet.

Par ailleurs, *tout* altère notre conscience.

À quoi sert d'avoir un orgasme, quand on préférerait dormir ?

Pourquoi s'acharner sur un pénis, quand on pense à autre chose ?

La sexualité du matin n'est pas celle du milieu de la nuit, elle diffère quand il pleut, quand il neige, quand le tonnerre gronde, quand la ville semble dormir. Nous pouvons être sobres, ivres, affamés, repus, attentionnés, négligents. Nous pouvons sortir du musée ou du bureau, flotter dans nos pensées ou savoir exactement comment nous allons manipuler nos partenaires.

Sortir du tout-orgasme nous permet d'être honnêtes : de coucher ou pas, mais avec notre tristesse, notre joie, notre mélodie intérieure, notre épuisement, notre frustration, en faisant attention à nous-mêmes plutôt qu'au résultat que nous « devrions » vouloir obtenir.

Récupérer notre amplitude émotionnelle, c'est aussi pouvoir manipuler nos émotions : contrer la douleur par un orgasme, évacuer du stress, oublier

quelques instants le deuil d'un proche. Autant d'opportunités inaccessibles si on ne pense qu'au plaisir, voire à l'aboutissement du plaisir – au détriment de son entièreté.

Cette entièreté passe d'ailleurs par une distinction importante : l'orgasme est une manifestation physique du plaisir se traduisant, entre autres, par des contractions génitales incontrôlables du vagin, ou l'éjaculation des hommes[1]. La jouissance, en revanche, combine toutes les formes de plaisir prises pendant le rapport sexuel. On peut jouir sans orgasmer : on peut jouir de donner du plaisir à sa/son partenaire, jouir de contempler son corps, jouir de recevoir une attention qui ne nous emmène pas « jusqu'au bout ».

Démarquer ces deux concepts augmente notre répertoire sexuel : en identifiant mieux ce qui marche, ce qui coince ou ce qui est désirable, nous nous donnons les moyens de parler la même langue sexuelle, sans patauger dans des codes qui prêtent à sourire : à la fameuse question « T'as joui ? », la meilleure réponse reste : « De quelle jouissance parles-tu ? »

De fait, l'orgasme ne peut pas être considéré comme « le bout ». La sexualité repousse constamment son horizon : même la phase réfractaire des hommes, durant laquelle ils doivent se reposer, ne constitue pas le bout d'un rapport sexuel, puisque

1. Les quelques hommes qui parviennent à jouir sans éjaculer me pardonneront de les réduire à une note de bas de page : ils sont encore trop minoritaires pour changer la définition médicale d'un orgasme.

rien n'empêche ces hommes de continuer à donner du plaisir à leur partenaire, ou de fantasmer, ou de susurrer des mots doux, ou de se caresser.

La prise en compte de la jouissance nous permet de sortir d'une situation d'entre-deux intellectuellement bancale. Car si nous affirmons que l'orgasme ne compte pas tant que ça, alors pourquoi se donner du mal ? Pourquoi sortir de sa zone de confort pour chercher à orgasmer autrement ? Et en même temps : si on ne pense qu'à l'orgasme, comment exercer son inventivité ? N'est-il pas amusant de délayer son propre plaisir – de pouvoir se dire : pas maintenant, mais la prochaine fois ?

Proposons donc la formule suivante : l'orgasme n'est *pas* le barème d'un rapport sexuel réussi, à condition que ce rapport provoque de la jouissance (même masochiste, même purement altruiste, même purement contemplative). Et à condition, aussi, qu'on soit *capable* de donner et de recevoir des orgasmes (sauf dans le cas d'une complication médicale spécifique).

Selon ce paradigme, le non-orgasme est un choix, pas une circonstance malheureuse.

Si l'orgasme n'est pas obligatoire, l'orgasme simultané l'est encore moins – et avec lui le mythe de la fusion sexuelle voulant que ce soit « mieux » si on jouit ensemble. Cette exigence produit des simulations au kilomètre. Pire, elle empêche de profiter de l'orgasme de sa/son partenaire – absorbés que nous sommes par nos propres contractions et éjaculations. Cela peut sembler évident, mais si c'est du troc, ce

n'est plus du don – or nous n'avons aucun intérêt à « choisir notre camp ».

Même constat pour les orgasmes multiples ou les éjaculations féminines : nous créons des attentes si élevées qu'elles induisent des mensonges et des tensions, tout en nous privant de la gratitude ressentie lors d'une « bonne surprise ». Rien ne nous empêche d'acquérir ces compétences (même les hommes), mais restons réalistes : les chiffres de l'orgasme féminin montrent que les mécanismes de base ne sont pas acquis par tout le monde. Ne mettons pas le multiple avant le simple, le simultané avant le décoordonné… ou l'œuf avant la poule (à moins que ce ne soit l'inverse).

Corps en souffrance, corps en jouissance

BDSM. Bondage, domination, sadomasochisme.

Quand on vient à manquer d'imagination, la contrainte est un formidable outil : pour écrire un livre, pour changer de recette de cuisine, pour trouver une idée insolite de voyage, pour terminer un boulot dans les temps.

Les bénéfices de la contrainte fonctionnent aussi en sexualité : que vous décidiez de contraindre le temps, l'espace ou vos partenaires, quelque chose de neuf se produit, de même que si l'autoroute est bloquée, vous finirez sur des chemins de campagne. À ce titre, il n'y a rien d'étonnant à ce que ces fantasmes constituent la norme statistique : la plupart d'entre nous ont déjà souhaité subir et/ou infliger des émotions mêlant excitation, peur, entraînement, humiliation, pouvoir et douleur.

Cependant, sauf chez les virtuoses (qui existent), le BDSM a tendance à produire l'inverse des effets qu'il est censé produire : des émotions pas subtiles, des dominateurs qui pensent sincèrement qu'ils dominent (au lieu de se mettre au service des désirs et limites de

leurs partenaires), des rôles figés qui ne « switchent[1] » pas, du folklore façon années 1980, de l'autoparodie froufroutante. Ce n'est en rien la faute de ces pratiques, mais elles sont techniques : elles demandent de l'engagement, de l'empathie, des connaissances (sans rapport avec le niveau de diplômes).

Faute d'investissement intellectuel réel, on écope d'un espace fantasmatique qui copie, suit des règles, s'échange des contrats, se concentre sur ses jolis costumes, se cantonne aux figures imposées : cuir ou latex ? Dominant ou dominé ? Cravache ou martinet ? Cheval d'arçons ou croix de Saint-André ? Ces codes sont merveilleusement sécurisants (quoique des abus de pouvoir et des formes de violence non stylisées existent), mais admettons-le : dans sa version donjons & dominas, cet univers bégaie, rejoue indéfiniment les trépidations de l'enfant qui a besoin de cadre, et qui subira des punitions quand il dépasse ce cadre.

Ces remises en question exposent à des accusations de pruderie : un comble, tant le BDSM exploite sans vergogne cette même pruderie. (Et tant mieux : transcender nos tabous permet des expériences riches.)

Car, si le BDSM nous « vend » de la transgression, cette publicité est mensongère. Prétendre qu'il faille souffrir pour jouir n'est pas une innovation quand on

1. Les « switchs » sont des personnes qui passent volontiers d'un rôle dominant à un rôle dominé. Le mot vient du BDSM.

vient d'une culture chrétienne[1]. Prétendre réactiver les imaginaires de l'enfer et du purgatoire, quand la sexualité passe pour sale, sera toujours moins dynamique qu'imaginer un paradis.

C'est le royaume du corps-trou, creusé par des maîtres, maltraité, ployant. Le corps triomphant aussi, mais triomphant sous les coups, triomphant dans la douleur – et, le plus souvent, féminin.

Peu de transgression, d'ailleurs, quand on invente le masochisme féminin pour justifier de faire mal (ni l'amour ni le plaisir ne justifient la souffrance – *au contraire*).

Cette histoire de transgression donne un vernis chic à des pratiques qui ne le sont pas toujours. Ce vernis permet de manipuler des partenaires réticents, à juste titre, à l'idée de massacrer leur temps de plaisir en y ajoutant des grumeaux de douleur et de culpabilité. Par ailleurs, ces pratiques ne sont pas inconséquentes : tout a des conséquences, même les jeux. Certaines conséquences seront positives, d'autres seront négatives.

Pourquoi s'infliger cet arbitrage, quand on n'en a pas envie ?

C'est exactement là que nous pourrions tirer notre épingle du jeu : et si nous cessions de répéter comme

1. Il s'agit plutôt d'une négociation créative des conflits de valeurs auxquels nous nous heurtons : « Ma religion est tellement pétrie de règles, d'interdits, de punitions, de mépris des femmes et de haine de soi que je vais lui donner raison, mais dans l'hyperbole. »

une évidence que tout désir est transgressif ? (Si c'était vrai, vous auriez envie de coucher avec des cadavres, des bébés ou des animaux.) Et si nous acceptions que le pur plaisir ne soit pas « trop simple[1] » ?

Demander la permission de chercher l'absolu bien-être n'est pas anodin, et ne relève certainement pas du privilège. La sexualité permet de connaître des jouissances pures. Notre corps comme notre esprit en ont le potentiel. Nous méritons ces jouissances pures, de même que nous méritons de manger de la glace à la pistache sans y fourrer des graviers.

1. Cette même logique du « trop bon, trop con » fait suffisamment de ravages dans nos vies publiques.

Détache-moi

Popularisé par l'imaginaire du rapt, propulsé par l'intérêt pour les pratiques japonaises… et grandement aidé par la relative facilité de ses mises en scène, le bondage domine nos fantasmes. Les menottes en fourrure rose bonbon n'ont pas fini de se vendre comme des petits pains.

L'entravement du corps libère la pensée : en restreignant les interactions, on peut se concentrer sur ses propres sensations. Le bondage nous extirpe de la logique du troc de la manière la plus efficace qui soit, puisque l'un des partenaires est dans l'impossibilité physique de se mouvoir.

Une petite question, cependant : pourquoi faudrait-il attacher quelqu'un avec des cordes, et potentiellement lui laisser des marques (très esthétiques, certes), alors qu'on pourrait lui demander de ne pas bouger ? Pourquoi ne pas lui expliquer qu'on veut s'occuper de lui/d'elle ? La contrainte peut s'exercer de manière psychologique, sans pression sur le corps… et sans contrainte du tout : offrir des jouissances, ne pas les arracher.

Assumer ses jouissances, ne pas y être contraint/e.

Sortir d'un paradigme où le plaisir doit être justifié par un *deus ex machina* : « Ce n'est pas moi qui prends du plaisir, c'est l'autre qui me l'impose. »

Cette préférence de la coopération sur la contrainte permet d'éviter certains écueils accompagnant la banalisation du bondage : outre les risques physiques pour les participants débutants[1], les risques émotionnels existent – être attaché peut réactiver des souvenirs désastreux, induire des états de panique, dégrader l'image que l'on a de son corps, quand on le découvre boursouflé façon gigot d'agneau.

Il faudrait également interroger la passion contemporaine pour les pratiques compressant le corps : on nous enjoint de le tasser, le comprimer, comme les personnes complexées qui rentrent le ventre pour cacher leurs bourrelets. Cette esthétique dépasse la seule chambre à coucher : il n'est pas innocent que plus les vêtements sont érotiques, plus ils nous réduisent (cravates et jeans étroits pour les hommes, corsets ou culottes sanglées pour les femmes). Les codes de la séduction sont ainsi eux-mêmes empreints de cet imaginaire de la restriction qui contredit notre aspiration à la générosité, sans même parler de notre schizophrénie consistant à qualifier de « sexuellement libérateurs » des artefacts qui, sexuellement, nous emprisonnent.

---

1. Jamais de corde autour du cou, attention à préserver une position où la respiration est facile, attention également aux partenaires qui n'ont pas gagné notre confiance et pourraient abuser de la situation. Par ailleurs, limiter l'accès à son anatomie rend certaines pratiques plus difficiles, voire douloureuses.

Même nos mouvements, hors bondage, sont contraints : il n'est pas si facile de prendre des permissions physiques qui révéleraient notre intimité. Écarter les jambes, écarter les fesses restent des pratiques sévèrement jugées (« C'est une pute, elle écarte les jambes », « C'est un enculé, il prend dans les fesses »).

Une libération sexuelle bien nommée devrait commencer par nous décontraindre. Elle intégrerait les jeux de corde sans en faire le nec plus ultra du répertoire : à quoi ressemblerait une érotique pleinement assumée, nous autorisant à récupérer notre pleine liberté de mouvement[1] ? Pourquoi ne pas embrasser la joie consistant à pouvoir toucher ici, attraper là, sans constamment s'excuser de mettre les doigts ? Pourquoi ne pas prendre *toute la place* : dans le lit, dans l'appartement, dans sa peau ?

Enfin, rappelons que l'imaginaire de la contrainte contamine l'expression des sentiments, des mots, des fantasmes. Or tous ces éléments vont de pair. Quand nous érotisons la restriction, quand nous méprisons l'ouverture et la franchise, nous privilégions des codes sexuels vieux de plusieurs millénaires plutôt que la réalité de nos corps, la réalité de nos interactions, et la réalité de ce que recouvre le mot « liberté ». Intellectuellement, ça ne tient pas, et physiquement, on pourrait peut-être commencer par s'ouvrir. Plutôt que (ren)fermer.

---

1. L'argument selon lequel on a la liberté de renoncer à sa liberté ne suffit pas.

Hiérarchie chérie

Au royaume des contraintes, la hiérarchie est reine – elle remet de l'ordre dans nos chambres à coucher, renoue avec une certaine moralité (« Au bon vieux temps, il suffisait d'obéir aux ordres »). Cette asymétrie simplifie les rapports. Les moutons sont bien gardés, les bergers portent parfois d'adorables uniformes à cuissardes. Le fantasme hiérarchique joue sur notre nostalgie des codes de l'aristocratie : à mesure que la société paraît s'horizontaliser (et que les inégalités s'accentuent), voici *enfin* un espace, voici *enfin* une forme de contrat où nous savons précisément où nous nous situons. Rêver de prendre toutes les permissions, de donner les clés de notre corps à notre partenaire, nous autorise à passer outre les négociations et autres marchandages.

Ça va vite. C'est fluide. Parce qu'il n'est pas nécessaire de s'embarrasser de vocabulaire et de verbalisation, nous nous sentons libres – et, dans le cas des dominés, parfaitement irresponsables.

Notre place nous enferme, mais au moins c'est une place.

Ce besoin de positionnement constitue un trait récurrent du domaine sexuel : parce que ce domaine reste tabou, parce que nous ne sommes pas d'accord, parce que nos désirs sont contradictoires, parce que nous avons du mal à aligner nos valeurs et nos pratiques, nous nous en tirons avec des doubles discours. Devant tant de questions, qui pourrait nous en vouloir de chercher des réponses ? Face à des codes incompréhensibles, comment retrouver son compas moral ?

Même une feuille de route insatisfaisante ressemble à une oasis dans le désert.

Ce qui entraîne plusieurs problèmes. D'abord, la hiérarchie nous coince. Bon courage pour rétropédaler quand, dans son couple, c'est toujours untel ou unetelle qui prend les devants ! Bonne chance à l'homme qui veut « rester alpha » en découvrant le plaisir prostatique !

Quand nous avons l'impression de ne plus pouvoir respirer, quand nous cherchons dans l'infidélité un vent de liberté, c'est peut-être que le rôle commence à peser des tonnes. Sous le costume (de domina, d'ingénue, de pygmalion, de *toyboy*, de perverse, de papa), nous vacillons. Sur scène, nous maudissons le scénario – parce que personne ne peut jouer le même scénario indéfiniment sans être profondément lassé, voire exaspéré.

Deuxièmement, la hiérarchie crée des gagnants et des perdants… sachant qu'on peut être au sommet de la pyramide et perdre (par exemple quand on n'en peut plus d'être constamment l'initiateur des rapports

sexuels – tout le monde a le droit de se transformer en étoile ou en concombre de mer, au moins de temps en temps). Cette production de gagnants et de perdants rend nos fantasmes aristocratiques nettement moins sympathiques – elle implique une menace diffuse, qui contrebalance le côté rassurant du rôle établi. On se retrouve avec des hommes « salauds et alpha », des femmes « victimes », mais aussi des hommes « victimes de la sournoiserie des femmes », des femmes « qui secrètement ont le pouvoir sexuel »... Au lit, si je ne m'abuse, nous avons mieux à faire que distribuer des points.

Cette hiérarchie par ailleurs s'inscrit dans un contexte social et politique déjà saturé d'autres hiérarchies : on joue les hommes contre les femmes, certes, mais aussi les jeunes contre les vieux, les riches contre les pauvres, les clients contre les prostitués – tout positionnement n'est pas épanouissant, loin de là.

Troisièmement, l'érotisation des différences de pouvoir les fait perdurer – d'autant qu'elle repose sur un agencement de secrets et de mystères bien commodes, puisqu'ils permettent aux novices de n'avoir jamais réellement les cartes en main (même si, théoriquement, leur bon vouloir est prioritaire – dans le BDSM notamment, la hiérarchie est possible justement parce que les désirs et limites de la personne soumise sont prioritaires).

Le fantasme du pygmalion en constitue un exemple évident : sans qu'on l'avoue toujours, il s'agit d'une forme de dressage de nos partenaires, priés de se

glisser dans nos goûts à nous (alors qu'on pourrait imaginer le même fantasme, mais dans lequel l'initiateur enseignerait comment se découvrir soi-même – en n'obéissant, justement, à personne).

Quatrièmement, il me semble que l'invention d'une fantasmatique égalitaire nous permettrait de générer de nouvelles esthétiques. Du fouet au boudoir, du rituel aux masques, cela fait des millénaires que nous rabâchons le même folklore – qui se permet en outre de moquer certains fantasmes plus contemporains (et hiérarchiquement moins chargés). Entre un *furry* déguisé en lapin géant et une soubrette, qui sommes-nous pour décider que la seconde est sexy mais que le lapin est ridicule ? (Après des milliers de déclinaisons de soubrettes, personnellement, je serais ravie de voir quelques lézards fluorescents ou quelques cyborgs investir nos écrans et romans.)

Nos scénarios et autres jeux de rôles bénéficieraient d'un petit vent de folie, non ?

Contre la vassalité, on pourrait proposer l'alliance (et les lézards cyborgs).

Cette culture sexuelle serait alors démocratique, dénuée d'élus autant que d'obligations. En cherchant le bien-être plutôt que la souffrance, l'égalité plutôt que la hiérarchie, nous pourrions enrichir le répertoire tout en simplifiant la logistique (il serait alors inutile de prendre mille précautions, d'établir des contrats ou d'inventer des rites initiatiques interminables).

Cette érotique-là, subversive, moins répandue que nos jeux de rôles sauce « crimes et châtiments »...

émerge. Elle se diffuse dans les fanfictions[1], dans la post-pornographie, dans la bande dessinée. Il suffit de tourner notre regard vers celles et ceux qui l'inventent. Sinon, on pourra toujours rester dans le boudoir – du mot « bouder », se mettre à l'écart.

---

1. Ce terme désigne des créations, le plus souvent littéraires, mettant en scène des versions alternatives de la vie de héros de la pop culture, de l'histoire ou même de la politique. Ces fanfictions sont volontiers érotiques.

Plaisirs solides et solitaires

Le nombre de rapports sexuels décroît partout dans le monde occidental. On s'en alarme. Du moins on feint de s'en alarmer. Les chiffres de la masturbation, eux, augmentent – portés par les femmes, chez qui cette pratique se banalise.

Une certaine résistance existe, encore aujourd'hui, en même temps qu'un encouragement : il est exact qu'on peut parler d'injonction au plaisir, au farniente, à l'autoexploration.

Les discours diffèrent selon les personnes concernées : les femmes sont invitées à se connaître pour mieux s'« offrir » (le plaisir solitaire ne serait donc pas si solitaire que cela, il serait au contraire pris pour mieux être « rendu » aux futurs partenaires[1]), tandis que les hommes sont supposés se débarrasser de leurs

1. Et ce n'est pas faux : en expérimentant, on améliore ses performances. Nous ressentons plus facilement du plaisir, et nous en donnons plus facilement, y compris dans les rapports hétérosexuels : les corps féminins et masculins fonctionnent quasiment sur les mêmes modalités – quand on se connaît soi-même, a priori, on connaît aussi l'autre. Socrate aurait adoré.

pulsions (l'emploi du mot « pulsion » impliquant une urgence qui légitime tous les abus).

Rappelons donc que les femmes ont elles aussi une libido (pour 99,99 % d'entre elles), qu'elles aussi ont besoin de « se soulager »… tandis que les hommes ne se connaissent pas toujours jusque sur le bout des doigts (la plupart d'entre eux choisissent d'ignorer le plaisir prostatique, auquel cas ils ont effectivement moins à « offrir » à leurs partenaires).

Qu'on soit homme, femme, trans, intersexe ou autre, le problème posé par cet essai (sexe vanille ou pimenté, ennui ou souffrance) n'existe pas dans le cadre masturbatoire. On peut se toucher par ennui, on peut s'ennuyer pendant qu'on se touche, il existe même des orgasmes ennuyeux… mais pas grand monde n'abandonne la masturbation. Les hommes et femmes n'abordent pas la trentaine, quarantaine ou cinquantaine en se plaignant de ne plus se masturber.

Nous utilisons par ailleurs très rarement les émotions désagréables pendant nos plaisirs solitaires. Nous ne nous faisons pas mal. Nous ne nous contraignons pas, ou pas beaucoup.

Nous augmentons ce plaisir par la méditation[1], l'hypnose érotique, la respiration tantrique, la musique, la pornographie, le fantasme.

Nous prenons du temps.

1. Les personnes intéressées pourront tester la méditation orgasmique, qui propose un cadre intéressant d'exploration à deux. Toutes les informations sont en ligne.

Nous ne sommes pas vus : nous prenons de l'espace.

Nous ne nous observons pas réellement nous-mêmes : nous nous offrons une parenthèse pacifiée.

La masturbation faisant partie du sexe (du « vrai » sexe), elle nous donne de précieuses indications sur ce que serait une sexualité libérée de l'ennui, des insultes et des coups de trique.

À ce titre, elle n'est pas un plaisir égoïste comme on l'entend souvent : en faisant déborder cette zone de bienveillance et de liberté sur les rapports interpersonnels, elle nous rendrait au contraire plus altruistes.

Pour l'instant, dans les représentations collectives, la masturbation et les rapports à deux restent étanches. Et pourtant…

Certains hommes se masturbent avant un rendez-vous pour « tenir » plus longtemps. Certaines femmes entament quelques caresses pour arriver mouillées auprès de leur amant. En termes de gestion de l'excitation, la masturbation intellectuelle ou charnelle peut commencer bien avant, et continuer bien après, une interaction physique. Il suffirait de relier ces pôles pour créer un nouveau répertoire sexuel, non pas intermédiaire mais complémentaire, qui rétablirait le continuum entre les plaisirs solitaires et les plaisirs interpersonnels.

Alors, coucher comme on se masturbe, mais à deux ? Mais avec un autre corps dans la pièce ? C'est parfaitement possible, et nous aurions beaucoup à y gagner.

Masturbations et exhibitions

Au IIIe millénaire, le sexe est censé n'être plus sale. Enfin… sauf le sexe anal, sauf le sexe furtif, sauf la sexualité des femmes légères, sauf quand effectivement le sexe salit, sauf quand l'éjaculation tombe au mauvais endroit, sauf quand plusieurs personnes sont impliquées, sauf quand on est infidèle, sauf quand on dit des mots grossiers.

Et sauf quand le sexe est solitaire (cette liste pourrait continuer longtemps).

Nous avons tellement l'habitude de considérer la masturbation comme honteuse que nous nous abstenons jalousement de la partager. C'est-à-dire que nous privons nos partenaires de la source d'information la plus fiable concernant notre plaisir et les actes susceptibles d'y mener : nous-mêmes. Et plus précisément, nous-mêmes faisant la démonstration de nos talents.

Le simple fait de qualifier la masturbation de plaisir solitaire fonctionne comme une prophétie autoréalisatrice : il y a une attente, complètement artificielle[1], à laquelle nous nous efforçons de coller.

---

1. On ne fait pas tant d'histoires pour manger ou dormir devant les autres.

Pourtant, rien dans la masturbation n'empêche de la pratiquer en présence de son partenaire. Rien, à part le fait de considérer ce cadeau comme un pis-aller et non comme une offrande (de savoirs, de jouissance, de complicité). L'imperméabilité entre masturbation et rapport sexuel ne possède aucun fondement anatomique, pratique ou éthique. C'est un pur apprentissage social. Désapprenons-le. Une culture, ça se change, ça se tord. À tous les niveaux de la société.

Commençons par réaffirmer qu'un plaisir qui vient de soi n'est pas nécessairement égoïste. Dans le cas qui nous intéresse, il est même clairement altruiste. Un partenaire qui se masturbe devant moi démontre sa confiance, me donne des idées, me laisse du temps pour bouquiner.

Par ailleurs, en estimant que le partenaire pourrait être choqué ou blessé par notre comportement, nous prenons cette décision à sa place – une décision qui fait peu de cas de sa bienveillance (si vos partenaires ne sont pas bienveillants, par définition, ils cessent d'être des partenaires pour devenir des étrangers ou des ennemis[1]).

Enfin, il faut à tout prix rejeter l'idée que la masturbation prive l'autre de ce qui lui est dû – comme si la masturbation s'opposait aux autres pratiques sexuelles dans un jeu à somme nulle (ce serait soit l'un soit l'autre, la masturbation remplacerait le sexe

1. Si un individu se sent menacé par vos masturbations, ça ne va pas être facile au moment d'ouvrir un compte commun.

relationnel, tout cela serait segmenté comme une déclaration d'impôts).

La masturbation ne prive pas le partenaire, déjà parce que rien ne lui est dû, jamais. Ensuite, il n'est nulle part inscrit dans la Constitution qu'on doive n'interagir qu'avec les organes génitaux de l'autre – comme si, en entrant dans la chambre à coucher, nous perdions automatiquement et arbitrairement la jouissance de notre propre anatomie.

Se masturber devant l'autre implique de lui dévoiler quelques secrets : c'est se donner à voir. Mais comme on ne se voit jamais soi-même. Car dans le plaisir, on ne se reconnaît pas forcément. On désire des choses qui nous sembleraient indésirables hors du feu de l'action. Quelle version de nous-mêmes donnons-nous à contempler lorsque nous nous masturbons ? Nous l'ignorons. C'est peut-être cette prise de risque qui nous rend si timides.

Et pourtant. En acceptant cette part d'inconnu, en exhibant ces émotions, on tombe les masques – on sort, paradoxalement, du territoire de l'obscène. Ce sont nos tergiversations qui rendent les choses dramatiques.

Si vous ne pensez pas pouvoir dévoiler vos « formules magiques » à votre partenaire, alors peut-être le couple traditionnel, fondé entre autres sur le partenariat sexuel, n'est-il pas la formule qui vous convient le mieux (tout ira bien : il existe de nombreuses autres formules). Votre équipier a besoin de savoir avec qui il fait équipe. Si le sexe est le ciment du couple, l'autre a besoin de comprendre comment

vous assemblez vos ingrédients (vous pouvez bien sûr remplacer la masturbation par d'autres formes de communication, mais celle-ci spécifiquement a le mérite d'être précise).

La masturbation partagée n'est pas une question d'exhibitionnisme mais d'information.

Et bien sûr, les jours de grosse fatigue, le regard permet une connexion paresseuse, mais réelle. On est là. On tient la main. Éventuellement on met les mains.

Lors de ces masturbations partagées, le partenaire peut jouer le rôle de voyeur (« je suis là, je regarde, je valide »), de pourvoyeur d'encouragements (« je t'écoute, je te parle, je commente ») ou de participant secondaire (« je te caresse en même temps, je t'embrasse, je stimule »). On peut toucher ou serrer les testicules, s'occuper de la lubrification, jouer avec la prostate, titiller le clitoris, pénétrer digitalement le vagin ou l'anus, utiliser des sex-toys, pincer les seins…

L'idée est de participer, *autrement*, sachant que la relation sexuelle n'en sera pas moins « complète ». Cette possibilité a le double mérite de déculpabiliser les paresseux, épuisés, dépressifs, migraineux, démotivés, tout en rassurant les enthousiastes : passer son tour pour un rapport sexuel ne signifie pas qu'on rejette la personne dans son entièreté (puisque, justement, on l'accepte dans son intimité). Il s'agit tout simplement d'une forme différente de rapport.

Quand on sait à quel point les refus sexuels peuvent blesser, ces masturbations partagées ou observées ne sauraient être considérées comme des pis-aller : elles constituent une sexualité relationnelle à part entière, riche, fluide, nous épargnant quantité de frustrations, de malaises et de doutes.

Masturbations et directives

Outre les masturbations exhibées ou partagées, ajoutons les masturbations guidées, qui permettent un degré encore supérieur de complicité : dans cette configuration, le partenaire « chaste » (il faut le dire vite) contrôle les agissements du masturbateur. Les directives peuvent s'échanger en élaborant un scénario façon jeux de rôles (on peut supplier, proposer, simuler un chantage, donner des ordres). Les partenaires pourront se trouver à quelques centimètres l'un de l'autre, se parler depuis leur téléphone, s'envoyer des textos, ou se titiller via une télécommande et des sex-toys connectés.

La personne en charge des directives pourra exercer sa mainmise sur le contexte (« fais-le dans la cuisine »), sur une éventuelle audience (« ouvre les rideaux, que les voisins puissent te voir »), sur les actes eux-mêmes (« plus vite, moins vite, serre fort, avec la main gauche »), sur les accessoires (« change de godemichet »), sur la jouissance (« attends encore, arrête, reprends ») ou sur les pensées (« imagine-moi dans la pièce »).

Les instructions peuvent devenir des actions. Ou l'inverse.

Est-ce trop intrusif ? La masturbation guidée rappelle en effet l'univers de la domination : le maître ou la maîtresse ordonne de se masturber à telle ou telle heure, de porter un sex-toy pendant la journée, de retarder un orgasme ou au contraire de le provoquer, il ou elle peut également imposer le port d'une cage de chasteté pour jouer sur la frustration d'un soulagement incessamment repoussé.

Rien n'oblige pourtant à entrer dans cet univers : on peut convoquer l'imaginaire du jeu, de la communion, de la confession, du fétichisme, de l'humour…

Un des autres avantages des masturbations guidées consiste à pouvoir plus facilement les pratiquer hors du couple. Ainsi, les adeptes de l'échange de techniques sexuelles, les fanatiques des excitations mutuelles et autres adorateurs de séances publiques utiliseront-ils/elles Internet pour diffuser leurs productions autoérotiques, directement ou indirectement, par webcam[1] ou via leur smartphone. Les plus technophobes passeront par les clubs libertins et autres lieux pour voyeurs. Les plus riches casseront leur tirelire pour appeler des numéros surtaxés, comme au bon vieux temps, ou recourir aux services vidéo de performeurs professionnels. Enfin, le plus grand nombre se tournera vers la pornographie, qui regroupe les vidéos de masturbations guidées sous le mot-clé JOI (pour *jerk off instructions*, littéralement « instructions pour se branler »).

1. Via le très célèbre Chatroulette… entre autres.

Et pour terminer : on ne saurait trop recommander les options audio, gratuites, souvent plus subtiles dans leur contenu et dans leur production que la pornographie à gros sabots. Ces perles sont facilement trouvables sur Internet et/ou en podcast : Voxxx, le magazine sonore Qud, CtrlX, le Verrou, Digital Love, le Cabinet de Curiosités, l'Aubergine, et autres. Quant à l'offre anglophone, elle présente un niveau de professionnalisme et de diversité imbattable : Literotica a été la première plateforme à proposer ce genre de contenus, mais on ne saurait trop recommander la section GoneWildAudio sur Reddit, où des anonymes s'entraident pour créer les bandes-son masturbatoires les plus excitantes. Les plaisirs solitaires n'auront jamais si mal porté leur nom.

Extension du répertoire

Les études concernant la sexualité des Français révèlent un décalage entre les explorations et les pratiques : il y a le royaume de ce qu'on a essayé une fois ou rarement, et le hameau de ce qu'on fait, refait et re-refait constamment. La sodomie hétérosexuelle en est un bon exemple. Côté face, elle a passé la barre de la normalité (plus de la moitié des Français ont essayé). Côté pile, seules 4 % des femmes s'y adonnent régulièrement. Côté tranche, quand les chercheurs posent la question, ils ne demandent pas qui sodomise qui dans le couple. Or, si on n'en parle jamais, ni entre amis, ni dans la littérature scientifique ou sociologique, les couples n'auront pas forcément l'idée d'essayer.

Cette transmission serait pourtant bien utile. Car, contrairement à ce qu'on (se) raconte sur le caractère naturel du sexe, nous ne trouvons pas nos idées tout seuls. Elles ne naissent pas dans les choux. Les standards du répertoire contemporain reposent sur quatre pratiques (fellation, cunnilingus, pénétration vaginale, pénétration anale) et quatre positions (missionnaire, levrette, amazone, petites cuillers) – le

répertoire effectif est évidemment plus large, mais ce sont ces acrobaties-là qui constituent les basiques. Au point que les autres options nous semblent moins faciles – quand elles ne sont pas tout simplement inconnues.

Serions-nous condamnés à rabâcher toujours les mêmes gestes ? Sommes-nous entravés par les limites du nombre d'orifices, comme on l'entend souvent ? Il n'y a aucune fatalité là-dedans : la diffusion des rapports oro-génitaux et de la sodomie montre que le répertoire s'étend, et le succès des sex-toys prouve que la question des orifices est un épiphénomène.

À l'échelle d'une vie ou de l'humanité, le répertoire devrait s'étendre mécaniquement : plus d'êtres humains, plus de combinaisons possibles, plus de libertés individuelles.

Ce n'est malheureusement pas si simple.

Déjà parce que dans notre culture sexuelle occidentale, la persistance des tabous interdit une transmission efficace des savoirs. Les jeunes gens curieux de vivre leur première expérience ne bénéficient pas des conseils des parents (on friserait l'inceste), ni de ceux de l'école (qui se contente de les maintenir non infectés et non enceints), ni même des amis (que la honte, la vantardise et/ou la LGBTphobie paralysent[1]). Les voici condamnés à réinventer la roue,

1. La transmission semble plus simple pour les jeunes homosexuels, qui peuvent bénéficier de partenaires plus enclins à partager leurs connaissances. À condition qu'ils arrivent à vivre cette homosexualité sereinement – ce qui n'est pas une évidence au vu

affrontant une dissonance cognitive qui augmente encore les tabous : l'adolescence serait une phase d'apprentissage… sauf pour le sexe, qui ne s'apprendrait pas et consisterait à être lâché dans la nature en espérant qu'on arrivera à se débrouiller.

Tant que nous ne considérerons pas la sexualité comme une culture, chaque génération reprendra peu ou prou tout de zéro[1]. Il serait plus raisonnable, et bien moins risqué, de leur offrir un réel accès à des adultes relais, des éducateurs et des experts qualifiés.

Ne serait-ce que pour des questions de plaisir : la peur d'échouer pousse les jeunes (comme les vieux) à assurer les bases… et pas grand-chose d'autre. Leur répertoire est limité par ce qu'ils pensent pouvoir « réussir » (sachant qu'on ne leur donne pas les moyens de réussir quoi que ce soit).

Je mentionnais plus haut l'« oubli » de la sodomie des femmes sur les hommes dans les questionnaires : outre le possible biais des chercheurs, peut-être ont-ils jugé cette pratique trop minoritaire pour apparaître dans les statistiques. Seulement, ces statistiques sont très diffusées. Elles fonctionnent comme des invitations, comme des inspirations. Et bien sûr comme des injonctions. Il est beaucoup plus difficile de refuser une acrobatie quand les journaux écrivent

---

des derniers chiffres concernant les attaques et insultes homophobes.

1. Je pars du principe que les jeunes ne vont pas facilement trouver Boccace, se plonger dans les épigrammes grecs, lire l'intégrale de Pauline Réage.

qu'elle est devenue, au moins dans les chiffres, normale.

La prééminence du rapport oral/vaginal/anal s'entretient donc par la communication : les pratiques sont évoquées, essayées, lentement banalisées, ce qui permet d'en parler à nouveau, de les explorer à nouveau… comme c'est le cas pour la simulation, l'infidélité, l'anulingus, l'éjaculation faciale, la pénétration digitale, le bondage, etc. D'autres pratiques sortent de cette boucle : on ne sait plus, aujourd'hui, combien de Français rapportent des fantasmes zoophiles.

Un autre vecteur de renouvellement de notre répertoire est évidemment la pornographie grand public[1], qui fonctionne selon ses propres boucles : non seulement les grands studios se copient mutuellement et copient des pseudo-amateurs qui eux-mêmes copient les films (pas étonnant que ça tourne en rond), mais les algorithmes des grosses plateformes mettent en avant les vidéos les plus populaires (qui donc, a priori, font consensus au niveau des pratiques).

Quelles sont les options qui nous restent ?

Eh bien, les sondages et la pornographie nous fournissent en creux un formidable champ d'exploration : que peut-on faire qui n'y apparaisse pas ? (Et puisque *tout* apparaît sur Internet : que peut-on faire qui se trouve après la dixième page de résultats sur Google ?)

---

1. La pornographie queer et féministe propose autre chose – rappelons à tout hasard que les pornographies sont aussi nombreuses que les variétés de tomates dans le monde.

Les sondages quantifient la satisfaction (qui peut signifier des choses très différentes selon les personnes), les orgasmes, les pratiques. Ils s'attachent rarement à l'émotion esthétique, au désir ressenti pour des partenaires non humains (par exemple si vous vous masturbez en pensant au héros de votre série préférée du moment), à la jouissance (prendre un plaisir extrême mais sans orgasme), au confort, à l'érotisation du cadre sexuel (a-t-on mis des bougies parfumées, fait-on attention à ce que la chambre soit rangée, écoute-t-on de la musique), au rire, à l'hygiène, aux vêtements, aux pratiques de séduction dans le couple, aux mots prononcés (avant, pendant, après), à la fréquence de variation des pratiques, etc.[1]

La pornographie grand public ne jure que par la pénétration, l'éjaculation hors du corps et les pratiques visuelles (pour des raisons évidentes). Elle nous invite quasi logiquement à interroger notre rapport au goût, à l'odeur, au toucher sensuel. Les sons de la pornographie sont très codifiés[2], ils interrogent notre langage verbal et non verbal, nos cris, nos chuchotements, la place que le silence pourrait jouer… et la place que les voisins peuvent occuper. Et même si l'on s'en tient au visuel : qu'est-ce que le X ne montre pas ? Comment se regarder en détail, en prenant du

1. Il peut arriver que ces aspects soient étudiés mais, en dehors de la presse académique, ces études-là passent inaperçues.

2. *Le Dire et le Jouir. Ce qu'on se dit au lit*, de Francois Perea (professeur en sciences du langage à l'université de Montpellier), La Musardine, 2017.

temps ? Comment rendre au corps des hommes leur présence dans l'émotion érotique – leur visage, leur scrotum, leur pénis quand il n'est pas en érection ?

C'est en observant nos angles morts – scientifiques et pornographiques, mais aussi racistes, sexistes, LGBTphobes, technophobes, etc. – que nous étendrons notre répertoire. À ce titre, la culture sexuelle du futur doit observer celle du présent avec un regard critique (qui n'empêche pas l'amusement) et une énergie créatrice solide. En se concentrant sur les zones « oubliées », méprisées, parfois inconfortables, pour y injecter du désir, de l'éthique et de la générosité.

Pénis et interstices

Cela ne surprendra personne : quasiment tous les classiques des pratiques hétérosexuelles sont centrés sur le pénis (le cunnilingus fait exception, l'anulingus n'est pas encore un classique). Pourtant, contrairement à ce qu'on martèle, ça n'est pas nécessairement meilleur (ou psychologiquement meilleur) quand le pénis est à l'intérieur.

Ce constat ne signifie pas qu'on oublie le pénis pour se concentrer uniquement sur des caresses[1]. L'idée est d'utiliser tout le potentiel du corps, pas de le découper en zones géopolitiques (encore moins de castrer qui que ce soit).

Pour d'évidentes raisons pratiques (préservation de la virginité, évitement des grossesses et des infections, vaginisme, retours de couches, impuissance, etc.), les non-pénétrations ont connu un succès historique épatant… et une relative relégation dans les

1. Sans disqualifier ces dernières pour autant : ces caresses sont du « vrai sexe ». L'imaginaire qui leur est associé ne leur rend pas justice : enfantillages, pruderie, touche-pipi, préliminaires… Si votre amant emploie ces mots, il est temps de changer d'amant.

temps occidentaux plus récents : si on peut prendre la pilule, avorter ou poser un préservatif, alors autant mettre son pénis partout, et éjaculer à l'intérieur.

En termes de pure efficacité sexuelle, la pénétration du pénis dans les interstices habituels fonctionne. Comme ces pratiques sont émotionnellement très chargées (on y associe un spectre émotionnel qui va de la domination la plus brutale à la fusion la plus tendre), comme elles sont routinières (donc légitimes), ça marche très bien. Pour les hommes en tout cas[1].

C'est cette efficacité du coït « sauce traditionnelle » qui fait dire à l'auteur Martin Page[2] que la pénétration est une manière de se débarrasser du rapport sexuel, en le limitant à une génitalité expédiée en cinq minutes (le rapport moyen dure cinq minutes quarante secondes).

Commençons par l'option la plus évidente : pour stimuler le pénis hors pénétration, rien ne vaut une main (nous disposons d'un pouce opposable, de doigts articulés et de terminaisons nerveuses, profitons-en).

Loin de constituer un pis-aller, cet appendice possède des ressources que le vagin ou l'anus n'ont

---

1. Si ces derniers souhaitent améliorer leurs résultats sur des partenaires féminines, outre la costimulation manuelle ou mécanique du clitoris, je les invite à se pencher sur la technique d'alignement coïtal.

2. Dans *Au-delà de la pénétration*, *op. cit.*

pas : à l'ère du lubrifiant omniprésent[1], on aurait beau jeu de remplacer le terme moqueur de « branlette » par le *handjob* américain. Utilisez vos deux mains plutôt qu'une seule, et vous faites un meilleur boulot que le vagin. Les deux mains peuvent effectuer un même mouvement, mais il est tout aussi réjouissant de faire preuve d'une belle ambidextrie et de compléter, voire opposer, les types de caresses (douces et appuyées, dans un sens ou dans l'autre, etc.). Si vous manquez d'adresse, cette qualité viendra en s'entraînant. Personne ne naît avec une parfaite décoordination des deux moitiés du corps ! (On peut bien sûr utiliser ses deux mains en plus d'une pénétration classique, pour une triple stimulation.)

N'hésitez pas à transformer vos mains en nids douillets avec des lubrifiants, des gants, votre pull en mohair ou votre culotte en soie. Si vous aimez l'imagerie cuir et les contacts qui grattent, vous pouvez masturber un homme avec sa ceinture.

La main peut en outre s'ajouter aux combinaisons sexuelles classiques : pour une pénétration partielle (mais augmentée), bloquez le pénis avec une main pour empêcher une insertion totale, tout en caressant, serrant ou faisant coulisser la base. De cette manière, vous prodiguez au pénis deux styles de contacts entièrement différents, en même temps.

---

1. Lubrifiants parfumés, chauffants, refroidissants, anesthésiants, à base d'eau ou de silicone, certifiés bio…

Outre les mains, les pénis peuvent se frotter contre d'autres parties du corps : on peut se masturber par frottage (pénis contre pénis, quand on est deux hommes), entre les pieds de son/sa partenaire (c'est alors un *footjob*), faire glisser son membre entre les seins (la fameuse « cravate du notaire »), entre les cuisses (le coït intercrural cher aux Grecs antiques, mais aussi aux Japonais), entre les fesses (le coït interglutéal, si vous voulez gagner au Scrabble) – sachant qu'entre les fesses ou les cuisses, 1) vos partenaires sont susceptibles de bien contrôler leurs muscles et leurs mouvements (contrairement à ce qui se passe dans un vagin), 2) vous pouvez stimuler la vulve – et bénéficier des sécrétions vaginales pour lubrifier la zone (tout en enflammant votre partenaire).

Si vous frottez votre pénis contre le clitoris, ça s'appelle le *kunyaza*.

Dans la catégorie des « autres » pénétrations, mentionnons aussi les coïts par-dessus les vêtements (si vous trouvez l'idée peu attrayante, repensez à votre adolescence). Outre les jeux de texture et la création artificielle d'obstacles, ces coïts-là permettent de réactiver l'imaginaire érotique classique du caché/dévoilé. Tout en faisant bon usage de ses cravates, collants ou petites culottes.

Enfin, outre les ressources de notre anatomie, mentionnons l'existence des vaginettes (ces tubes dans lesquels on insère son pénis, dont les versions les plus récentes en « fausse peau » imitent les remous internes du corps, parfois de manière incroyablement

réaliste, avec des effets de succion, torsion et coulissements). Même chose pour les gaines à pénis possédant toutes sortes de textures, ou vos inventions « maison » comme le fameux gant rempli de nouilles tièdes, ou les fruits évidés (sur Internet, la masturbation par pamplemousse a connu son quart d'heure de célébrité).

Au IIIe millénaire, nous sommes bien plus que notre anatomie : notre corps-cyborg est déjà « augmenté » par nos lunettes, montres, smartphones et autres implants dentaires. Il n'y a aucune raison de ne pas « augmenter » vos pénétrations… et vos non-pénétrations.

Ces différentes stimulations permettent une fluidité anatomique autant que fantasmatique. À mille lieues des trous « permanents » que nous vend notre culture sexuelle, au contraire de ces réceptacles passifs, bien connus, rangés, épilés, serrés, l'orifice-interstice présente une situation temporaire – ce qui rend impossible son envahissement ou sa conquête. Les trous « officiels » auraient tout à y gagner.

Car si l'orifice devenait un moment du vagin, un moment de l'anus, un moment de la bouche, on ne pourrait qu'y être *invité.* Personne ne pourrait prétendre « prendre » qui que ce soit.

Parce que nous sommes des personnes bien élevées, on se comporterait lors de cette invitation temporaire comme on le ferait à une table trois étoiles : on ne s'incruste pas (on trouverait humiliant de le faire), on ne se ressert pas sans permission, on ne

force ni n'insiste ni ne supplie à l'entrée, on ne décide pas de manière unilatérale à quel moment il est temps de débarrasser. On met ses habits du dimanche. On se montre agréable, on complimente, on apporte le dessert ou le pain.

Mais on retourne l'invitation, aussi.

Ces plaisirs interstitiels rappellent que le potentiel de plaisir du pénis va plus loin que le seul emmaillotement : il peut être chatouillé, serré, mordillé, malaxé ; on peut le faire vibrer, mouiller, chauffer.

Ces géographies nouvelles du corps permettent d'autres manières de *faire connaissance*. Et surtout, d'autres manières de récupérer nos intégrités physiques et émotionnelles.

Ces nouveaux horizons réduisent-ils la place de la pénétration classique ? Forcément : elle ne constituerait plus le plat de résistance de notre répertoire. Mais ce serait pour le meilleur.

Au-delà de la pén(is)tration

Pourquoi pénétrer *sans* pénis, si on peut pénétrer *avec* un pénis ? Quand on pose cette question (le pénis *peut* pénétrer, donc il *doit* pénétrer), la suspicion est immédiate – et l'oubli des lesbiennes, total.

Apportons une réponse simple : pénétrer avec autre chose que le pénis permet de la variation, de nouveaux plaisirs, mais aussi de faire retomber la pression pesant sur l'organe mâle.

Commençons par quelques compliments : il y a un réel plaisir à sentir l'autre à l'intérieur de soi, une réelle jouissance dans l'incorporation, dans l'idée d'être traversé/e[1]. À condition de ne pas limiter la pénétration au pénis – et donc aux hommes.

N'importe qui peut pénétrer n'importe qui.

La pénétration est un mouvement dans l'espace. Ce mouvement ne fait pas de politique, il ne cherche pas particulièrement à reproduire l'espèce. Il s'accorde à

---

1. Comme l'explique Barbara Polla dans l'indispensable *Éloge de l'érection* (*op. cit.*), les érections sont d'autant plus intéressantes qu'elles sont transitoires. Le désir, c'est un miracle toujours en train de se défaire.

toutes les variations anatomiques ou hors anatomiques. Les hommes sont pénétrables (par l'anus, par l'urètre, par la bouche, ils peuvent au passage se pénétrer analement eux-mêmes – avec des doigts, concombres, godemichets... ou avec leur propre pénis).

L'incorporation peut prendre pour médiums des objets plus gros que des pénis, plus durs, vibrants, à double embout, recouverts de textures variées, gonflables, électriques, mais aussi des objets plus petits, plus mous, plus simples – et ces options-là ne sont pas moins intéressantes (parfois, la performance consiste à prendre moins de place).

La pénétration peut bien sûr s'opérer avec les doigts, les mains, la langue.

Elle peut utiliser des godemichets, masseurs et vibrateurs qui, attachés par des sangles et des harnais, pourront déplacer les « pénis » sur le corps. Ces objets ne sont pas des ersatz. Ils constituent d'autres possibilités, ouvrant la voie à d'autres formes de sexualité, pas banales, pas ennuyeuses, et indolores.

Par ailleurs, pénétrer avec autre chose qu'un pénis annule le poids pesant sur les hommes – qu'on parle d'un premier rapport angoissant, des petits hic médicaux ou des complications liées à l'âge.

Le pénis est hyperfonctionnel : mieux ça marche, plus vite on éjacule. Même quand on aimerait « tenir » quarante minutes, les exigences de reproduction de l'espèce favorisent une éjaculation prompte et efficace (« C'est pas moi, c'est Darwin »).

À l'inverse, faire varier ses pratiques de la simple pénétration à d'autres formes de stimulation du pénis

va souvent retarder l'éjaculation (à moins que vous n'ayez vraiment un train à prendre). Double bénéfice : les orgasmes n'en seront que plus forts quand ils se déclencheront.

Décentrer la sexualité du seul pénis avantage les hommes qui bandent mou, qui ne bandent pas, qui éjaculent rapidement, qui détestent les préservatifs, ainsi que tous les autres[1].

Ces pénétrations non péniennes sont d'ailleurs employées non comme des substituts, mais comme des stratégies par les sexologues, urologues et médecins.

En rendant aux hommes l'intégralité de leur sensualité, on leur permet de se concentrer sur les sensations de la zone anale ou des testicules, mais aussi du dos, du torse, des pieds, des battements du cœur, de la respiration, des odeurs. (N'est-il pas agréable de se faire caresser les cheveux ou masser les poignées d'amour tout en restant dans un cadre sexuel ?)

Un homme qui pense à son corps en entier n'a pas besoin de penser à sa mère pour retarder son éjaculation. Il est tout simplement plus présent. Il est l'inverse d'un homme castré.

---

1. C'est aussi à l'avantage des femmes, car avec la meilleure volonté du monde, le pénis ne peut pas prendre toute la place (13 centimètres en moyenne en érection, c'est largement suffisant). NB : ce sont les chiffres du King's College de Londres, mesurés en 2015 sur 15 000 hommes. Eh oui, le pénis en érection moyen fait vraiment 13 centimètres.

Pénétrations coopératives

Bons coups, mauvais coups : il est intéressant – et consternant – de remarquer que nous utilisons une expression agressive pour parler de sexualité efficace.

Ce problème sémantique se répercute dans d'autres expressions : on parle d'à-coups comme synonymes de va-et-vient. Un homme qui pénètre cogne-t-il ? Doit-on penser le bon coup comme s'il s'agissait de se taper dessus, dedans, quitte à transformer la sexualité en sport de combat ? C'est quoi, dans ce paradigme, un « coup d'un soir » ?

Ces exemples encouragent l'association entre sexualité désirable et « légère » violence – à laquelle s'opposeraient des rapports désexualisés, niais, vaguement pathétiques. Paradoxalement, infliger de la douleur devient le signe non d'une incompétence, mais d'une compétence supérieure (inutile de préciser que l'inverse est beaucoup plus logique[1]).

1. Les sceptiques noteront qu'on peut faire preuve d'agressivité sans faire mal : entre les intentions et les actions, nous avons une marge de manœuvre qui ne fait nullement des douillets les oies blanches auxquelles on voudrait les réduire.

Il n'est pas innocent que nous préférions parler de bons coups plutôt que de bons amants. Les bons coups, les à-coups, les coups d'un soir, le dé*coupage* des corps en zones – ces mots structurent notre sexualité. Un coup, c'est ponctuel : quid du long terme ? La focalisation sur l'à-coup induit un certain type de pénétration (plus proche de la batterie que du violon)… et un certain type de sexualité, limitée à la pénétration.

Par ailleurs, le coup recentre tout sur un pénis héroïsé, transformé en arme (on va peut-être se calmer). Si le pénis est au centre (du corps des hommes, du corps des femmes), alors on n'a pas besoin de voir plus loin que ça. C'est une idée qui revient souvent chez les partisans d'une sexualité triste : « On n'a pas besoin d'en faire plus. »

Dans une certaine mesure, cela peut se comprendre. Le pénis au centre rassure : ces rapports-là demandent peu de technique, et ne proposent qu'un seul barème de réussite.

Ce qui ne signifie pas qu'il faille jeter cette soupe au piston aux orties (ça pique).

En l'état actuel de notre culture sexuelle, on se préoccupe de la position avant tout : pourquoi pas. Mais objectivement, ce n'est pas le *Kamasutra* qui va renouveler nos habitudes (en tout cas pas la version du *Kamasutra* que nous lisons dans les pays occidentaux). En dirigeant notre attention sur des questions de position, nous oublions que tout n'est pas qu'affaire de crampes, de logistique ou de souplesse des adducteurs.

Il serait beaucoup plus pertinent de repenser la pénétration dans son ensemble (dans sa pratique, dans ses intentions). Plus précisément, qu'elle cesse d'être une chose que les hommes font aux femmes, pour entrer dans l'ère de la coopération.

Coopération tout d'abord parce qu'il n'est pas question de nier que la jouissance masculine soit une jouissance pour les femmes : la plupart d'entre elles aiment dispenser du plaisir, non par masochisme, non par désir d'être comblées dans le trou, encore moins par envie du pénis[1], mais parce qu'elles ont été socialisées de manière relativement peu égocentrique. Au-delà de cette question d'éducation : à deux, il y a plus de tension ; et puis, à deux, le sexe est redoublé.

À condition qu'on soit vraiment deux dans la pièce. Or nous affrontons là une aberration culturelle totale.

Parce que nous avons décidé que les hommes étaient en charge, notre perception de la pénétration oublie que la réception sexuelle est une technique, et que les partenaires qui reçoivent le pénis dans leur corps sont agissants (parfois sans en avoir conscience). Ces personnes gèrent la tension musculaire qui favorise l'orgasme, la dilatation, la lubrification, et bien sûr la douleur.

Cette conception classique oublie que le pénis peut être pénétré par l'urètre, et que cette pratique comporte suffisamment d'adeptes pour que des gammes entières d'écarteurs se retrouvent dans nos sex-shops (pardon, nos *lovestores*).

1. Ça va, merci.

Elle oublie que les jeux de prostate permettent d'atteindre la base du pénis via l'intérieur du corps, que le serrage de sa base retarde l'éjaculation, que les testicules existent – bref, que ce pénis est attaché à un corps.

Dans la pénétration, l'homme disparaît au détriment de son pénis.

On dit que l'homme pénètre : absolument pas. Un bout de l'homme pénètre : nous parlons d'un investissement physique finalement très superficiel, et de fusions purement métaphoriques – comment ne faire plus qu'un quand on ne partage que quelques centimètres ? De quelle fusion parle-t-on quand un des partenaires est trois fois plus susceptible de prendre du plaisir que l'autre ?

Quand je propose de repenser la pénétration, ce n'est pas pour l'annihiler[1], bien au contraire : c'est pour que nous passions d'une forme de parasitage à une forme de complicité qui mettrait fin au différentiel de plaisir, et donc au relatif manque d'enthousiasme dont les femmes sont constamment accusées.

Cet idéal de coopération repose sur deux exigences : coopération entre les amants (de quelque sexe qu'ils soient), coopération entre les pratiques. Les études de satisfaction montrent en effet que la pénétration vaginale est une pratique agréable (sauf

1. Encore moins pour annihiler l'espèce humaine. (Cependant, il ne me semble pas qu'il soit inscrit sur des tables de lois que la procréation s'accompagne toujours de plaisir – ni qu'on ne puisse pas engrosser une femme de force.)

complication médicale, aucun doute là-dessus), mais qu'elle devient réellement orgasmique *quand elle est associée à d'autres stimulations* (avec la main, avec le cunnilingus, et même en embrassant).

Il ne s'agit pas d'affirmer « la pénétration, non » mais, dans une logique inclusive :

— la pénétration, et ;

— la pénétration, ou ;

— la pénétration, avec.

Pour obtenir cette pénétration coopérative, il faut :

— déconstruire l'idée qu'il y ait des actifs et des passifs (recevoir une pénétration demande des efforts),

— déconstruire les constructions culturelles induisant que la pénétration est une forme de domination (même pas en rêve, les gars),

— déconstruire notre obsession pour la fusion, qui rabâche qu'emboîter des corps entraînerait mécaniquement la connexion des âmes (ça se saurait),

— enfin et surtout, faire preuve d'humilité et d'empathie. Cela fait des décennies qu'on sait que la pénétration laisse sur le carreau la majorité des femmes : dans des conditions pareilles, persister à parler de « préliminaires », s'acharner à différencier le « vrai sexe » (pénis > trou) des « agréments » (tout le reste) est éthiquement intenable. Demander aux femmes de toujours écarter les jambes, être déçu quand elles ne le font pas, terminer systématiquement les rapports sexuels quand on a éjaculé, c'est être non seulement un mauvais amant mais un salaud.

Et pour enfoncer le clou : ce sont les hétérosexuels les plus « amoureux des femmes » (selon leurs dires) qui sont les premiers à refuser de remettre en question leurs pratiques – comme quoi on peut prétendre aimer les femmes sans savoir *comment* les aimer.

Le déni est la pierre d'angle de ce système. Ainsi entendons-nous quantité d'hommes affirmer que par chance, ils ne tombent que sur des femmes vaginales – une aberration statistique littéralement incroyable[1] (sauf pour les premiers intéressés[2]).

Si vous êtes un homme dont toutes les partenaires jouissent pendant la pénétration, il faut vous mettre immédiatement au Loto. Si vous pensez avoir des compétences sexuelles exceptionnelles, vous vous trompez. (Par quel miracle votre pénis déjouerait-il les statistiques ? Est-il incroyablement différent, possède-t-il un angle spécial, un triple embout ? Est-il surmonté d'une petite langue qui viendrait lécher le clitoris ?)

J'ai bien conscience que ces derniers paragraphes ne sont pas faciles à lire. Mais on ne peut plus faire l'économie de cette remise en question.

En pratiquant d'autres formes de sexualité que la pénétration, des pénétrations interstitielles et

1. Les deux tiers des femmes ont déjà simulé : cela devrait clore le débat, non ?

2. Un autre argument veut que ces femmes « ne se plaignent pas ». Je rappelle que la socialisation sexuelle des femmes consiste à ne pas se plaindre, pour ne pas passer pour des chieuses (dans le meilleur des cas) ou des frigides (dans le pire des cas).

des pénétrations coopératives, en changeant ces routines trop faciles (mais pas assez jouissives), les hommes hétérosexuels gagneraient des partenaires plus satisfaites, donc plus d'opportunités sexuelles, plutôt que de faire du calcul à court terme – mon pénis, ma jouissance, maintenant (quitte à partir à la recherche d'une femme vaginale comme on cherche le Graal).

Pour pratiquer des pénétrations « augmentées », c'est simple :

— Statistiquement, le pénis ne suffit pas. Ajoutez les mains, la bouche, la langue, les mots, le corps tout entier, ajoutez des fantasmes, saupoudrez de jeux érotiques.

— Prenez en compte les compétences de votre partenaire en lui demandant s'il/elle a besoin de lubrifiant, s'il faut qu'il/elle se détende avant l'intromission, si la pénétration est trop profonde, etc.

— La personne possédant le pénis n'est pas décisionnaire en ce qui concerne les positions, l'intensité ou la vitesse (surtout qu'a priori ce n'est pas cette personne qui aura des problèmes de confort).

— Demandez avec insistance si vous faites mal. Trop de femmes (plus rarement les hommes) ont mal pendant une pénétration, et, selon les recherches faites à ce sujet, la plupart ne vous le diront pas.

— La pénétration n'est pas automatique.

— Le rapport ne commence pas automatiquement avec une érection et ne finit pas automatiquement avec une éjaculation.

Nos sexualités sont plus vastes et plus mouvantes, plus grosses et plus fines, plus solides et plus molles que nos pénis. Et tant mieux.

Zone interdite, jusqu'à quand ?

Hard, la sodomie ? Sauf quand on la rend *soft*.

Il n'y a pas de fatalité dans la douleur ou l'inconfort – seulement du temps qu'on ne prend pas, des tensions compréhensibles, des angoisses à respecter.

La sodomie demande des compétences, c'est vrai. Mais elle permet aux petits formats de prendre leur revanche – les doigts, les godemichets, les plugs, les masseurs prostatiques, et de temps en temps (soyons fous) les pénis. La règle du « plus gros » se dissout.

Ce qui s'efface aussi, ce sont les genres : la pénétration anale est redoutablement égalitaire, surtout quand on la pratique avec les outils de haute précision que sont nos doigts. Ces derniers sont articulés, ils peuvent percevoir les détails du terrain, les tressaillements de plaisir ou de souffrance, ils peuvent aussi et surtout percevoir la pulsation de la prostate avant et pendant l'orgasme masculin.

Nous abordons là un champ complètement sous-utilisé : celui de l'orgasme prostatique masculin. Cette sous-utilisation se traduit autant dans les chiffres (ces

pratiques ne sont pas si répandues[1]) que dans les représentations (ces pratiques sont volontiers ridiculisées).

Parlons donc de prostate. Cette glande se situe à environ deux phalanges à l'intérieur du rectum des hommes, côté nombril. Elle a la forme d'une petite noix et se repère facilement. Gentiment pressée (Google vous expliquera comment), cette prostate (peut) donne(r) aux hommes ce que ses adeptes appellent des super-orgasmes. Ces déflagrations sont plus longues, plus profondes et plus intenses que celles prodiguées par la simple manipulation du pénis.

(Les femmes peuvent aussi atteindre des orgasmes très puissants par la combinaison de plusieurs stimulations, dont la stimulation anale.)

Étant donné l'efficacité de cette forme de caresse, et sachant que nous sommes au XXIe siècle, passer son tour serait vraiment dommage. On ne peut pas prétendre aimer le sexe tout en refusant d'utiliser son potentiel sexuel. Ou bien ça s'appelle de l'incohérence.

Je me permets de pousser cette logique un cran plus loin : si les hommes ne sont pas prêts à utiliser leur prostate, alors ils ne sont pas prêts à faire l'amour. Parce qu'ils ne se donnent pas entièrement. À l'ère actuelle, la logique de la rétention masculine n'est plus recevable… à moins que cette rétention soit payée de retour. Si on restreint sa sexualité à un demi-corps, très bien. Mais demander à son/sa partenaire de donner le sien tout entier flirte avec le ridicule.

---

1. Selon les tout derniers chiffres, seules 22 % des femmes ont déjà inséré un doigt dans l'anus de leur partenaire (Ipsos/*Elle*, 2019).

Par ailleurs, parce que la vie est trop courte pour ces demi-corps, je voudrais proposer quelques arguments répondant aux réticences usuelles :

— Non, il ne s'agit pas d'une « simple question de préférence », surtout quand on n'a pas essayé (une préférence consiste justement à avoir essayé). D'ailleurs, comment se fait-il que parmi les « simples préférences », on ne trouve jamais d'hommes qui préfèrent qu'on ne touche pas leur pénis ? ou leurs testicules ? Par quelle curieuse coïncidence serait-ce possible ?

— Si vous n'avez tout simplement « pas envie », cette absence d'intérêt doit être pensée. Les femmes pas intéressées par la sodomie sont sommées de se justifier, ou d'au moins « tenter le coup » : en tant qu'homme, c'est la même chose.

— Dans la mesure où toute pénétration « augmentée » se fonde sur la coopération, l'argument de la réception n'est pas recevable. On ne perd pas le contrôle pendant qu'on est pénétré/e. Sauf si on a envie de perdre le contrôle.

— Ne pas vouloir recevoir, c'est vouloir prendre. À tous les coups.

— Si le plaisir prostatique n'est pas compatible avec la masculinité, le manque de courage ne l'est pas non plus.

— Si prendre du plaisir avec sa prostate donne l'impression de perdre quelque chose, de perdre une partie de soi, il est temps de recalibrer sa définition du « soi ».

— Si prendre du plaisir analement donne l'impression de « perdre » quelque chose, mais qu'on accepte que son/sa partenaire subisse cette perte,

vous demandez à l'autre, littéralement, d'accepter des pratiques que vous jugez inacceptables. Ce qui signifie que ses standards, à lui, à elle, sont moindres. Ce qui signifie qu'il ou elle vaut moins que vous. Pour les bons sentiments, on repassera.

— Sauf dans le monde magique de « l'égalité dans la différence », les gens n'ont pas de standards différents. « L'égalité dans la différence » ne figure pas dans la Constitution.

— Selon les statistiques, très peu d'hommes ont mal pendant qu'ils reçoivent une pénétration anale.

— La question du dégoût nous renvoie à l'acceptation de notre corps dans toutes ses dimensions (les Romains allaient aux latrines ensemble et y discutaient tranquillement) : ces angoisses, ces hontes sont culturelles, nous avons donc le pouvoir de les changer.

La meilleure preuve de la facilité avec laquelle nous dédramatisons les déjections s'observe quand nous changeons les couches de nos enfants ou quand nous ramassons derrière nos chiens : manifestement, mettre les doigts dedans, c'est une chose que nous faisons aisément. Par ailleurs, une pratique proche comme l'anulingus (et potentiellement plus vectrice de dégoût) a pu être dédramatisée en parlant de « feuille de rose » : peut-être est-ce une simple question de vocabulaire ?

— L'imaginaire de brutalité lié à ces pratiques est loin de la douceur et du partage qui règnent dans les chambres à coucher douces et partageuses. On peut réaliser un *fist fucking* avec tendresse.

Bien sûr, ces expérimentations paraissent menaçantes. Elles extirpent d'une certaine zone de confort, elles exigent de partager les responsabilités, elles induisent d'utiliser son intériorité, et peut-être, parfois, de se mettre à genoux. Mais cette zone de confort que j'évoque est fondamentalement une zone d'inconfort. Se priver de jouissances puissantes ne peut pas être qualifié de confort.

Plus haut dans cet essai, j'ai donné une recommandation : prendre son temps, et toujours, encore, plus de temps. J'en arrive à ma deuxième recommandation : les hommes devraient se donner la chance de découvrir leur plein potentiel de plaisir – et les femmes, leur plein potentiel de pénétrantes[1]. Au moins une fois.

Par ailleurs, une ultime précision : la pénétration d'un homme par une femme n'est pas un rituel d'humiliation, elle n'appartient pas nécessairement au royaume de la *femdom* (domination féminine), comme la pop culture le suggère. Il peut s'agir d'un rituel d'adoration, d'un non-rituel, d'un simple jeu… ou d'une déclaration d'amour : « Même si notre culture sexuelle te dénie, en tant qu'homme, un corps sensuel au-delà du seul pénis, je t'accepte dans ton entièreté. Et de ta jouissance je ne négligerai pas une miette. »

---

1. Le couple hétérosexuel constitue un cadre dans lequel une femme peut passer sa vie entière sans jamais prendre de responsabilités. Il ne me semble pas que ce statut de « mineure sexuelle » soit souhaitable.

Ampleur sexuelle et ambidextrie

Les partisans d'une sexualité sous contrôle jouent constamment avec cette idée : en termes d'exploration sexuelle, on pourrait aller trop loin. Il y aurait des risques d'escalade, de surenchère, on mettrait un pied dans l'engrenage… avant de se faire avaler tout crus. Ce sont ces histoires croustillantes qu'on adore partager autour d'un apéritif : l'aventure extra-conjugale finissant en addiction sexuelle, l'étudiante qui essaie le *pole dancing* et se retrouve « coincée » dans la pornographie, le mari virant de bord après une expérience de triolisme.

Non seulement ces explorations nous feraient prendre des risques physiques, financiers et émotionnels inconsidérés, mais aussi des risques sociaux.

Pour les femmes, la mauvaise réputation reste d'actualité : étendre sa sexualité sans se cacher, ou même poser des questions sont des comportements répréhensibles, « pas féminins », qui peuvent laisser des traces. On nous manquera de respect. Le partenaire ne nous regardera plus jamais de la même manière. Tout cela finira par un divorce, une addiction au crack, la déchéance sociale, la mort par ingestion de lubrifiant.

Le mauvais goût est un autre risque. Nous traitons notre sexualité comme nous traitons une tenue de soirée : le script traditionnel est aussi inratable que la fameuse « petite robe noire » (ou la chemise blanche), et nous craignons, en sortant des clous, que nos sexualités ressemblent à des cagoles en goguette ou des adeptes de tuning automobile en soirée binouze.

Nous sommes à ce titre sommés de ne pas trop maquiller nos ébats, de ne pas trop embellir nos nuits… et de garder tout cela sous une chape d'invisibilité.

Si nous ne sommes pas vus, nous ne serons pas jugés.

Si nous n'essayons rien, personne ne pourra nous en vouloir. Il suffit de démissionner, ou de suivre le groupe.

Cet argument de l'engrenage, du dérapage, du cercle vicieux, ne fonctionne que si nous partons du principe que la sexualité est prise en tenaille entre l'ennui et le « piment ».

L'ampleur sexuelle est pourtant tout à fait possible dans le monde de la sexualité ultra-vanille : nous pouvons combler nos partenaires, psychologiquement et/ou anatomiquement, nous pouvons les double-pénétrer, triple-pénétrer (à quoi vous sert-il d'avoir tant de mains et une collection impressionnante de sex-toys ?). Nous pouvons nous découvrir ambidextres : c'est même très recommandé quand on stimule une prostate tout en masturbant un pénis, ou quand on touche un clitoris pendant une pénétration vaginale. Nous pouvons faire un geste avec une main,

un autre geste avec l'autre main, embrasser ou sucer ou lécher ou pomper avec la bouche, tout en rajoutant une stimulation génitale. Nous pouvons en faire trop. Nous avons le droit d'être *too much*.

Est-ce une évidence ? Oui et non. Dans le feu de l'action, nous sommes parfois paresseux, intimidés, déconcentrés (et encore heureux !). Mais même quand nous observons les scènes de sexe hollywoodiennes, il est rare que les acteurs fassent deux choses à la fois – pour des raisons graphiques (c'est plus simple à filmer quand une seule main se pose à un seul endroit). Nos représentations culturelles épurent la manière dont les corps interagissent. Sous leur influence, nous pensons la sexualité de manière minimaliste.

Et pourtant, en incluant tout le corps, en accumulant les compétences, en jouant sur plusieurs tableaux simultanément, nous pouvons déborder nos partenaires sans les heurter. (Un peu comme si vous pouviez faire l'amour avec plusieurs personnes, mais en vous épargnant les soucis logistiques de l'orgie.)

La pratique d'une sexualité multitâche, même si elle demande un peu de concentration, a le mérite de nous faire sortir à la fois de l'obligation de performance (je fais tel geste pour produire tel résultat) et des codes de la sexualité « normale ».

Mais quel débordement ? Eh bien, les neurosciences montrent que notre cerveau ne peut pas faire plusieurs choses à la fois[1]. En prodiguant plusieurs

1. Or tout orgasme vient du cerveau, c'est là que se joue le ressenti sexuel.

stimulations simultanées, vous « obligez » votre partenaire à passer mentalement d'un centre de plaisir à un autre, ce qui permet de lui faire atteindre une forme supérieure de lâcher-prise. À une époque où nous cherchons désespérément comment garder ou perdre le contrôle (selon les situations), la pratique du débordement (par les mains, les organes génitaux, les prothèses et autres sex-toys, les mots, le souffle) peut produire un état d'abandon bienvenu. Obtenu de manière plus marrante qu'après six jours de jeûne au chou bouilli.

Technosexologie

Auprès des défenseurs d'une sexualité minimaliste, les sex-toys ont mauvaise presse. Ces derniers porteraient tous les péchés imaginables : ils coûtent de l'argent (quoique pas forcément), ils mécanisent (comme si le coulissement d'un pénis dans un vagin n'était en revanche jamais mécanique – comme si nous disions autre chose quand nous complimentons nos amants en les qualifiant de *sex machines*). Pire, ces sex-toys n'auraient pas de supplément d'âme (contrairement aux pénis ?), et par conséquent seraient à deux doigts de nous arracher notre âme personnelle (je vous rassure : si nous parvenons à donner des âmes, et des noms, à nos voitures ou nos smartphones, alors pratiquer l'animisme avec nos godemichets est tout à fait envisageable).

La réalité, c'est que les sex-toys sont efficaces, de plus en plus efficaces, et qu'ils s'ajoutent à nos sexualités sans en retrancher quoi que ce soit.

La question mérite d'être posée en termes de coopération (nous coopérons avec les jouets sexuels depuis au moins trente millénaires), ainsi qu'en

termes réellement amoureux ou sentimentaux[1]. Il ne s'agit nullement d'anticipation : les poupées réalistes (*real dolls*) sont déjà dans nos maisons closes, déjà en vente partout sur Internet, les femmes chinoises tombent déjà amoureuses de personnages virtuels sur leurs smartphones, la robosexualité a déjà cours depuis des décennies, et je ne doute pas que les robots sexuels deviendront des éléments naturels de notre futur (quand ils seront moins chers). Quelle que soit la forme prise par ces sex-toys, ils nous rappellent qu'il est possible d'avoir des relations, et des relations dynamiques, avec des objets[2].

À ce titre, il n'est pas innocent de relever des formes de résistance à ces innovations – résistances qui remettent au goût du jour des paniques morales déjà anciennes : la disparition des mâles, la castration généralisée. Je réponds à cet argument : si un sex-toy aux prouesses encore limitées constitue une menace envers un quelconque pénis, alors ce pénis-là ne devait pas faire de prouesses au départ (et ne devait pas être bien attaché sur son support humain). On ne remplace que ce qui est remplaçable.

---

1. Le philosophe Paul Preciado, dans son recueil de chroniques *Un appartement sur Uranus*, paru en 2019 chez Grasset, propose quatre formes d'amour : pour les humains, les animaux, les idées et les lieux.

2. Si vous êtes perplexe à l'idée qu'on puisse développer des relations longues et complexes avec des poupées réalistes, l'ouvrage *Un désir d'humain. Les « love doll » au Japon*, de l'anthropologue Agnès Giard (Les Belles Lettres, 2016), décrit très précisément comment ça se passe.

Notons au passage que les femmes ne sont pas angoissées à l'idée de se voir remplacées par des sex-toys – et quand elles le sont, c'est parfois pour s'en trouver soulagées.

Il n'y a pas de concurrence possible avec un objet, encore moins de confusion (personne ne va confondre un hologramme avec un être de chair et de sang). Il s'agit « seulement » d'un ajout. Quand on cesse de lui résister, cette technologisation croissante de nos sexualités constitue une prodigieuse force de réinvention. En incluant la machine dans et au-delà de nos corps, les possibilités deviennent infinies.

Ces options ne relèvent pas de la pensée positive, ni d'un avenir lointain : la vibration, qui existe depuis plus d'un siècle, fait des miracles en termes de plaisir. Personne ne peut imiter les pulsations de la dernière génération de sex-toys clitoridiens. Nous ne disposons pas dans notre corps des ressources de gros godemichets, de masturbateurs pour pénis, de chapelets pour l'anus ou de stimulateurs prostatiques. Nous ne lubrifierons jamais aussi bien qu'un gel à base de silicone[1].

À ce titre, une portion non négligeable de nos orgasmes actuels est déjà, littéralement, *inhumaine*.

1. Rappel : avec des préservatifs et des sex-toys en plastique, latex et autres silicones, c'est un gel à base d'eau qu'il faut utiliser. Mais en cas de seul contact entre des chairs humaines, ou du métal, du bois, de la pierre, le gel à base de silicone fait des miracles.

Si cette idée nous semble inconfortable, c'est parce que ces extensions physiques ne s'accompagnent pas encore d'extensions émotionnelles. Nous avons les outils, pas encore la culture.

Cependant, notre culture a déjà intégré des formes de technologisation sexuelle : le maquillage, le costume, la cage de chasteté, le préservatif, etc. On notera d'ailleurs que ces « augmentations » transcendent le corps plutôt qu'elles ne l'esquivent. Ainsi, grâce à l'utilisation de casques de réalité virtuelle, grâce à la réalité augmentée et au *mapping*, nous pourrons projeter d'autres corps sur le corps de nos amants. (La pornographie en réalité virtuelle existe déjà, Instagram ou Messenger permettent déjà de filtrer, modifier et sublimer notre apparence en direct.)

Bien sûr, on peut esquiver le corps. Certaines personnes paralysées, complexées ou simplement curieuses seraient ravies d'accéder à ce champ des possibles. Il n'est pas nécessaire d'être charnellement présent pour avoir une relation sexuelle : on peut parfaitement se concocter un avatar, ou expérimenter avec des sex-toys fonctionnant à distance (lesquels s'appellent des *teledildonics*, et existent depuis une petite éternité).

Sexuellement, rien ne nous force à faire coller la carte et le territoire.

Équipement : les essentiels

Ajouter, inclure, technologiser, agrémenter : comment parler d'un répertoire sexuel qui n'inclurait pas seulement des pratiques, mais aussi des objets ? Le mot sex-toy (littéralement, jouet sexuel) nous renvoie à l'enfance. L'objet, lui, nous renvoie à l'objectification : certains s'en trouvent menacés, comme si l'utilisation d'objets pouvait nous transformer en retour en objets. Le terme d'accessoire renvoie au dispensable, quand bien même cet accessoire pourrait tenir le premier rôle (pourquoi pas ?).

J'utiliserai ici le terme d'équipement – coucher comme on va camper, grimper, descendre des rivières, s'équiper comme on s'équipe de fourchette pour manger ou de lampe pour voir la nuit, sans que personne ne remette en cause l'authenticité de notre assiette ou de nos nuits.

Les budgets n'étant pas extensibles, voici mes recommandations d'équipement, par ordre d'importance (c'est subjectif, mais il faut bien commencer quelque part) :

— Du lubrifiant de bonne qualité (ceux de mauvaise qualité collent au bout de cinq secondes). Les lubrifiants peuvent se tester dans les boutiques spécialisées, n'hésitez donc pas à vérifièr combien de temps les gels gardent leur potentiel de glisse. Si vous n'avez pas accès

à une boutique : fluide à base d'eau pour vos jouets, mais à base de silicone pour les rapports de peau à peau.

— Un pulsateur pour le clitoris (parfois appelé « sans contact »). Il s'agit de la dernière génération de vibromasseurs, pourvus d'un embout qui encercle le clitoris. À la différence des vibromasseurs classiques, ils n'écrasent pas le gland du clitoris.

— Une huile de massage qui vous plaît et, une fois encore, qui ne colle pas. Ces huiles peuvent être parfumées, chauffantes, refroidissantes, relaxantes, anesthésiantes même.

— Un vibrateur basique (en évitant les moins chers, que leur manque de puissance rend complètement inutiles). Ce vibrateur favorisera l'afflux sanguin sur n'importe quelle partie du corps. Vous pouvez l'activer contre la hampe du pénis, au niveau du périnée, de l'anus, dans le rectum, etc. Sa flexibilité fait tout son intérêt.

— Un stimulateur de prostate pour les hommes, sachant que le meilleur stimulateur, ce sont les doigts. Cependant, comme on n'a pas toujours de partenaire disposant de l'expérience nécessaire sous la main, ni la flexibilité suffisante pour s'autopénétrer, la technique vient à notre secours. Pour se familiariser avec ce type de plaisir, il existe des stimulateurs venus du monde médical et adaptés spécifiquement à l'anatomie des hommes. C'est contre-intuitif, mais si vous débutez, évitez les formats les plus petits, qui sont destinés à des utilisateurs qui sauront contracter leurs muscles autour des renflements de l'objet[1].

1. Étant donné le relatif manque d'information concernant ce type de plaisir, je m'autorise à vous renvoyer sur les chroniques

— Si vous aimez les vibrations et que vous possédez un pénis (ce sont des choses qui arrivent), investissez dans un vibrateur spécifiquement conçu pour les hommes, qui entoure la tête du pénis (et parfois tout le pénis). Vous pouvez aussi trouver des vibrateurs pour les testicules.

— Les hommes qui veulent retarder leur éjaculation disposent d'un outil pratique et pas cher : le *cockring*, ou anneau pénien, qui bloque le reflux sanguin. Si vous voulez qu'il fasse correctement effet, attention à l'appellation trompeuse : un *cockring* utilisé de manière optimale passe sous les testicules. De nombreux modèles sont équipés de capsules vibrantes.

— Pour la sodomie, achetez un plug flexible progressif en silicone (en forme de triangle allongé). Cela permet de détendre ses muscles en commençant par un diamètre comparable à celui d'un petit doigt, pour terminer en douceur avec un diamètre comparable à celui d'un pénis. La phase de préparation des pénétrations anales sera simplifiée : la surface est lisse, il n'y a pas d'inconfort dû aux ongles, aux phalanges ou à l'adjonction d'autres doigts, l'introduction est donc infiniment plus fluide. Au passage : pour les jeux de pénétration anale, utilisez toujours des plugs (avec un petit renflement servant de système de blocage), de peur de « perdre » votre équipement à l'intérieur du corps.

---

que j'ai écrites pour *Le Monde* et qui décrivent précisément les techniques et objets en question. Elles sont en ligne et gratuites.

— Un harnais auquel vous fixerez un godemichet ou un vibromasseur. Il ne s'agit pas uniquement de pénétration femme-sur-homme ou femme-sur-femme : un homme enfilant ce même harnais (la plupart sont pourvus de sangles flexibles) peut parfaitement s'ajouter un « second pénis » pour une double pénétration maison. L'appendice pénétrant peut être déplacé sur le corps pour jouer d'un champ des possibles multiplié : un pénis sur la cuisse, sur la poitrine, sur le front… vous voici dotés de corps recomposés selon votre fantaisie.

— Enfin, un plug de type chapelet, pour bénéficier de stimulations progressives (crantées), éventuellement en doublon (ou triplon, ou quadruplon) avec d'autres types de caresses, massages et pénétrations.

Cette liste est évidemment infiniment extensible : électrostimulation, draps imperméables pour les jeux susceptibles de mouiller ou tacher la literie, boules de geisha, sex-toys manipulables par télécommande ou smartphone, *rabbits*, godemichets à double pénétration, etc.

J'ai bien conscience que ces investissements sont coûteux – d'autant que les premiers prix, copies chinoises et « box thématiques[1] » sont d'une qualité désastreuse. Il faut privilégier les marques installées et sérieuses. Cependant, vous pouvez vous procurer l'intégralité de cette liste, en très bonne qualité, pour le prix d'un smartphone. Obsolescence programmée en moins…

1. Certains sites proposent des pochettes-surprises et autres combinaisons BDSM ou Saint-Valentin. Si j'étais vous, j'éviterais.

Fiascos et compétences

J'ai beaucoup parlé de compétence dans cet essai (avez-vous remarqué ? Un gros mot devient minuscule pour peu qu'on le répète suffisamment).

Mais il va de soi que la compétence n'empêche ni l'humour, ni l'autodérision, ni les fiascos.

À ce titre, une précaution importante : si vous suivez les recommandations données dans ce livre, vous allez rater. Plein de fois.

Parce que vous établirez des relations fondées sur plus de confiance, vous devriez obtenir plus de permissions. Ce qui laisse plus d'occasions de déraper.

Cependant, comme vous n'allez faire de mal à personne, le seul risque que vous prenez est celui consistant à vous embarrasser.

Donc à faire rire.

Le rire est littéralement la pire chose qui puisse vous arriver ici.

Seulement, quand le cadre est bienveillant, on fait rire sans être ridicule : on rit ensemble, pas contre.

Ces plantades participeront de votre relation, de votre apprentissage de l'autre, de la construction de votre couple ou non-couple. Bien sûr, vous pouvez aussi estimer

qu'il est plus facile de prendre des permissions avec des partenaires d'une nuit, lesquels permettent d'essayer des choses sans laisser derrière soi des témoins embarrassants. Mais s'éloigner sur la pointe des pieds quand on a provoqué une petite catastrophe est moins agréable qu'en faire un bon souvenir, une occasion de connexion réelle fondée sur l'aventure partagée – un peu comme quand on se rappelle avec tendresse ses galères de vacances. Dans le cas d'un fiasco rangé sous le tapis, vous vivez avec de la honte. Dans le second cas, vous grandissez.

Le rire est d'ailleurs utilisé dans les chatouilles érotiques (ça existe), une pratique qui utilise les mêmes ressorts que votre train fantôme préféré, votre cravachage frénétique ou votre séance d'humiliation à 500 euros. Le cerveau confond facilement les émotions érotiques et les autres, surtout quand les symptômes jouent sur l'accélération du rythme cardiaque, le rougissement ou les tremblements. (Au passage, c'est la raison pour laquelle il est facile de séduire quelqu'un en haut d'une grue, ou pour laquelle les *bad boys* emmènent leur dulcinée faire de la moto.) La chatouille peut donc servir de préliminaire.

Parmi les autres pratiques impliquant l'humour, on comptera également tout ce qui a trait aux jeux de rôles et autres déguisements – mais qui laissent de côté la gravité des scénarios traditionnels type esclave & insultes.

À mon avis, il est possible de moins prendre au sérieux notre rôle social, tout en prenant terriblement au sérieux notre excitation et notre consentement.

L'adage voulant qu'il vaut mieux en rire qu'en pleurer se transpose très bien dans la chambre à coucher.

Métamorphoses et porno-poses

On a écrit, on écrit, on écrira encore beaucoup sur la pornographie.

Ou, faudrait-il préciser : on écrit beaucoup *contre* la pornographie.

De fait, même si les adeptes du X de haute qualité vantent les mérites d'un porno féministe, non capitaliste, éthique, bio, scénarisé et bien réalisé, il faudrait presque inventer un autre mot. Car quand nous parlons du porno, nous parlons de l'équivalent de la malbouffe pour le sexe : des origines intraçables et parfois carrément douteuses, du mauvais goût, une impression de gras ou d'amertume en bouche.

C'est cette malbouffe qui est la plus consommée, de loin. Puisqu'elle est gratuite.

Ce laisser-aller traduit notre défaillance culturelle en matière de sexualité : incapables de respecter la masturbation, incapables de considérer notre désir comme quelque chose de beau et de non coupable, certains d'entre nous se gaveront de mauvais porno jusqu'à en vomir. Parce qu'ils et elles n'espèrent rien d'autre.

La massification de la pornographie produit des conséquences qui sont analysées partout et sur

lesquelles je ne reviendrai pas. Je me contenterai de dire que si c'est moche, nul et dégradant, alors nous valons mieux que ça. Les images dégueulasses salissent notre regard, que nous porterons ensuite sur des êtres humains, que peut-être nous aimerons.

On sait que les images s'impriment en nous. On sait qu'elles créent des automatismes.

Elles peuvent nous transcender, mais aussi nous polluer.

Je crois que nous devrions nous dépolluer.

Je crois qu'éthiquement, il est impossible de regarder de la pornographie de masse – surtout quand il existe d'autres formes de stimulations. Certains trouveront leur inclination dans la musique, d'autres favoriseront les arts plastiques ou regarderont autour d'eux dans la rue (sans importuner).

Deuxièmement, il me semble important de sortir du pur regard et de réapprendre à imaginer par nous-mêmes, sans béquilles fantasmatiques systématiques. Pour récupérer cet espace, il faut le désoccuper.

Nous aurions tout à y gagner : la pornographie des tubes, malgré son apparente efficacité, ne fonctionne pas. Et ça ne va pas s'arranger. En effet, outre les problèmes spécifiques à ce genre, aucun loisir de masse ne peut assouvir les besoins d'une individualité spécifique… et c'est bien la raison de notre compulsion. Nous espérons trouver dans l'accumulation quantitative de séquences ce qu'idéalement nous devrions trouver dans l'exploration qualitative de notre intériorité. Nous en reprenons une dose, dix doses, mille doses, parce que nous ne sommes pas

satisfaits. Et nous ne le serons jamais. Parce que nous ne sommes pas « les autres ». Nous ne sommes pas la masse des algorithmes. Nous ne pouvons même pas espérer nous noyer dans cet anonymat, nous y dissoudre : nous pouvons être effervescents, mais nous ne sommes jamais solubles.

Il n'y a pas de mot-clé parfait.

Externaliser ses fantasmes pour en laisser le renouvellement à d'autres, même des personnes qualifiées, nous écarte d'un désir chirurgical, personnel, intime. Parce que évidemment, si vous empruntez les fantasmes des autres, les vôtres ont moins de place pour pousser (ils pousseront quand même, mais une diète érotique permet de faire entendre sa propre voix, que l'on pourra ensuite comparer à d'autres, et enrichir au contact d'artistes).

En comparaison avec la massification du porno classique, les délices de l'imagination offrent des variations infinies, ne s'embarrassant ni de réalisme, ni de budget, ni de morale. Ces visions peuvent être rejouées indéfiniment, leurs détails subtilement modifiés, elles peuvent nous accompagner et même nous faire grandir. Elles peuvent inclure nos collègues de travail les plus intouchables, nos stars préférées, nos héros morts ou vivants, notre mythologie. Elles peuvent nous renvoyer à notre adolescence, ou à notre bonheur futur.

L'air du temps va dans ce sens : des fanfictions aux bandes-son collaboratives en passant par les *patreons* (ces plateformes de mécénat des artistes), les niches se font de plus en plus précises et faciles à partager.

Nous vivons une époque formidable pour la fantasmatique… à condition de renoncer au porno du vieux monde.

Une fois encore, il ne s'agit pas d'une position puritaine : c'est une exigence élevée. La pornographie *mainstream* évacuée sera remplacée par une pornographie bricolée par soi-même ou au moins recherchée pour soi-même, avec éventuellement l'aide de curateurs esthètes et qualifiés. Ce n'est pas non plus une question d'élitisme : personne ne devrait avoir à consommer des contenus pathétiques ou écœurants, de même que personne ne devrait avoir à ingérer de la nourriture avariée. La vie est courte et, en sexualité, personne ne meurt de faim. Ce n'est pas (non plus) une question d'argent : des contenus d'excellente qualité sont disponibles sur Internet.

En se séparant de la pornographie, nous nous éloignerons spontanément des schémas et des motifs de violence : il n'y a aucune fatalité à aimer les corps en souffrance, à vouloir que les actrices se fassent « déglinguer », à rechercher des contenus toujours plus insoutenables[1].

Peut-être ressentez-vous de l'attachement pour ces fantasmes. Peut-être que ces images « fonctionnent », comme accélérateurs d'orgasmes. Ce n'est pas parce que « ça marche » qu'il faut s'anesthésier : l'esclavage

1. Si on aime les femmes et qu'on parvient à s'en faire aimer en retour, il n'y a plus besoin de prendre cette revanche symbolique sur elles. Si on aime les hommes, on n'a aucune envie de les réduire à des gros pénis.

fonctionne, la torture fonctionne, les mauvais traitements aux animaux nous nourrissent, nous aurons effectivement des enfants plus sages (ou plus manipulateurs) si nous les frappons et les humilions.

Enfin, la pornographie *mainstream* en format vidéo (celle des plateformes Internet) me semble poser un problème spécifique aux arts réalistes coincés dans seulement deux dimensions. Par définition, c'est plat. La caméra apparaît comme un rempart contre le monde, alors que nos désirs nous attirent a priori vers l'intériorité. Si la caméra est obsédée par les pénétrations, c'est parce qu'elle est dans l'impossibilité de capter ce qui se passe à l'intérieur – alors que notre esprit peut sans difficulté réaliser ce saut quantique, que la musique traverse, que le dessin ou la peinture permettent d'exprimer les remous internes, que la performance nous donne le sentiment d'être presque en contact, que les créations abstraites s'autorisent des plongées en eaux troubles[1].

Nous sommes ici dans le royaume de la post-pornographie, qui redonne le pouvoir aux spectateurs ou auditeurs : il est parfaitement exact que le porno « bio » existe.

Et qu'il peut donner de belles idées.

1. Pour donner un exemple d'art abstrait érotique, je recommande le projet Sexblotch de l'artiste bruxellois Serge Goldwicht, que je soutiens activement. Je vous laisse regarder ce que ça donne sur Internet : voici un exemple de post-pornographie surprenante, sex-positive, et qui marche.

Nous sortons alors, enfin, de la liste des rêveries érotiques officielles, légitimes, labellisées et certifiées, dont il faut se méfier : quand vous lisez des articles sur les fantasmes préférés des Français, Américains ou Tadjiks, les personnes sondées choisissent souvent au sein d'une liste préétablie. C'est-à-dire que seuls apparaissent les fantasmes déjà présents dans le radar des chercheurs.

Ces articles fonctionnent un peu comme les algorithmes du porno : ce qui apparaît en première page, c'est la foule. Laquelle se cantonne elle-même à cette première page, qui renforce ses circuits de récompense, en boucle. D'où une contagion de quelques fantasmes omniprésents, et la désagrégation de champs entiers de l'imaginaire.

Plus le sexe est public, plus il est normé – en bien ou en mal.

Plus il est privé, plus il nous libère. Et rien n'est plus privé qu'un fantasme.

Parmi les avantages de cette privauté, il y a bien sûr l'inacceptable. Le fantasme permet de radoucir des pratiques inimaginables dans le réel – viol, zoophilie, nécrophilie, pédophilie (je rappelle que le crime par la pensée n'existe pas, sauf dans les dystopies de science-fiction).

Fantasmer, c'est dire « moi d'abord » dans une culture qui accepte mal cet individualisme. C'est jouer de sa transgression en préservant la vie en communauté.

Et justement, parce qu'il y aura une part d'inacceptable dans nos envies, le fantasme nous permet d'assumer nos contradictions... ce qui est terriblement reposant.

Éros et hédonisme

De quoi a-t-on besoin pour faire l'amour ? Dans une logique minimaliste (pour le maximalisme, remontez de trois chapitres), il nous faut une porte qui ferme (n'outrons pas les bonnes mœurs) et une surface confortable (plutôt qu'une planche à clous).

Cette vision « de bon sens » est tellement répandue que nous ne l'analysons même pas comme une forme d'ascétisme. Dans les rapports sexuels, la décroissance existe ! Et ça fait longtemps que nous la pratiquons. Nos organisations spartiates nous font considérer l'austérité comme la normalité. Et le confort comme un luxe démentiel.

Nous savons par de multiples études que nous faisons plus souvent l'amour en vacances et spécifiquement dans des chambres d'hôtel : parce qu'elles sont propres, souvent pourvues de lits plus grands que nos versions domestiques, et de coussins plus nombreux et moelleux. Le désir sexuel n'est pas entravé par des considérations de rangement, d'hygiène ou de logistique : tout est déjà prêt.

La raison pour laquelle nous ne nous offrons pas ce confort minimal, au quotidien, doit être interrogée.

Pourquoi glorifier l'aspect « pas compliqué » et gratuit de la sexualité – comme s'il était terriblement compliqué d'organiser son confort, ou terriblement aberrant de payer pour des luxes contestables comme le sont la viande ou l'alcool ?

Bien sûr, par défaut, dans notre organisation sociale du moment, la sexualité de couple (et uniquement de couple) est gratuite et pas compliquée.

Est-elle meilleure pour autant ? Non. La sexualité obéit aux mêmes lois que le reste du monde : si vous voulez une salade de tomates, elle sera plus goûteuse en achetant de bonnes tomates, que l'on découpera, présentera et assaisonnera avec soin. Cela dit, vous pouvez aussi vous fourrer dans la bouche une tomate industrielle sans goût, tout en regardant la télévision. Elle vous remplira l'estomac.

Notre attachement pour les pratiques sexuelles inconfortables (souvent rebaptisées « improvisées » pour faire passer la pilule) revient à clamer que les tomates industrielles constituent une savoureuse version de la tomate (dont il existe quatre mille variétés rien qu'en Europe, soit dit en passant).

Que l'on puisse sublimer l'inconfort, dans la contrainte par exemple, tant mieux.

Mais à une condition : que l'on sublime également le confort, et qu'à la contrainte nous puissions opposer une jouissance flottante des corps – qu'au lieu de toujours chercher la surface rêche et l'angle, nous nous vautrions dans des matières agréables.

Cet hédonisme affirme la continuité des plaisirs : une sexualité parfaitement à sa place parmi les arts,

les cultures, les amitiés, les rencontres, la nourriture, la chaleur du soleil, le coup de vent, le frisson, et que tout aille *ensemble*. Sans verrouiller la chambre à coucher.

Cela commence évidemment par un bon lit, mais, à vrai dire, le lit est-il toujours indiqué ? Pas vraiment.

L'utilisation de mobilier spécialisé permet des variations intéressantes : chaises à cunnilingus, rampes, draps spéciaux, balançoires pour les mieux équipés (il en existe qui se fixent en haut des portes, inutile de refaire son plafond).

Pour des versions effectivement gratuites, on pourra réorganiser ses oreillers afin de surélever des parties spécifiques du corps, veiller à la température de la pièce, à sa décoration et à son organisation. Pour des questions de confort mental, je recommande de débarrasser la chambre de tout ce qui rappelle des tâches à accomplir, qu'elles soient domestiques ou professionnelles.

(Si votre libido survit au désordre et au constant rappel de l'ampleur des tâches à accomplir, tant mieux pour vous. Mais demandez quand même à votre partenaire son avis. Surtout si votre partenaire est une femme : renseignez-vous sur la charge mentale.)

Tout n'est pas affaire de décor, bien sûr.

Sauf à vouloir compartimenter son existence, une sexualité épanouissante n'a de sens que dans une existence elle-même relativement épanouissante.

Sans tomber dans de stériles exigences de perfection, les études montrent que les femmes ont plus de désir quand elles ont dormi une heure de plus, ingéré suffisamment de calories, bu un ou deux verres d'alcool.

Les couples satisfaits sexuellement sont ceux qui se sentent bien dans leur peau, qui jouissent d'une excellente communication, et qui donnent autant d'amplitude qu'ils le désirent à leur vie sexuelle (plus les pratiques sont diversifiées, mieux ça marche).

Dans une certaine mesure (il n'y a pas que le sexe dans la vie), les gens heureux font de meilleurs amants. Les meilleurs amants sont en retour plus heureux.

À ce titre, contribuer au bonheur de la personne qui partage notre vie sexuelle (sans se faire passer soi-même au second plan) est une bonne idée. Par exemple, dans l'ouragan du quotidien, faire l'effort de se remarquer mutuellement. On peut se fixer des objectifs raisonnables : une petite attention par jour (non sollicitée), ou une minute de réelle attention (« Qu'est-ce que tu as dit ? »).

Ce clin d'œil peut prendre la forme d'une viennoiserie, d'un journal acheté au kiosque, d'un Post-it sur le frigo, d'une paire de chaussettes pliée en forme de cœur, d'un slip léopard posé sur l'oreiller, d'un texto, d'un câlin, d'une suggestion culturelle… peu importe. Il suffit d'être là, d'accueillir.

Dans cette même optique, penser à se dire bonjour et au revoir, éviter de tapoter sur son téléphone pendant le dîner ou pendant que l'autre nous parle est un

minimum – un smartphone posé sur la table, même retourné, empêche de réellement se concentrer sur la conversation.

Un hédonisme sexuel peut bien sûr exister hors d'un cadre hédoniste global : la sexualité peut compenser le caractère catastrophique de notre quotidien. Mais si on a la possibilité de prendre soin simultanément de soi, de l'autre et du cadre, cette attention nous fera sortir d'une logique où le plaisir se paie, et où il est prié de ne pas trop se faire remarquer.

Ces permissions hédonistes, personne ne nous les donnera : il faut les prendre.

Hors le sexe

Il serait malhonnête de ne pas mentionner cette évidence : le sexe n'est pas indispensable. Il n'est pas toujours souhaitable. Si j'espère avoir pu donner des pistes permettant de s'élever au-dessus du bouillon de douleur que nous sommes censés avaler « pour le plaisir », il ne s'agit pas d'oublier une des formes que prend cette violence, et qui consiste à se forcer.

À ce sujet, les experts sont divisés : la libido s'use si on ne s'en sert pas (« Il faut se forcer de temps en temps »), mais notre estime de soi rechigne à faire quelque chose dont on n'a pas envie (« Il ne faut jamais se forcer »), même si nous pouvons tirer des bénéfices ultérieurs d'une contrainte initiale – exactement comme au moment d'enfiler ses chaussures de sport (« Il faut se forcer pour apprécier ensuite »).

Parfois, ni notre partenaire ni notre corps ne nous motivent. Soit que vous en ayez assez, soit que quelque chose d'autre accapare votre attention, soit que la routine vous rattrape (reprenez cet essai au début). Soit que vous ayez la flemme.

Si cette situation pose problème, ce qui n'est pas nécessairement le cas, focalisez votre attention plutôt

sur le désir que sur les gestes du désir : ne vous obligez à rien physiquement, mais essayez de stimuler l'aspect fantasmatique et émotionnel. Voici quatre possibilités (liste non exhaustive) :

— Si vous vous ennuyez avec la personne qui partage votre vie sexuelle, il est temps de regarder votre partenaire différemment (jouer avec des costumes, reprendre les conversations laissées en plan, se réintéresser, prendre un peu de distance, ou au contraire se rapprocher jusqu'au flou artistique[1]).

— Si vous vous ennuyez de la sexualité elle-même, rapprochez-vous de l'art, de la culture, de la fiction (piochez sans vergogne chez les autres les idées qui vous manquent : vous ferez plaisir aux producteurs et productrices de ces idées).

— Comme précédemment mentionné, les périodes de jeûne permettent de recharger les batteries (cinq jours, c'est parfait). Acceptez de prendre ce temps. Si vous restez en couple, vous courez un marathon : non seulement vous pouvez vous reposer sur le bord de la route de temps en temps, mais ce serait plus raisonnable.

— Enfin, ennuyez-vous. Neuf fois sur dix, quand on perd le cours de sa vie sexuelle, c'est qu'on manque de disponibilité mentale. Parce qu'elle n'est pas indispensable, la libido ne se manifestera pas

1. En 2015, le *New York Times* évoquait une étude promettant « 36 questions pour tomber amoureux ». Je les ai traduites, elles sont sur le site de *GQ Magazine*. C'est très rigolo à expérimenter, même avec des inconnus, ou de simples amis.

toujours spontanément. Préférez la qualité à la quantité : une heure par mois plutôt qu'une minute par jour. Si vous aviez prévu de prendre une heure, et que vous passez les quarante-cinq premières minutes à ne rien faire (pas de téléphone, pas de télé, pas de lecture), il est fort probable que l'envie se déclarera toute seule – simplement en écoutant votre propre corps.

Par ailleurs, précisez vos désirs. Demandez-vous ce qui précisément vous fait envie, ce qui précisément vous manque : le sexe, le/la partenaire, la tendresse, l'aventure ? Essayez de dérouler cette pelote de désirs.

C'est important, car quand les partisans de la théorie de la misère sexuelle avancent leurs arguments, ils commettent justement ce genre de confusion : si notre société avait les moyens de « donner du sexe » à tout le monde, de manière automatisée par exemple, les « miséreux » en seraient les premières victimes – parce que le sexe qu'ils obtiendraient serait contraint, répétitif, administré, contrôlé, déshumanisé, probablement payant.

Parfois, la pire chose qui puisse nous arriver est de voir exaucer nos vœux. Surtout quand nous n'avons pas su percevoir quelle était leur nature réelle.

En l'occurrence, nous utilisons souvent le sexe pour satisfaire des besoins qui ne sont pas d'ordre sexuel (ou pas strictement). Et tant mieux. Nos sexualités sont suffisamment diverses pour accepter (avec joie) cet enchevêtrement de motivations.

Certaines personnes veulent du sexe, avec une barquette de frites, merci bien.

D'autres veulent du sexe, mais pour obtenir des sentiments.

D'autres veulent simplement jouer avec l'idée qu'il pourrait y avoir un rapport sexuel (alors qu'ils ou elles savent pertinemment que ça finira en jouant au Scrabble).

D'autres veulent s'arrêter au milieu. Avant. Recommencer après. Ne jamais se revoir.

Le problème n'est pas que ce soit compliqué ou que nous soyons tous différents : le problème est de considérer que c'est tout ou rien.

Ne pas aller « jusqu'au bout » est une permission qu'on ne prend pas toujours. On sait que les femmes qui embrassent un collègue, un copain ou un inconnu à une soirée se sentent obligées de rentrer avec la personne, que parfois elles se forcent « un peu » (comme s'il y avait des degrés dans le fait de se forcer).

Surtout si les enjeux de pouvoir s'opèrent en votre défaveur, il est crucial d'établir vos limites, de préférence à l'avance, sans les improviser le moment venu.

Si votre interlocuteur/trice vous met la pression, cette personne est en train d'ignorer vos désirs pour satisfaire les siens : vous ne perdez rien à partir, vous ne perdez rien à dire non. C'est encore plus vrai si vous avez des sentiments : vous ne pouvez pas construire une relation avec quelqu'un qui ne respecte pas vos limites.

Il ne s'agit pas là d'une position radicale mais d'une position de dignité fondamentale : l'autre ne vaut

pas mieux que vous. Même si vous êtes amoureux/se, même s'il s'agit d'une personne de pouvoir ou célèbre, même si vous êtes moche, même si vous vous détestez vous-même, même si vous sortez de prison.

Vos désirs non sexuels sont légitimes, et votre absence de désir également.

La sexualité n'a pas besoin d'être relationnelle.

(Vous pouvez la pratiquer sans partenaire.)

Elle n'a pas besoin d'être physique.

(Vous pouvez rêvasser, vivre dans un état diffus d'excitation ou de fantasme.)

Et elle n'a pas besoin d'exister, du tout.

(Si quelqu'un vous jette la pierre, changez d'amis.)

Pour un érotisme païen

Vous n'avez pas pu y échapper : depuis quelques saisons, la sorcellerie est incroyablement tendance. Et parfois au premier degré. On peut comprendre cette soudaine appétence comme un retour de balancier après deux ou trois millénaires de monothéismes : de fait, en sexualité comme en philosophie, la pensée binaire mène à des schémas binaires. Elle appauvrit les pratiques. S'il y a le bien et le mal, et que les nuances envoient au purgatoire, nous perdons en complexité. S'il y a un seul dieu (et, les jours de fête, quelques démons), nous nous plaçons en situation de pauvreté émotionnelle, puisque nous retranchons en nous la possibilité de subir un mille-feuille d'influences contradictoires, polysémiques, dénuées de canon officiel, et donc constamment réinventables, réécrivables, propices aux fantasmes tissés, croisés, déchirés, suturés et rabibochés en patchworks uniques.

La pensée binaire bien/mal, sexe/amour, homme/femme… n'est pas une fatalité.

En Europe, nous avons connu des mythologies riches, laissant des espaces infinis aux variations des

désirs. Avant nos saints du calendrier (nous avons eu des saints phalliques), nous pouvions nous placer sous l'influence de paganismes du terroir, ou reconnaître l'influence de racines latines et grecques : Priape, Apollon, Aphrodite ou Héra, Artémis ou Psyché, Dionysos ou Narcisse, Éros et Himéros[1]. Et bien sûr Hermès au sexe dressé, qui règne sur le passage – comme le pénis, dont l'érection passe et repasse.

Quand on parle des racines gréco-romaines de la France à l'heure de la prise en compte des questions de race dans le féminisme, le discours attire la suspicion. À juste titre.

Précisons donc : nos racines sont nombreuses, nous n'avons pas de choix à opérer parmi elles.

Elles s'ajoutent les unes aux autres de manière tectonique plus qu'elles ne se superposent : il n'y a pas de dessus et dessous, les couches sont contiguës.

Enfin, elles passent à travers les questions de droit du sol et droit du sang : nous n'avons pas besoin d'être blancs ou grecs pour nous intéresser à cette Antiquité-là – d'autant que cette Antiquité était multicolore et multiculturelle.

L'avantage de cet imaginaire spécifique tient en sa légitimité, et en sa grande propagation. L'école

1. Alias le grand oublié du panthéon : effacé par les « grandes religions », Himéros est le dieu du désir, frère jumeau d'Éros, dieu de l'amour – sans surprise, nos dieux au singulier ont noyé le désir dans l'amour, et c'est précisément de cela que je parle quand j'évoque un appauvrissement de notre univers mental.

française a diffusé ces personnages, ces contes, ces symboles, ces mots, de manière prolongée et intensive. Ils font partie du tronc commun culturel. Par ailleurs, nous en sommes suffisamment éloignés pour nous permettre un regard critique.

C'est moins facile avec le christianisme, puisque certains d'entre nous croient en les Évangiles, alors que personne ne croit que Prométhée se fait picorer le foie par un aigle depuis l'invention du feu.

La Grèce, donc.

Nous avons hérité de cette culture non seulement des systèmes de pensée, mais des mots. En premier lieu l'érotisme[1]. Les hommes esthétiquement admirables sont des apollons, le texte fondateur du masochisme s'appelle *La Vénus à la fourrure*[2]. Nous rêvons d'orgies et de bacchanales. Nous sommes curieux des aphrodisiaques (d'Aphrodite), des olisbos (les godemichets anciens), nous honorons les membres dressés des hardeurs comme les Grecs adoraient Priape.

Le paganisme sexuel est flexible : nous pouvons croire de la main gauche et décroire de la main droite, utiliser des rituels quand ils nous rassurent et retourner à l'athéisme cinq minutes plus tard, sans nous préoccuper de cohérence. Le paganisme n'a pas d'enjeu. Il ne nous offrira ni salut ni damnation,

---

1. Du latin, nous avons hérité le mot « sexe » (dont l'étymologie signifie « qu'on sépare »).

2. Autobiographie romancée de Leopold von Sacher-Masoch (qui a donné son nom au masochisme) parue en 1870.

seulement un répertoire que nous pouvons ouvrir, refermer ou corriger à loisir.

La culture antique propose en outre une célébration du corps harmonieux plutôt que performant, en accord avec son âge et sa morphologie – des attirances où l'intellect se mêle au physique. Les concours de beauté s'adressaient aux hommes autant qu'aux femmes, mais aussi aux enfants, adolescents, hommes matures et vieillards.

Plus amusant, mais tout aussi décomplexant : chez les Grecs, le petit pénis était le gage d'une virilité sous contrôle, responsable, adulte. Le gros pénis au contraire suscitait la méfiance : « gros pénis » était une insulte[1].

Les hétaïres, ces prostituées et dames de compagnie, démontrent qu'on n'a pas toujours (mais faut-il le rappeler ?) séparé les plaisirs du corps de ceux de l'esprit – et qu'entre les putes et les escorts, nous ne sommes pas obligés de discriminer… encore moins d'outrager, de mépriser et de violenter. Ces hétaïres rappellent qu'on ne pourra pas obtenir de culture sexuelle enthousiasmante sans reconsidérer les personnes qui sont les plus qualifiées pour en parler. Parce que la sexualité est un domaine de connaissance respectable, les travailleuses et travailleurs du sexe ont un rôle de passeuses et passeurs à affirmer.

1. Imaginez Platon se retournant dans sa tombe en observant notre frénésie pornographique, notre consommation de Viagra et nos chirurgies agrandissantes…

Il n'est pas question de retourner en – 300 et aux préservatifs en intestins de mouton, bien sûr. Les éléments que je viens de décrire n'étaient pas accessibles à tout le monde, loin de là – sans même parler d'esclavage et de place des femmes, de l'absence d'antibiotiques ou du tragique manque de wi-fi dont ont pâti Aristophane ou Alexandre de Macédoine.

Ma proposition n'est pas réactionnaire. Elle n'idéalise pas le passé, ne s'y fixe pas.

Au contraire. Justement parce que nous ne vivons pas à Athènes, parce que nos os ne sont pas encore tombés en poussière, nous pouvons réactualiser ces pistes, horizontaliser les conflits de pouvoir, ratiboiser les injustices.

Je crois que pour recréer la culture sexuelle que nous méritons, nous ne ferons pas l'économie du passé.

Je crois que nous avons besoin de ces mots, de ces repères, d'une base imaginaire collective, et qu'ici et maintenant cette option païenne est plus réaliste que de recourir à des béquilles conceptuellement moins familières, comme le tao ou le tantrisme.

Du paganisme à la paillardise, je crois qu'il existe une route toute tracée – il suffit d'avancer.

Il suffit de penser que nous en sommes dignes.

Il suffit de nous donner les moyens d'apprécier tous les aspects de notre existence d'êtres humains sexués : avant le déluge, les délices.

Bien sûr que les gens heureux ont une histoire. (Et une sexualité.)

Il suffit de l'écrire.

De continuer à l'écrire.

Table

LEVER LA TÊTE
et inventer un nouveau répertoire érotique

De la même autrice :

ROMANS

Nos amis les hommes, éditions Florent Massot, 2001.
Dehors les chiens, les infidèles, « Folio SF », 2010.
Rien ne nous survivra, « Folio SF », 2011.
La Coureuse, Kero, 2012.

NON-FICTION

Avec Damien Mascret, *La Revanche du clitoris*, La Musardine, 2008.
Avec Damien Mascret, *Peut-on être romantique en levrette ?*, La Musardine, 2009.
Marlène Schiappa (dir.), Cassia Carrigan, Nadia Daam, Octavie Delvaux *et al.*, *Lettres à mon utérus*, La Musardine, 2016.
Belle toute crue, Marabout, 2016.
Ma vie sexuelle est plus grosse que la tienne : Le livre qui corrige les idées reçues sur le sexe, Tana Éditions, 2018.

Podcast : Sex & Sounds, sur ARTE Radio

Instagram : @mazaurette

PAPIER À BASE DE FIBRES CERTIFIÉES

Le Livre de Poche s'engage pour l'environnement en réduisant l'empreinte carbone de ses livres. Celle de cet exemplaire est de :
350 g éq. CO_2
Rendez-vous sur www.livredepoche-durable.fr

Composition réalisée par PCA

Achevé d'imprimer en France par
CPI BRODARD & TAUPIN (72200 La Flèche)
en mars 2021
N° d'impression : 3042703
Dépôt légal 1re publication : mars 2021
LIBRAIRIE GÉNÉRALE FRANÇAISE
21, rue du Montparnasse – 75298 Paris Cedex 06

49/8312/7